新明珠陶瓷集团
NEW PEARL CERAMICS GROUP

◆（一）在肇庆中秋经贸洽谈会上，广东省省长黄华华与叶德林亲切交谈

◆（二）2009年6月3日，中共江西省委书记苏荣视察江西新明珠建陶生产基地，听取叶德林介绍基地建设情况

◆（三）2008年4月27日，江西省省长吴新雄到江西新明珠建陶生产基地调研

◆（四）2008年12月6日，广东省常务副省长黄龙云（右一）对新明珠陶瓷清洁生产、循环经济的做法大加赞赏

◆（五）2008年8月20日，中共佛山市委书记林元和祝贺叶德林荣获第二届"广东省优秀中国特色社会主义事业建设者"荣誉称号

◆（六）2008年12月2日，佛山市市长陈云贤到三水新明珠生产基地调研

◆（七）广东省高要市领导在新明珠·萨米特禄步生产基地调研

◆（八）2008年5月16日，广东省副省长佟星等领导对做出突出贡献的企业进行表彰。新明珠陶瓷集团获"广东省优秀企业"和"广东省诚信示范企业"殊荣（图为叶德林代表企业领奖）

◆（九）叶德林接受国家质检总局、中国名牌战略推进委员会授予冠珠陶瓷"中国名牌产品"牌匾

◆（十）2006年6月5日，叶德林出席"2006中国(广东)——沙特阿拉伯经贸合作洽谈会"，与EBAA
HOUSE公司总经理Mr.Haiel签订了金额达上千万美元的购销合同

◆（十一）本书
作者黄康俊与叶
德林

◆（十二）2008年12月19日，叶德林在新明珠全国经销商年会上

◆（十三）2008年3月10日，新明珠集团"同心求发展 诚信创商机"供应商大会现场

明珠高級裝飾磚厂筹建留念 一九九三年六月十一日

◆（十四）1993年6月11日，新明珠陶瓷前身——南海市明珠高级装饰砖厂筹建人员合影（第三排正中者为叶德林）

新明珠陶瓷集团江西高安建陶工业园

奠基

◆（十五）2007年11月30日，总投资额达22亿元的新明珠陶瓷集团江西高安建陶工业园隆重奠基

◆（十六）新明珠花园式工厂

◆（十七）2008年12月19日，"明珠耀华夏 四海共和谐"——新明珠举行庆祝改革开放30年大型文艺晚会

◆ （十八）新明珠陶瓷集团国际贸易交流会代表合影

黄康俊◎著

Zhongguo Zhuanwang Yedelin

中国砖王叶德林

一个「中国砖王」的传奇人生

一个「陶业十年经济领袖」的创业之路

经济管理出版社

ECONOMY & MANAGEMENT PUBLISHING HOUSE

图书在版编目（CIP）数据

中国砖王叶德林/黄康俊著. —北京：经济管理出版社，2010.4

ISBN 978-7-5096-0912-5

Ⅰ. ①中… Ⅱ. ①黄… Ⅲ. ①叶德林—生平事迹 Ⅳ. ①K825.38

中国版本图书馆 CIP 数据核字（2010）第 023406 号

出版发行：**经济管理出版社**

北京市海淀区北蜂窝 8 号中雅大厦 11 层

电话：(010)51915602　　　邮编：100038

印刷：北京晨旭印刷厂　　　　　　经销：新华书店

组稿编辑：勇　生　　　　　责任编辑：勇　生　徐　雪

技术编辑：杨国强　　　　　责任校对：郭　佳

720mm×1000mm/16　　　　15.75 印张　　　274 千字

2010 年 4 月第 1 版　　　　2010 年 4 月第 1 次印刷

印数：1—10050 册　　　　　定价：48.00 元

书号：ISBN 978-7-5096-0912-5

黄芯红
中国陶瓷工业协会原秘书长

中国陶瓷拥有数千年的历史，而现代建筑陶瓷工业，却是追随欧美国家的脚步，才走过短短20多年岁月。可喜的是，虽然我们起步晚，但今日的中国建筑陶瓷和卫生陶瓷产量，已达到全球第一。

素有陶都之称的佛山，在我国建陶业的兴起和发展中，一直起着至关重要的作用。而在佛山众多的建筑陶瓷企业中，由叶德林总裁统领的新明珠陶瓷集团，成为其中一颗最璀璨、最耀眼的明珠，成就为我国建陶行业的一艘"航母"，扬名海内外，不仅赢得了世人的拥戴，还赢得了同行的尊重，这的确是一件令我们民族产业感到欣慰和自豪的事情。

目前，国内外建筑陶瓷大环境发生了较大变化，尤其是在原材料价格上涨、燃料价格上涨、新劳动法实施等因素影响下，国内20%~30%中小陶瓷企业已经关停或倒闭，整个行业的增长速度已大大减缓。然而，新明珠陶瓷却是个"另类"，每年仍能保持30%左右的增长幅度，且稳中有升，一路向好。该集团坚持以科技兴企，自主创新，通过并购"休克鱼"、自建工业园、布局全国、清洁生产、循环经济、多品牌并进的"新明珠经营模式"，已成功地走出了一条属于自己的路子，并不断超越自己、超越同行，向国际先进陶瓷企业看齐。这让我们充满深深的敬意和期待。

感谢作家黄康俊的努力，感谢他为我们揭开了叶德林及其领导下的新明珠集团的"神秘面纱"，向我们提供了一份真实、详尽的建筑陶瓷王国的"经营宝典"，展示了一个富有奋斗目标、敢于创新领先、具有社会责任感、乐于奉献的珠江三角洲民营企业家的真正风貌，为我们这个行业留下了一个新时代的典型和范例。

很长时间以来，佛山的瓷砖生产稳占全国的一半，现在所占比例在下降，因为佛山陶瓷企业正在进行适应性集体外迁，从2008年开始，它的生产比重已下降到 30%~40%。以前是相对比较集中在那么两三个地方，其他地方比较少，如果进行迁移，中国陶瓷业会发生很大的变化，以前一个地区占绝对优势的情况会发生改变。从发达地区向中西部欠发达地区转移，这个转移是符合产业发展规律的。从国际上来讲，陶瓷产业都是由发达国家向发展中国家转移，由资源欠缺的地区向资源丰富的地区转移。原来最重要的日用陶瓷生产国，是德国、英国、法国、日本，在 20 世纪 70 年代初时日本的产量是世界第一，后来产量慢慢下降，到 1974 年我国的产量就变成了世界第一。在瓷砖这方面，意大利和西班牙占了很大的比重，但是从 1993 年开始，中国就占世界第一了。都是从发达国家到发展中国家转移。国内也是这样的，并不是这两年，而是这么多年来的一个规律。原来瓷砖是以广东佛山、山东和福建等几个地方为主，现在除了传统生产瓷砖的这几个地方外，几乎全国各省都有。但是，毫无疑问，这次迁移会改变中国陶瓷行业的布局。前两年，我就认为在未来的 3~5 年，我们这个产业将进入一个调整时期，产业要经历大洗牌，会从原来的以量为主的模式，寻找更加科学、合理和适合自己发展的方式来发展，也就是向质的方面转变。这也是必须迈出的重要一步。一方面，国家现在并不鼓励高耗能产业，在很多政策的制定上都在"逼"着我们转型。另一方面，国际市场也"怕"这种以量取胜的方式，相应地做出限制措施。所以，目前这种情况有些企业会倒掉，有些实力强的会生存，如果能熬过这段时间，再过一两年又将是一个艳阳天，能留下来的就是相当不错的。现在不像前些年那样，随便买台压机就能赚钱，产业的发展已经处在拐点上，产业结构的调整、转移不仅仅是在国内，一段时间以来国内的需求还是有的，但是将来我们的发展也可能向国外转移，也可能在相对稳定一段时间后慢慢萎缩。这样，就更加要求我们研究，如何从整体上提高建陶产品的品质，如何做到以质取胜，如何以优质品牌树立自己产品在国内甚至国际上的地位。我们高兴地看到，以叶德林为首的新明珠集团，正在以身作则，脚踏实地地实践着、努力着，从书中我们已分享了他们成功的喜悦，同样也感受到他们为此付出的艰辛。而最让我们鼓舞的是——从叶德林和新明珠事业的奋起中，我们找到了代表一个民族产业崛起的发展路径，看到了代表一个民族产业走向现代化、国际化的希望所在！

我相信，叶德林领导下的新明珠陶瓷集团成长、壮大的成功之道，将为我国正在成长的建筑陶瓷企业给出一个学习和借鉴的最好启示。同时我也相信，叶德林总裁和他从事的陶瓷事业的明天，将会更上一层楼，更加灿烂辉煌！

是为序。

2009 年 12 月 28 日

楔 子

　　我一直在关注中国的建筑陶瓷行业，尤其是更侧重于关注这个行业的领军企业之一——新明珠陶瓷集团（以下简称新明珠）。

　　我要说，中国的建陶行业，目前正进入一个"新时代"，那便是"新明珠时代"。

　　20世纪90年代初诞生于南国陶都佛山的新明珠，目前旗下有三大集团，拥有员工18000多人、千亩以上跨省产业基地三个，年产瓷砖超过1亿平方米，傲居国内建陶行业产销量之首；拥有产品品牌16个，是行业内成功经营多品牌的企业，每个品牌都做得"风生水起"，雄霸一方，齐头并进，其中有"中国驰名商标"两个，国家级与省级名牌产品、著名商标、国家免检产品数个。新明珠荣获"中国500最具价值品牌"、"广东省百强民营企业"等众多荣誉，产品出口100多个国家和地区；每年都以30%以上的速度递增，以每五年一个"级跳"、一个"高峰"的创业奇迹，在专业化的道路上实现了"专、大、全、新、强"，迅速超越自己、超越对手，成就了行业的一个神话。其所蕴涵的丰厚、深邃的"新明珠"式企业文明，昭示着一个国家民族产业以行动改变命运的真理，代表着一个国家行业传承与发展的精神坐标，更是一个国家建陶行业创新、领先的时代见证。

　　因此，我执意把中国建陶业之今日，冠之为"新明珠时代"！

　　既然是"新明珠时代"，就注定会成就其时代的代表人物——新明珠的创始人叶德林。

　　这个被众人尊称为"德叔"的人，集中了珠江三角洲人的特质和中国企业家的优秀本色，"低调而不低志，务实而又创新"，在中国陶瓷这个具有5000年文明的传统领域，开创了代表一个国家建陶行业的"新时代"，以其特有的"魔法经营"及带来的超常规发展，创下了一个又一个"中国第一"的纪录，成为德高望重的"中国瓷砖制造业王者"之一，被评为"全国建材行业劳动模范"、"陶业十年经济领袖"、"全国建材行业改革开放三十年代表人物"、"十大新粤商"等，为我们树立了一个农家孩子走向成功企业家的典范。

叶德林以其出色的管理风格和人格魅力，赢得了新明珠成员的尊重，是众人敬重的英雄和偶像；同时还感染着每个与其接触过的人，让你见过面便会亲切地叫一声"德叔"，并认作终身朋友。对此，你是否会迷惑不解，他凭什么有这么神奇的魅力？

叶德林所领导的新明珠，在短短的 10 多年中，从一家集体性质的小厂"蝶变"为中国建陶行业的"航母"；经济发展实力从 2003 年广东省"百强企业"的第 37 位，到 2006 年的第 15 位，再到 2008 年的第 9 位，如此快速成长的历史"个案"，包含了许多鲜为人知的奥秘。

凭借在行业内的实力和美誉，叶德林被同行中人所敬仰、所拥戴，并被推举为中国建筑卫生陶瓷专业委员会的会长。他不辱使命，不负众望，首先让自己的企业从"标准"走向"标杆"。他高屋建瓴，一举手、一投足都以"国际标准"作为企业的行动准则，甚至用 2000 万元"种树"优化环境，创建出一个以"清洁生产、循环经济"为特色的现代化新型"建陶王国"，成为中国建陶行业目前最杰出的一个榜样，让传统意义上"烟尘滚滚"的工厂，嬗变为国家指定的工业旅游示范景点，赢得了世人一致的好评和追捧，也让同行趋之若鹜，纷纷仿效。叶德林到底使用的是哪门子"阿里巴巴魔法"呢？

在经济大省的广东，直到 2003 年，中共广东省委、广东省政府才开始第一次评选"广东省优秀民营企业家"，在此之前，只评选国有企业或集体企业管理者。在全省数十万民营企业家中，叶德林当之无愧地成为首批 40 位优秀民营企业家之一，这是经过层层筛选、投票、公示后才产生的。黄华华省长在授奖大会上的评价是："勤奋创业，诚信守法，与时俱进，真诚服务社会。"这是党和人民对民营企业家最高的肯定和奖赏。而更令人佩服不已的是，此后的两届评选，叶德林连登红榜，保持了自己的优秀本色。

凡此种种，不一而足，不但构成了一个个"叶德林魅力"之谜，也引起了人们诸多的兴趣和好奇。有鉴于此，作为"德叔"的老朋友，笔者对其看似风光无限，实则筚路蓝缕的人生印记，试作一次粗浅的梳理或勾勒，借此抛砖引玉。

Contents
目　录

第八篇　从商如水

后　记

第一篇
自善高度

第一章
夹缝中的经商天分

要学习做事，就要先学习做人。

做人要有本心、本事。

——叶德林

1956 年的春天，在南国陶都佛山的隔巷村，伴随着新年的钟声和喧闹的鞭炮声，一个新生男婴清脆响亮的啼哭声，加入了"迎春接福"的行列。

这天的阳历是 1956 年 2 月 22 日。

"新年头一天出世，多有福气！"

"生日是大年初一，这孩子有生日饭吃啰！"

这是母亲陆彩盼望了 19 个年头后，才迎来的姗姗来迟的儿子。陆彩这年 45 岁了，19 年前生下的第一个女儿，去年已出嫁。因家门不幸，陆彩第一任丈夫，被国民党拉壮丁离开家后就再无音讯，她一直独守家门，直到 1955 年才和叶融组成了这个新家。叶融父母早逝，留下他们兄弟姐妹四个，弟弟被饥饿夺去了幼小的生命，妹妹在日寇飞机的狂轰滥炸中丧生，最后一个小妹妹患上了恶疾，也没有活下来。成了孤儿的叶融，很小就替人家打短工度日，日寇占领广州后，被征召到广州为日本人修机场，后来在一家鞋厂当工人，直到家乡解放，也迟迟没能成家。

叶融 46 岁得子，在传统国人的观念里，算是"晚年"了。而对于这对在患难中结合的夫妻来说，更是如获至宝，把儿子的到来看做是上天对自己"好人有好报"的馈赠。读过两年私塾的叶融，首先想到要为儿子起一个好的名字，他苦思冥想了几天，感念自己半生处世以德为本，勤谨做人，才有所得，正如东汉刘熙所言："德者，得也，得事宜也。"希望儿子日后同样应该以德做人，以有所得，便取了个乳名叫"德仔"，大名叫"德林"——德行之林，希望儿子日后做个品行端正、修身有德、对社会有用的人。

隔巷村紧倚紫洞墟市，东面相隔一巷，由此得名。全村只有 60 多户人家，平日众人所称都是"家住紫洞"。紫洞墟在佛山享有盛名，已有 800 多年历史。

史书称：紫洞是一块风水宝地，枕山伴水，与《易经》、《八卦》中记述的生穴、良宅等堪舆之说有惊人的相似：径直而来的北江，蜿蜒的东平水道，坐落于村内的聚宝岗、牛尾岗、冈背等山冈，南望西樵山，北眺穆天子山等，构成了这块风水宝地的重要元素。因而这里人杰地灵，乡风文明，数百年来，重视教化，人才辈出，曾涌现出一大批历史名人，为国家、民族的进步和地方社会经济文化的发展，作出过重大贡献。例如，元朝英宗时代紫洞乡同奉大夫刑部司务郎罗崇，明末清初广州府布政司头秤麦耀千，清代末年刑部主事罗传瑞，近代教育家叶惠许，曾任中共广东省省委书记、中共中央南方局书记的罗登贤等。

据《南海县志》载：在明朝万历之前，紫洞墟市已形成，辉煌时期号称"四门八景"，不仅拥有十三街市、三十六行当，店铺、酒肆、客栈林立，而且还包括佛教、道教、基督教、巫术等多种宗教场所及道场十余处。紫洞码头每日停泊数百艘轮船，是连接肇庆、佛山、广州一线最重要的航线和商品集散地之一。其具有特殊的地理位置，独特的水乡风光，并在相当长的一段历史时期里，成为该区域集经贸、水陆货运集散、宗教文化等为一体的经济中心和文化中心。

自明、清以来，这里的农民利用珠江三角洲独特的自然条件，积极开发获利较多的经济作物，桑基鱼塘、蔗基鱼塘为其突出的表现形式。农业商品化带动了当地手工业和城镇的发展，陶瓷业、纺织业、冶铁业等尤其兴旺。1872年，侨商陈启源在与紫洞一水之隔的故乡简村，创办了中国近代第一个民族资本工业——继昌隆缫丝厂，成为推动中国近代民族资本主义工业发展的第一人，这更是佛山人130多年来引以为荣的。历史上佛山曾出现过很多的小工业生产专业镇，改革开放后，佛山的"集群经济"更成为一大特色，形成"一镇一品"或"一镇几品"的产业群，如南庄镇的陶瓷、大沥的铝型材、盐步的内衣等都成为领衔国内行业的产业，为地方专业生产一绝。

而生于斯、长于斯的叶德林，传承了珠江三角洲人特有的重商善业的良好风气，成为今日佛山人的杰出代表。

叶德林自小天资聪颖，做什么活或学什么技术，总比别人快一步。12岁时，村里有人结婚，请来个木匠做家具，正在紫洞小学读书的叶德林每天放学经过做家具的地方，总爱停下来观看一会儿，没曾想，年底，家里的椅呀、桌呀，他就能自己做了。这让母亲惊讶得不行，母亲鼓励说："德仔啊，你眼水（力）这么好，日后学好一两门手艺傍身，就不忧饿肚了。不过做人和学艺一样，要学好学精，不能半途而废。"

　　叶德林通过"偷师"学来的木匠手艺，越来越了得，这个初中生每晚放学回来，以前有爱看书的习惯，但眼下却被村人"剥夺"了，邻居们都把一些破旧家具，摆在他家门口要他帮忙修理，他成了全村有名的"免费小木匠"。

　　这时，有人给叶德林出了一个主意：不能白做，要收工钱。叶德林把这事和母亲说了，母亲当即反对，还苦口婆心地告诫儿子："你这是帮村里叔伯婶嫂做零碎活儿，大家看得起你，才肯把这活儿交给你，就当是练习好了，不能收一分钱，就是日后你成了大木匠，也要有分寸，能帮人家一点是一点，做人不能贪，挣钱要挣正当钱，手艺好，还要人品好，这样人家才看重你。"

　　母亲的谆谆教诲，一直深深地影响着叶德林，陪伴着他一生。

　　1970 年，叶德林在紫洞小学附设的初中毕业后，进入南庄中学就读。这个时期实行贫下中农管理学校，主张开门办学，学工、学农、学军，校办农场、工厂，这样，叶德林的木匠手艺，便成了校办工厂最派得上用场的"绝活"，两年高中的课余时间，他都"贡献"给了学校。叶德林说来有点感喟："我从小学到高中，数学一直都是最好的，我对数字特别敏感，心算、口算很快，日后做工程预算或生意往来计算，我可以很快就算出来，不用纸笔的。我语文一向也很好，虽然那时候学得最多的是《毛主席语录》，但我平时爱好看书，偷偷读了很多当时的'禁书'，比如《青春之歌》、《三家巷》、《三国》、《水浒》等。我也爱学写字，练书法，只是到高中时课程强调学工、学农，毕业后不能直接考大学，要回乡务农两年后，靠表现、推荐才有机会，所以就耽搁了。这也是我们这代人的不幸……"

第二章
有天空，就能腾飞

成功并不与"劳其筋骨，饿其体肤"、"起五更，睡半夜"有什么必然联系，只要找准自己的位置，利用好别人的经验，然后达到自己的目标就行了。

——叶德林

1972年叶德林高中毕业，回乡务农。按当时政策的规定，回乡高中生必须在基层实践两年后，才有条件报读大学，之所以说是"报读"，是因为够条件后才能报名，报名后不是按个人考试成绩而是依据"政治表现"，由组织推荐上大学。

上进心强烈的叶德林，不甘心于在祖辈们刨食的乡间过日子。当时全国各地的农村都在学大寨，战天斗地，南庄公社也成立了一支农田基本建设兵团，以"兵团"作战的形式，开展轰轰烈烈的农田基本建设热潮。叶德林认为这是一条出路，立即报名参加兵团。这一方面可以过上青年人的集体生活——新鲜、热闹；另一方面希望在兵团做出成绩，争取获得上级的推荐，以圆自己一个大学梦。

所以，作为"兵团战士"的叶德林，事事处处积极肯干，任劳任怨。其间，他还学会了建筑、电焊、机修等方面的多项技能。

不曾想，另一个"幸运"的机遇，却改变了他人生的初衷。

1975年的"五一"国际劳动节，这是叶德林印象中最深刻、最兴奋的一个节日，尽管这天没有放假，但他成为了一名正式工人——领国家工资的劳动者。他享受"顶班"的待遇，接替了父亲在南庄水利所的工作。按当时上级政策规定，父母退休，其子女可以"顶班"。这样，叶德林便顺理成章地有了一份令同代人羡慕的职业。

这让争取做出成绩，希望两年后获得推荐读大学的叶德林，多少弥补了一点遗憾，毕竟，这是当时一种法定的"子承父业"，无需附加什么额外条件就可以拥有一份正式职业，自然是幸运的。但叶德林内心深处却是十分清醒的，在到水利所报到的那天，他起得特别早，临别，叶德林按捺住激动的心情，诚恳地对父母说："爸妈放心，我会接好这个班，为你们争面子、为自己争前途的。"

这年19岁的叶德林，牢记父亲"做人要有目标，做事要用心专一"的教导，掀开了人生崭新的一页。

也就是从1975年开始，珠江三角洲地区在"工业学大庆，农业学大寨"运动的推动下，实行十年农田基建规划，掀起了声势浩大的农田基本建设热潮。在南庄，则大搞桑基鱼塘建设，推广"六水四基"、"五水五基"或"七水三基"，筑桑基，挖鱼塘，而这正是水利所的主要业务，政府在这个时期也把水利所的工作当做重中之重。作为新人的叶德林，第一天到水利所上班，就面临着新的挑战。单位领导来不及对他"岗前培训"，就让他跟着一位早他工作两年的"师傅"到工地跟班，以干代学，负责指挥工地的施工、测量、验收土方等工作。

初出茅庐的叶德林，好学的劲头却让师傅大吃一惊。头一天上工地，他带着本子，跟着师傅转，不懂的就问，很快就记满了大半个本子。收工后师傅们走了，他仍留下来观察工地，对照记录，直到天完全黑了才一个人迟迟返回。晚上接着挑灯夜读，学习有关水利方面的资料和书籍，很快就掌握了业务要领。他平日能做到处处留心观察，事事虚心追问，勤于动手尝试，勤于思考总结，从而练就了水利施工员的基本功，一个月后，就可以离开师傅"单飞"了。

叶德林这样忆述自己的这段经历：

当时南庄水利所的人手不多，但任务又重又多，我刚进去就感到有压力。没有人手把手教你，关键全在于个人勤学苦练。在几十个员工中，包括我在内有三个是高中生，比我大10多岁的，也只是"农中"毕业的，我在其中算是文化水平较高的了，加上我勤奋好学、敬业，因而业务上手比较快，单位领导也看到我有能力，从第二年起，就让我担任施工组组长。

建桑基鱼塘，全靠人工掘、挖、担挑，开挖鱼塘，修筑桑基，为的是鱼塘养鱼，桑基种桑。一般建一个60m×90m、1:2坡度的鱼塘，要搬掉14000多立方米土，从平地挖下去，用人工挑土要一个多月才能建成。鱼塘有"六水四基"、"五水五基"等一个个方格塘规格，根据不同的地方，测量出来，组织施工、监督、检查，完工后验收。我那时才是一个20岁的施工员呀，要下到各个大队去指挥施工，有些人甚至连那些大队干部也不把你这么个"后生仔"的指挥放在眼里，有人还故意刁难或捉弄你。但我一概不去理会，我坚持耐心说服，同时还动手做。有一次在场的一名退伍军人可能看不惯我指挥施工，便指着斜坡说："你有本事做个示范来看看。"我知道对方的用意，但我不计较，我抓起锄头就修整起来，很快就做出了一个"样板"来，这让对方尴尬地站在一边，旁边的社员都齐声叫好。

很快，各个大队的群众都知道了我做事的风格，也乐于接受我，对我工作给予好评。其实，做什么事情，只要你用心去学习、体验，就能掌握到要领，再加上一个责任心，要对自己和社会负责，就能做好。

叶德林的勤奋好学、追求上进，很快就为自己争得了提高知识水平的机会——一年半后，也就是1977年春，南庄水利所把仅有的一个脱产进修学习的名额给了他，让他到佛山地区水利学校学习半年，领导们指望这位年轻人日后学有所成，能提高本所的技术和管理力量。叶德林深知这样的学习机会来之不易，因此十分珍惜。他如饥似渴、系统地学习了与水利工程建设相关的课程，例如，堤围、道路、桥梁、涵闸等建设与维修工程知识。半年的时间内，他没有回过一次家，星期六、日，也留在宿舍学习，别人结伴去看电影了，他却拿着设计出来的图纸找老师指点，利用所有的时间来读书。在别人看来，他只是个"书虫"，没别的情趣。但叶德林却从中获得了学习的乐趣，他爱上了这行，他认为能学到知识，这比得到什么都宝贵。

学习回来后，这个在水乡长大的小伙子，更加热爱水利事业，决心要在岗位上做出一番成绩来。他结合从书本上学到的知识，加上自己几年前掌握的土木建筑技术，利用工余时间，展开了一系列的技术革新尝试。

千百年来，珠江三角洲一带的堤围涵闸，采用的都是直板式"一"字形闸门，后来改用了"人"字形的，但在水位落差巨大时，这两种闸门常常难以开启，还会造成很大的安全隐患，这也成了水利建设部门多年来攻关不下的一个难题。叶德林选择从这儿下手，偏要踩这个"雷"。他会木工，便找来材料，根据力学原理，独创了一种"弧形闸门"，经过试验，效果很好，既方便又安全，并且获得了上级水利专家的重视和肯定。南海市水利部门立即召开现场会议，在全县进行推广，弧形闸门很快风靡开来，成了珠江三角洲闸门的新宠。南海市水利部门负责人说："叶德林同志大胆革新，创造出一种弧形闸门，改写了传统闸门技术的历史，是我社'工业学大庆、农业学大寨'的技术标兵，值得我们学习和看齐……"

南庄公社的广播、报纸，纷纷报道了这一消息："水利所有个21岁的技术标兵，名字叫做叶德林"，叶德林的事迹一时广为传扬。

第三章
认准目标与用心专一

管理者要具有"四气"：

朝气，锐气，正气，人气。

——叶德林

牢记父亲"做人要有目标，做事要用心专一"的教诲，年轻的叶德林显然没有满足眼下的成绩，他盯上了下一个目标——报考技术员。他得知南海电视大学有水电技术培训课程，便要求领导让他参加。领导认为他去年已脱产学习过了，要他把进修时间延后，但他恳求领导，说早点学习可以早点出成绩，他愿意晚上为所里的工作加班。领导看在他之前独创"弧形闸门"有功，又见他追求上进心切，便网开一面。

"机会不是等来的，而是争来的。"叶德林很为自己争来的这次学习机会庆幸。

叶德林争分夺秒，用半年时间，学完了两年的课程，其间还利用晚上回所里加班加点搞工程预算、设计等，做到学习和工作两不误，直让水利所领导心服口服。电大结业后，叶德林满怀信心地参加了水电技术员资格考试，竟以全县最高分的成绩，第一批获得通过，成了南庄水利所经过正规考试获得证书的第一个技术员。须知，当时40多人的水利所，有职称的技术员只有3人。叶德林则是唯一的非正式学院毕业生考取技术证书的，而且只工作3年，22岁就当上了技术员，这是所里那些老员工连想都不敢想的。

"他若认准的事，总有办法做成，他是用脑子做事的，专心专注，不达目的，决不罢休！"时为南庄水利所同事、现在新明珠集团任职的冼志刚作过这样的评价。

叶德林自我完善、快速成长的事实，成了南庄水利所领导用来教育、引导全所干部、职工的范例，叶德林也因此要接受上级交给的更多工作。在他获得技术员证书的同时，所里便任命他担任工程组组长，说是要有一个懂行的领导。叶德林说："工程组即是副业组，是单位通过对外承接工程任务，增加本单位活动经费，提高职工收入，同时又直接为本地群众服务的一项好的举措。"因为叶德林有技术、有施工能力，又有经济头脑，所以所里就让他来负责工程工作，其实是专门对外经营，算是最早的"经商"了。

这是叶德林预想不到的。按他的设想，第一步达到了技术员的目标，下一步就该是考取工程师了。但组织上却把他放到管理工程项目的位置上，让他负责为单位创收。叶德林把这当成是组织上对他的信任，就欣然接受了。

这是 1978 年秋，当时的叶德林才 22 岁，这位 22 岁的小伙子带领着 10 多个比自己年龄大一倍的同事，走进了一个让大伙都觉得陌生的领地——名义上是搞副业，其实是办公司。当时，改革开放的口号在三个月后才正式提出，但珠江三角洲很多企事业单位，已经悄悄地开始与中央政策打"擦边球"，私下里"搞副业"、"创收"，发展社会主义市场经济。南庄水利所此举，当属应运而生。

叶德林明白，下一步自己的目标是为单位"创收"，也就是找门路挣钱，既然组织上把这担子交给了自己，就一定要做好、做出色，绝不能辜负组织的期望。

"做人就得要有上进心。"父亲的叮咛一直印在他的脑海里，陪伴着他成长。

叶德林是个用心去做事情的年轻人。尽管他所处的年代与商品经济格格不入，他也没来得及作出下一步如何"搞副业"的计划，但他知道目标是为单位"挣钱"，这就够了。于是，他确定了目标，立即行动。

这个本来以水电技术见长的后生，第一单"生意"竟然是为一间电风扇厂加工配件——绕电动马达线圈，也就是采购回原材料，组织人员加工，然后供应给对方。由于数量大、人手少，叶德林便发动全所人员，甚至动用各个家庭成员一起参加，以家庭为加工厂，使得家家户户有收入。几个月下来，就获得了一笔十分可观的收益，让全所的同事感激不已。但叶德林并不满足这点利益，他有机电知识基础，通过与生产电风扇厂家的接触，很快就摸清了对方的"生产门路"，于是，便决定另起炉灶，生产自家的风扇。"我们把一台风扇拆开来，然后按尺寸画出图纸，一部分让别人帮助加工，另一部分自己完成，这样就生产出一款电风扇来了。虽然是'杂牌'的，但刚生产出来，就被人包揽销售，好卖得很，总是做多少销多少，这也让我们狠狠地赚了一笔。"叶德林回忆说，"当时政府对每个有副业的单位给予一定奖励，75%归政府，25%归单位作奖金，我们副业组可以从中抽取百分之十几。记得第一年，我们副业组每人就分到 3000 多元，当时我月工资才 50 多元，相当于领到了 5 年的工资。随后逐年增多，20 世纪 80 年代中期每年都可分到几万元，那时几万元很厉害啦，所谓万元户在当时是不得了的。说一句大话，我这个副业组组长还是胜任的。"

叶德林的副业组创收做出了成绩，一时引起了南海县各公社水电所副业组的关注，大家纷纷前来参观学习，其实很多是来"偷师"的，然后回去"照葫芦画瓢"，自己也开办一间类似的电风扇厂，很快，本地生产市场一下子"蜂起"，导致价格恶性竞争。叶德林见势不妙，毅然退出了生产电风扇，转向了可以利用自身水电技术优势的水利、路桥建筑工程等项目经营。叶德林的副业组由于转变快，所以避开了众多同行亏本、关闭的命运，为自己的经营提早打开了通道。

20 岁出头的叶德林，在水电所里的外号叫"周身刀"，说的是他浑身都是本领——水电技术员、建筑师傅、木匠师傅、电焊工、吊车司机、货车司机等本领集于一身，但叶德林认为，这只能说明自己具备某些工作能力或生活本领，最重要的是在于每个阶段要确立好目标，运用好本领，用心专一，这样才能做出成绩，实现目标。

转向利用自身水电技术优势，开展水利、路桥建筑工程项目经营后，叶德林以及由他带领的 10 多人的南庄水利所副业组，由于目标明确、专长突出、用心专一，成了一支在当地远近闻名的技术过硬、信誉最好、效率最高的副业组。

当地人若需要盖厂房、民居，或修建路桥、水闸等，都纷纷找上门来，以致一年到头工程项目排得满满的，忙都忙不过来。说到这一段经历，叶德林的脸上洋溢着自豪的笑容："因为我们是国家单位，技术力量强，又讲'本心'（诚信），创收大部分交给国家，不是一般包工头、个体户，收益归个人腰包。所以，那些大队、生产队都信任我们，很多工程都由我们承建，一般包工头根本无法与我们竞争。南庄有 10 多个大队，哪儿有路桥要修整，哪儿要建厂房、学校，我们便帮他们包揽下来，从规划、方案、设计、图纸到施工建设，'一杆到底'，包工包料。我从小学起，数学就特别好，又加上学了两个半年大专课程，所以对工程预算等，我口算几下就可以算出来，难不倒我的。平时，我除了在现场指挥外，还自己亲手做上一份，关键的都由我亲自操刀，什么烧焊呀，整水塔呀，接水管呀，砌石基呀，所有这些我闭着眼睛都能做。这个也为我日后出来搞陶瓷奠定了基础，同时也锻炼了我的经商头脑，学会了如何经营管理；更主要的是，学会了如何跟别人打交道，如何建立人脉关系等。我那时和南庄各个大队的书记、主任都十分熟悉，虽然我年纪不大，但大家都很尊重我，慢慢地，影响力越来越大，又因为为单位赚了钱，提高了大家的收入，所以个个都夸我有本事。到 1987 年，组织上认为这个后生有培养前途，便提拔我担任水利所副所长，管副业兼管水利工程。这时，我已在副业组干了 9 年，其实我的经商能力比水利技术能力还要强了。因为我是主管业务的副所长，做事有一定的影响力，人脉关系也好，经营业绩一直不错，所以一年后就提拔我当所长，也就实现了我当初进入水电所工作的一个梦想，也算是实现头一个最大目标吧，不是说不想当将军的士兵不是好士兵吗，做人就得不断有目标，实现前一个，还得争取下一个，这也是父亲早期教导我要这样做的。"

第四章
把命运握在自己手中

随遇而安，顺应现实，善于利用机会、抓住机会，不怕改变自己，始终树立正确的做人目标，做好自己，就一定能战胜困难，开创属于自己的一番天地。

——叶德林

20 世纪 90 年代第一个冬季，南庄镇委副书记有意请叶德林出面筹建一家陶瓷厂。副书记说："大家都知道你是有本事的人，所以考虑让你来筹建新厂，我们这也是顺应民意，希望你能答应。"

副书记说得情真意切，其实民意是对的，在南庄，谁不知道叶所长搞副业顶呱呱，现在他因故离开水利所了，让他负责给大家办厂，确实最好不过。

叶德林是个重情义、淡功利的人，他和副书记有多年交情，而且自己一时也来不及梳理下一步的"出路"，既然领导和群众看得起自己，那就服从好了。

说是服从，其实，叶德林可是极其认真地对待的。一旦认准目标，就倾尽心血实现它，这便是叶德林的处事风格。

翌日，带着华雄陶瓷厂长的头衔，叶德林正式走马上任。

首先是要规划、设计厂房。叶德林回忆说："我们到对岸石湾的一家陶瓷厂走了一圈，说是'参观'，其实是'偷师'。过后我就可以画出图纸来了，包括配置设备等，这话讲出来谁也不信，但事实确是这样。"

华雄陶瓷厂为镇属企业，叶德林连工资报酬也没提要求，就全心全力地投身到办厂中去了。他做什么都讲究效率，4 个多月后，厂房、设备一应俱全，呼啦啦就点火烧窑了。

旁边一家早两年开厂的"老厂长"觉得这速度惊人，过来打听是谁当这个厂的头头，当知道是原南庄水利所所长叶德林时，顿时便明白了：原来是那个"周身刀"，难怪开个厂像变戏法似的！

其实，叶德林也不是有什么三头六臂，只是他这些年来曾连续组织副业队，建起过六七座陶瓷厂，他已有丰富的经验，正如他所说的，这也算是他的本行。

　　叶德林决意"舍身"为华雄厂大施拳脚。然而，情况很快就有了变化。

　　有个周末傍晚，他突然被邀请参加一个由某主管部门主办的，其实也只有一席人的"宴会"。宴会的酒才刚过一巡，主管部门领导却有点迫不及待地站起来宣布："感谢叶德林同志几个月来为兴建华雄陶瓷厂所做的努力和贡献，其任务已初步完成，是去是留，任由选择。"接着，是主管部门领导对旁边的"新人选"的介绍和祝酒。看得出，人家只是借你老叶做桥，过桥后便抽板，意思是让你走人。

　　没有任何前兆，也没谁打过招呼，更没说出什么理由，这其中缘由至今仍是一个谜。要知道，这是个镇属企业，所有相关人事包括经营管理，都得听从上级安排。而叶德林之前也没与人家签订什么合同，甚至连工资福利也没多说一句。你以诚待人，人家未必也以诚待你。于是，这一并不属于"鸿门宴"的晚宴，便成了叶德林在华雄陶瓷厂的"最后的晚餐"。这种结果是叶德林怎么也没想到的。

　　叶德林开始在家闲着。

　　他终于可以睡一次时间最长的懒觉。此刻，"早晨"醒来是午后，人家都吃过中饭了，他开着那辆任水利所所长期间购买的、陪伴他至今的嘉陵摩托，漫无目的地在紫洞墟闲逛着。转悠了几条古巷，然后沿着吉利河岸，慢腾腾地行驶着。眼下这一切，触起一幕幕剪不断、理还乱的思绪，尤其是身下这条45公里长的江堤，去年还是属于自己的管辖范围，每天他都得巡视一遍，沿江边哪儿放一堆石，哪儿备一堆沙，哪个闸门白天起多高，晚上降多低，他都烂熟于心。自从当上所长后，堤围修建和河床治理，便成了他的"主业"，他从1975年起入职水利所，在这一带足足泡了16年，他把自己最美好的青春时光，全部贡献在其中了，他这才觉得仍然对它有着深深的"依恋"。于是，他停下车，一屁股坐在了堤坝上……

　　河岸弯弯，像舞动的长龙游向远方；河水悠悠，静静地流向不远处的珠江……叶德林这才发觉，自己从没像眼下这么认真地欣赏过家乡的景色，尤其是面前这默默流淌的河水，蓦地，高中时读过的毛主席那句诗词一下子便蹦了出来："子在川上曰，逝者如斯夫！"岁月就如这飞逝的流水，自己16个春秋已成了昨日，你留恋也罢，叹息也罢，都一去不复返了。而人生还在继续，自己才35岁，还有很长的路要走，唯有像流水一样，不管沙石险阻，不管河道弯曲，照样向前奔流才是出路……

　　叶德林呼地站立起来，跨上摩托车，加足马力，飞快地开进了自家的大院。他冲正在厨房里忙活的妻子大声说："今日起，我是自由人了！我可以做自己该做的事了!"

只是此时,妻子李要才从丈夫的口中得知,昨日他已离开华雄陶瓷厂了。作为贤内助,李要多年来对丈夫的事业支持有加,她信任他,理解他。于是,李要点点头,安慰丈夫道:"没什么大不了的,人家不要我们,我们自己来。"

正所谓"马死落地行"。与生俱来的用心处世,做人有目标,而且不达目标誓不罢休的叶德林,没有空闲让自己消沉半刻,就要去做一件事。昨天赴"宴"之前,在经过溶洲村村道时,他遇上了村干部老何,老何向他透了个"口风":自己近日被安排筹建一家陶瓷厂,麻烦他帮忙推荐一个工程队。这不正好是一条现成的门路吗? 叶德林立即把自己的想法跟妻子说了出来:"我们干脆自己组建一个建筑队吧,先拿下这个工程再说!"李要一听,也认为挺合适:"这行是你的专长,应该有得做!"

叶德林一向做事雷厉风行。当天,就把组建一个挂靠在某建筑公司的施工项目组的申请报告,上报给有关部门,当晚,溶洲村村干部就决定:由他组建的建筑队,为村里建厂!

也是天遂人愿,当村干部明白这一切时,竟一致同意了。其实叶德林事前也感到有几分把握,才敢这么直白地亮出自己尚未有影子的建筑队。因为溶洲村的自来水工程建设,就是由叶德林组织水利所的副业队一手搞起来的,该工程质量好、造价低,受到群众一致好评。村干部都知道叶德林有这方面能力,而且为人老实,讲信用,做事让人放心。村干部几乎没怎么"研究讨论",当场就决定把这项工程交给他。

叶德林一时感动了!

话说回来,你老叶现在已不是昔日的水利所所长了,凭什么人家可以在你"光杆司令"一个,连"皮包公司"也没有的情况下,就答应把一座上千万元造价的厂房工程交给你,你何德何能? 只有叶德林心里最清楚,这都是自己多年来在家乡人心中留下的"好印象",还有良好的人脉关系,才获得了大家的信任。

几天前还是个没有工作的自由人,眼下,已组织起了一个包工队——挂靠在某建筑工程公司的施工项目组,叶德林"转型"为当时人称的包工头。

"随遇而安,顺应现实,善于利用机会、抓住机会,不怕改变自己,始终树立正确的做人目标,做好自己,就一定能战胜困难,开创属于自己的一番天地!"叶德林后来在回答儿子叶永楷提到的如何面对人生的"低潮"时,曾说了这样一番话。

叶德林做包工头,也要做"出色"的,这是他的性格:不做则已,做则最好。"不管做哪行，叶老板总要比人家做得出色。"原祥兴陶瓷厂厂长何志伟说，"20世纪80年代初，他带队来我们溶洲搞自来水厂，我是村委会干部，头一次见面就给我留下了很好的印象，他与我们谈项目时很专业、很有水平，在谈到某些技术问题时，不怕争论，坚持科学的态度和原则，目的是达到最佳的方案。后来他做包工头时，帮我们建陶瓷厂，我们昨晚交下的任务，他通宵达旦，第二天早上就把图纸交出来了，很快的、很厉害的，他能搞设计，又能施工，又会管理工地，很内行，别人是做不过他的。"

从20世纪90年代开始，南庄镇传承了一河之隔的"中国陶瓷名镇"石湾的星火，18个管理区纷纷兴建建筑陶瓷厂，村村建筑工地一派热火朝天的景象。而叶德林带领的建筑队，由于技术好、信誉高，一时成为各村的首选，很多是主动找上门来的；但凡招标的工程，叶德林带领的建筑队也因其报出的工程成本总是比别人的低而取胜。因此，自组建建筑队那天起，工程项目就一直应付不过来。

"我做建筑包工头时，正好遇上南庄陶瓷大发展，到处起厂房，这时做了不少工程。因为我有很好的人际关系，处处都有人关照，尤其是在银行，因为我这人讲信誉，借钱总是提前还，所以很容易借到钱。我接工程，一般是包工包料，大多是再包给盘生，我出材料，他负责带人马施工，各负其责。盘生做事很认真的，我与他是1984年认识的，随后一直跟我施工，到1996年时又跟我到明珠厂，现在在我们集团物业部任职。可以说，1991年、1992年这两年，我做包工头赚了几百万元，算得上是我掘到的第一桶金。"叶德林这样讲述自己做包工头时的日子。

两年赚了几百万元，这个数字在20世纪90年代初，会令很多经营中小企业的老板羡慕。

叶德林选准了目标，凭着自己的智慧和努力，尤其是良好的"人格魅力"，在赤手空拳的情况下，用相当短的时间，迅速开启了属于自己的另一个人生，这着实让人惊诧和佩服。

叶德林做事向来以速度与效率取胜，在后面的日子里，这一风格同样一脉相承。

第二篇
起跑之时已跨越

第五章
服从也是一种美德

　　一个人在社会上，其实不该只为钱活着，而应该有一份事业心、一份责任感，应该为社会多做一点有益的事情才好。

——叶德林

　　1992年国庆节后第三天，在溶洲陶瓷厂办公楼建筑工地上，叶德林正领着伙伴们在紧张地施工。几天来，叶德林和他的建筑队连国庆节也没空休息，总是没日没夜地"赶工"，同期的还有另一管理区的一家陶瓷厂的工程呢。叶德林这支施工队特别"抢手"，工期都排到第二年的六七月份了，他感到既兴奋又心急。

　　中午时分，南庄镇政府干部老霍来到工地检查工作，与叶德林一起在工厂饭堂用餐，其间，老霍像开玩笑似的对叶德林说："德叔，你包工头这碗饭，可能没得吃了！"

　　叶德林一听，感到很突然，莫名地问："为什么？我犯什么错啦？"

　　老霍哈哈一笑，连忙正经地说："当然不是，是政府要重用你呢，准备让你组建一个新陶瓷厂，组织上已初步定下了。"

　　叶德林还是半信半疑，他在心里琢磨，自己出来做这个"包工头"，才刚刚找到点眉目，顺顺当当的，而之前辛辛苦苦办起个华雄陶瓷厂，不到半年，上头让走人就得走人，所以很担心这下会重蹈覆辙。而且眼下自己已36岁了，经不起折腾了。最主要的是自己当老板没人束缚，自由自在，一年挣两三百万元轻轻松松，若是算经济账，可能当一辈子集体厂厂长的薪酬也没自己一年挣得多……他一时态度也不积极，全当对方说笑而已。

　　没想到，几天后的一个早晨，他的摩托车刚开进工地，就见到镇长站在一边"恭候"他了。镇长递给他一支"红塔山"，笑着说："知道你没这个习惯，但我想看看你的诚意！"

　　叶德林一时有点尴尬，他向来讨厌抽烟，更别说自己去抽烟，但他知道镇长眼下是在试探自己，他得给领导面子，便犹豫着去接镇长递过来的香烟，但是镇长却突然收了回去，哈哈大笑起来："德叔，这就表明你确有诚意了！"

此刻，叶德林对镇长的来意已猜出了几分，果然，镇长开诚布公，拍着叶德林的肩膀说："好了，那就这样定了吧，从下个月起，你去组建一家陶瓷厂，当厂长！"

镇长似乎已摸透了叶德林的脾性，他并没有过多的客套，也不去做什么思想动员，他用老朋友般轻松、玩笑的形式，给他的老下属下了一个严肃却充满民间性质的战书——"任命书"！

15年后，当笔者与老镇长谈及这一"任命"经过时，老镇长显然有几分"事前诸葛亮"的骄傲："我知道德叔的为人，我有对付他的办法。按理他不该丢下每年两三百万元，来当个每月只领1000多元工资的集体厂厂长的，但由我出面请他归山，他还是会给足面子的。"

要知道，叶德林一向不为上、不为名、不为利，他看重的是情义，是相互间的信任，是一个人的社会价值，当他看到镇长亲自到工地来给他"兄弟般"的信任和重用时，心里充满了感激，一下子就从命了。叶德林在忆及此事时向笔者坦言："人家镇长亲自来到工地，给你安排工作，看得出领导的信任。既然上级和群众有需要，我也就只有服从了。"

其实，这个"算术"特别优秀的人，当然是"算"得出自己这个角色变换之后，在经济账上的巨大落差。笔者在明珠高级装饰砖厂《1996年员工管理计酬方案》原件中看到："正厂长月工资1800元，副厂长、厂长助理1500元"，这已是叶德林办厂三年后的工资了，想来开头一两年的工资还要更低。"若光是从个人经济收入上考虑，我是绝不会回来做什么厂长的。"叶德林说，"一个人在社会上，其实不该只为钱活着，而应该有一份事业心、一份责任感，应该为社会多做一点有益的事情才好。"这是10多年后，叶德林第一次道出自己的心声。

其实，这个"服从"，对于叶德林来说，内心深处应该是痛苦的，是不情愿的。想想看，这3年来，他先是从水利所所长的职务上被辞退回家，后被聘任筹办起华雄陶瓷厂，才做了几个月厂长，又遭让位辞退，而在自找出路，当上建筑队包工头，事业正红红火火之时，上级却要他放弃这些，再去筹办一家新厂，假若日后筹办起新厂，又遭遇同样的命运怎么办呢？尚且不说每年经济上的损失，就是心灵上的重创也难以让人承受。他不是算命先生，他无法预料日后会有怎样的遭遇，他也无法预测自己日后会有什么样的前途。然而，他却把这些"杂念"深深地压了下去，他竟然没有向镇长反映一下自己私底下的想法，更没像一般人那样向上级讨价还价，他只是一如既往、有点腼腆地笑笑，回复了镇长："既然领导信得过我，那就再试试吧！"

叶德林是个非党人士，但他毫无条件地听从了党和政府的召唤，放下了个人非常丰厚的利益，毅然接受了这一痛苦却高尚的安排！

在半个月内，叶德林忍痛把两个工地的工程按亏本价格盘给了一位同行；还把已签约的两个明年的工程定金搭上违约金退给了对方；再给那班跟随自己做了两年工程的伙伴们每人多发了一个月的工资……圆满善后之后，1992年11月15日，叶德林便走马上任了——到镇里报到，筹建新陶瓷厂。

对于叶德林的这一做法，所有的亲戚朋友，几乎没有一个赞成的。大家都说，放着包工头一年赚几百万元不干，却去做一个集体厂厂长，吃力不讨好，这亏吃得太大了，都不明白他到底怎么想的。叶德林却不管大家怎么说，也不出来解释。他后来和朋友谈及此事时说："讲到底，其实这一关，开头我也想不通，何况是其他人呢。"

5天后，也就是1992年11月20日，一份由叶德林起草，以南庄镇农工贸发展总公司名义发文的《关于生产经营无釉砖的可行性报告》以及申请成立"广东省南海市明珠高级装饰砖厂"的报告，便递交给了上级有关部门。12月1日，南海市计委以〔1992〕200号文件作出批复。12月8日，南海市工商局颁发了营业执照。

这也体现出了叶德林一向的办事效率和速度。

在给新厂取名时，叶德林颇费了一番心思，经过再三权衡，他把即将诞生的这个厂，看做是行业内的一颗明珠，寄予了自己对未来事业的希望和追求，因而便选用了"明珠"作为厂名。砖厂选址在吉利管理区杏市西面樵乐公路旁，注册资金1000万元，为镇集体所有制性质，主营釉面马赛克、瓷化墙地砖，项目用地为40亩，土建面积为1.85万平方米，计划总投资3800万元，资金来源除自有资金400万元外，其余部分由企业从银行贷款解决。按叶德林在报告中的预算，该厂年产无釉瓷质砖150万平方米，以市价每平方米40元计，年产值可达6000万元，去掉成本3589万元，年毛利润为2411万元，即正常投产后，19个月便可把全部投资收回。

南庄镇政府认为叶德林的计划和设想是切实可行的，对他的工作能力和做法也是放心的。

新成立的南海市明珠高级装饰砖厂，组织上归镇农工贸发展总公司下属企业——中南企业集团管辖，这时，中南企业集团已拥有华雄陶瓷公司、水电综合公司、华星墙幕厂等8家公司。虽然是中南企业集团的下属单位，但明珠高级装饰砖厂的生产管理、经济核算等都是独立的。明珠砖厂，成了中南企业集团属下最年轻的一个"小弟弟"，正式加入了南庄镇经济建设的大合唱。

人们对这位"小弟弟"和其掌舵人叶德林充满了期待……

第六章
起跑在棋高一着

> 没有污染的企业，只有污染的老板。
>
> ——叶德林

可以说，南庄镇政府的领导是慧眼识珠的，选择叶德林来负责筹建明珠砖厂，是明智的，也是最合适的。

须知，叶德林之前已有15年的水利所副业组管理经历，也就是具有15年的公司管理与经营经验，而且又有建筑公司管理的经历，集水电、土木建筑技术以及经营管理艺术于一身，他出色的经商天分使水利所副业组以及自己组建的建筑队，都获得了非常可观的盈利。像这样具有经营能力的人才，实在难得。而随后明珠厂的经营情况也证实了这一点。所以，让叶德林放弃自己的事业，服从政府的需要，再回到镇属企业来服务，是乡人的一种福分。

叶德林果然不负众望。他有了组建华雄陶瓷厂的经验，眼下明珠砖厂的建设，对他来说，已是轻车熟路。厂部建筑与规划设计，还是由他独自完成，他说主要是自己能做得来，无需浪费一笔设计费，能省则省；而随后的三层厂部大楼的建筑工程，也由他组织的一支"不在编"却有质量保证的工程队施工，被人家戏说他是"肥水不流外人田"，仅这两项，就为镇里节省了80多万元。这也可以说是"叶德林特色"，时至今日，新明珠集团的土木建筑工程、室内装修工程在技术设计和预算等方面，一直令负责项目建设的单位佩服得五体投地，任何投机取巧的做法，都逃不过他的眼睛。

1992年岁末，在南庄杏市至西樵大桥中段的公路旁，人们看到叶德林带领着一队人马，在推土填鱼塘、平地基。叶德林回忆说："说起来这个地方我是最熟悉不过了，因为杏市是我太太出生的地方，而当年负责水利所施工搞桑基鱼塘时，我曾在这一带流下过汗水，修过桑基鱼塘，而现在刚好相反，却要把鱼塘填了，一挖一填，都是由我来做，正所谓沧海桑田，也算是适应发展、不断创新的需要吧，为了打造更适合经济发展的环境，我们确实不能一成不变啊，就说我们将这40多亩鱼塘变成陶瓷厂，每年创造的财富比起桑基鱼塘的收入要超过数百倍的，这就是大胆改革、合理利用，最大限度地提高经济效益的英明选择，这也是珠江三角洲人后来发展经济的一种模式。"

叶德林做事历来讲究速度和效率。在开始进行工厂主体工程建设时，他已提前介入引进生产设备；在厂房盖顶时，便对设备进行安装、调试。"他办明珠厂开头半年，熬瘦了 10 多斤，本来就比较瘦，加上工作压力大，日忙夜忙，身体就越来越瘦了，我还担心他一时吃不消呢。"太太李要说叶德林当初为办明珠厂操尽了心，真是尽职尽责。按原计划，厂房要 7 个月才能完工，但叶德林争分夺秒，只用了 5 个月零 26 天就全部竣工，并正式投产了！

若说叶德林在建厂速度上已令同行吃惊，那么，走进生产车间，更是让人感到意外，一条最现代化的德国压机、德国立式干燥器，配套国产窑炉的生产线设置，以高定位、高起点的生产方式，一改当地惯用的依靠国内改造的落后生产方式，以先进的设备作为高人一筹的竞争手段，把产品生产、加工、保质保量放在新厂建设发展的第一步。当然，开始此举连镇政府领导也有顾虑，毕竟这进口的三台德国压机和两台干燥器，要用去 700 多万元，相当于整个 1.8万平方米厂房造价的一倍，但叶德林还是坚持要引进这些先进设备，他说正如当年挖鱼塘，全靠人工铲挖肩挑，如今用一台推土机，相当于上百人的工作效率，虽然买机器是多花点钱，但这一投入的效率和效益是落后的生产方式无法相比的。于是就极力坚持了下来。

要说最让人佩服的，则是明珠厂的环保工艺。这可是叶德林进入陶瓷界后作出的第一个最具社会意义的贡献。今天，新明珠集团在三水工业园实行的"清洁生产，循环经济"，又开了陶瓷行业现代环保的先河，也就是说，10 多年来，叶德林在建陶生产上一直把环保作为一种自觉行为，持之以恒，且不断改造、创新、超越，为企业负责、为人民负责的企业家精神和高尚品德，实在难能可贵。

众所周知，陶瓷行业向来被人们称为高污染的行业，陶瓷生产过程中的瓷粉尘及窑火的烟雾排放，还有车间废水的排放，会对周边环境造成污染。为此，上级有关部门一直建立检查监督制度。然而，在此之前，国家和地方管理部门，对建陶行业生产的环保没有制定一个统一的准入证——环保标准，这就无法促使新建的陶瓷厂按照统一的环保标准进行设置，以致"各样师傅各样法"，各个在建陶瓷厂各出其招，五花八门，每当有关部门检查出不合格的环保指标后，再作整改，使很多在建陶瓷厂无所适从。叶德林在此前兴建华雄陶瓷厂时，就为此伤透了脑筋，他曾主动找到南海市、佛山市两级环保部门的专家，请他们给出建议。为解决废水排放问题，他还来到高明一家牛仔布印染厂参观考察，学习他们的治污经验。镇有关管理干部怕拖延工期，让他按"一般要求，过得去就行"，而他却依然认真。虽然华雄陶瓷厂的环保设施已比别的厂好多了，不过生产开始以后，叶德林觉得还是没有完全做好，还有不少应该改进、提高的地方。所以，这次兴建明珠厂，叶德林高屋建瓴，采取一步到位的做法，请来南海市环境工程公司，设计承包废水处理工程，采用当时国外先进的环保工艺——车间废水——格栅——调节池——反应池——沉淀池——污泥池——干化池的循环回收方法，创出了一条当地陶瓷企业治污和综合利用的最佳路子。后来的实践证明，叶德林在明珠厂推行"环保设施与生产设施同时设计、同时施工、同时投产，并设有副厂长专职管理，制定较完善的管理制度，由市环保局培训合格的环保员具体负责操作，环保设施先进完善"的做法，是非常成功的，以致在以后增加逐年环保指标限制的情况下，市、区环保主管部门多年的现场检查中，叶德林管辖下的陶瓷厂的废水、废气、固体废弃物及噪声等环境指标，均达到国家标准，且10多年来从未发生过一起被有关部门处罚的现象，这在全国建陶行业中也是绝无仅有的。

这也是叶德林对陶瓷行业的一大贡献。

1993年6月14日是一个普通的日子，那天中午却是叶德林一辈子无法忘怀的时刻。装饰一新的南海市明珠高级装饰砖厂厂内，窑炉熊熊，场面鼎沸，在万众期待的目光中，一块块从辊道窑里源源不断"流淌"出来的瓷质耐磨地板砖，像一队队整齐划一、美丽可爱的宁馨儿，骄傲地展现在人们面前，显示了这一刚刚诞生的"明珠"熠熠的光辉，同时也宣布了叶德林率领的306名陶业将士，正式加入了世界建陶大军的战斗行列！

虽然还是以速度取胜，但在生产线方面，叶德林却是分步走的。他原则上是根据本厂的实际能力，成熟一条，便上一条，不像别的厂那样，好大喜功，多条生产线挤在一起上，拖延时间，加重投入负担，也增加了产品销售压力。这一举措，直至今日，新明珠集团，包括三水、禄步、江西高安三个大型现代化建陶生产基地，在上生产线的决策上，仍然是"分步走"——逐步增加生产线。

在第一条生产线投产两个月后，也就是1993年8月中旬，明珠高级装饰砖厂的第二条生产线接着建成投产；随后，在第二条生产线投产两个月后，第三条生产线也顺利建成！

这样，到1993年10月，明珠厂已拥有三条从德国引进的最先进的生产线，年生产瓷砖能力达300多万平方米。在缺乏资金、缺乏技术力量诸多掣肘因素的影响下，叶德林因地制宜，做到了"一步到位"与"分步走"相结合，稳扎稳打，稳中求快，稳中求胜，成功地闯出了一条适宜企业自身发展的路子。

第七章
非常道

企业出路靠创新，市场份额看性价比。

——叶德林

做任何事情，你得想方设法拿出自己的看家本领，才能胜人一步，所谓要建非常功，必需非常道。谈及当初创建明珠厂的心得时，叶德林感触颇深，见地也深。

他的看家本领——非常道！

这是叶德林之所以成长为今天中国建陶行业领军人物的根本所在！

非常道之一：未生孩子先取名

1992 年，作为与"南国陶都"石湾一河之隔的南庄，深受石湾建陶生产风生水起的影响，随之学习其办厂经验，很快上马了一批建陶厂。但苦于求师无门，南庄的大多厂家在产品、产地、外包装等方面一味模仿、抄袭石湾，甚至还套用别人产品的"牌子"。

叶德林看不起这种靠"耍小聪明"的低级做法。他认为办厂也要像做人一样，堂堂正正，行不更名，坐不改姓，要名正言顺，还要有一个好的名字。他说自己在接受办一家陶瓷厂的任务后，头一天，他着手去做的一件事，就是给工厂起名字。

他苦想了几天，终于选择了"明珠"这个名字，接着顺利地通过了工商局的批准，他在取得工商执照后，便立即给新厂的产品设计商标。叶德林主张要做自己的牌子，争取日后做成百年老字号，像洋酒"轩尼诗"、国产酒"茅台"一样，打响自己的产品品牌。于是，这个"文化大革命"期间毕业的高中生，凭着自己对即将生产的产品的向往和热情，选定了"冠珠"二字作为产品的标志，意为——皇冠之珠，冠军之珠，寄寓着对明珠产品美好声誉的期望。

接下来，叶德林把自己关在家里一天一夜，着手设计"冠珠"商标。凭着小学时的美术基础和进修过水利水电设计课程的相关画图知识，他设计了数个商标草图，最后终于完成了企业和产品的 LOGO 设计。可能至今尚无几人知道，今天我们熟悉的新明珠集团的 LOGO 以及冠珠牌产品的 LOGO，竟然是出自叶德林之手。

叶德林以"明珠"二字的汉语拼音字母"M"和"ZH"为主要元素，以"M"为基础，构成一座大厦的底座，"ZH"是七块红色色块组合的大厦外立面，而色块则给人以"瓷砖"的视觉，凸显建陶产品的鲜明特征，加上其标准色为"中国红"，体现了中国传统产业和中华民族特色。"大厦"上方，点缀着一颗闪烁的明珠，两侧配以"冠珠"二字，体现出"皇冠之珠"的意味。整个标志庄重稳健，大气磅礴，浑然天成，犹如屹立挺拔的一座大厦，又如一座丰碑，蕴涵着创建千秋大业，让皇冠之珠光耀天下的宏愿。

"冠珠" LOGO 设计出来后，叶德林找来了一个广告公司的朋友，让他做了一些润色，然后在投产前，也就是 1993 年 5 月 23 日，送交国家工商总局商标局注册，一个月后，在产品出产的同时，已获得了这一商标的使用权。一年后，冠珠商标获得了注册证。叶德林便给明珠厂的所有系列产品，都冠以"冠珠"品牌，就是强调要做自己的牌子。

紧接着，在产品外包装的问题上，叶德林指定了一家广告公司，负责对"冠珠"产品的包装进行长期、精心的设计，并在当地陶瓷厂第一个打出"彩色"包装，其崭新的形象让人眼前一亮，也让人立刻记住了冠珠品牌。

可以说，叶德林以"牌子先行"，打造自己的企业形象和产品形象，开创了当时陶瓷老板强调做产品就是做品牌的先河。随后，叶德林一直对"冠珠"品牌悉心培植，百般呵护，不断创新和提高品质，扩大其社会知名度与美誉度，从而使"冠珠"商标在 2003 年 2 月和 9 月，分别获得了"广东省著名商标"及"中国名牌产品"称号，2008 年，该商标又获得了"中国驰名商标"称号，成就了一个响当当的民族品牌，同时也遂了叶德林 10 多年前的一个心愿。

非常道之二：背着瓷砖跑市场

明珠厂投产后，叶德林要做的第一件事：就是要把产品卖出去，为此他竟然选择了一个集体厂厂长绝不会干的吃力活——亲自背起一袋耐磨砖，到广州天河、海珠一带跑市场。

耐磨砖是我国建筑陶瓷第二代产品，也是国际上流行的新型铺地陶瓷材料，于 1990 年 1 月由石湾工业陶瓷厂成功试产。它采用高温烧制工艺，降低了瓷砖的吸水率，玻化度和耐磨度高，易于清洁，特别适用于人、车流量大的场所。耐磨砖比之第一代的彩釉地砖，显然是建陶产业的又一次技术革命，标志着该行业迈入了一个新的发展里程。正因为这点，叶德林一开始就盯上了这个产品，并以耐磨砖专业生产厂商定位自己，提前介入耐磨砖的生产推广。

然而耐磨砖毕竟是新产品，在市场上还需要一个被消费者认识与接受的过程。作为在中国才面世两年多的耐磨砖，推广的力度考验着厂家的韧性与能力。而此时我国的建材装饰材料，只是一种"大排档"式的低级销售方式。一些城市虽然开始出现专业的建材市场，但却把钢材、水泥、石材、墙纸、板材、卫浴等建材混杂在一间店铺摆卖，坐等顾客上门。此时的厂家，基本上是负责生产，由建材销售方前来批发，按所谓"出厂价"销售，没有谁会主动出击，亲自到市场里推销产品，更不会有后来的市场营销、经销商、大展厅等销售模式。

叶德林却敢于改变这种形式，不能等客上门，要主动出击，好货也要上街吆喝！

在筹建明珠陶瓷厂之前，叶德林就提前从原来的华雄陶瓷厂"挖墙脚"——首先挖来技术与销售两方面的 8 个人员。依靠他们来做好技术生产和供销安排的计划、培训，并任命关兆安为经营副厂长兼供销科长。叶德林认为，在通过先进技术生产出好品质的冠珠产品后，最关键是把产品卖出去，卖个好价位。所以，产品质量与销售一直是叶德林办厂严抓不放的两大环节。

1993 年 6 月 16 日，也是明珠厂投产后的第三天。南国羊城已进入了盛夏酷暑天气。叶德林邀上关兆安，正副厂长两人，揣着和当时天气一样火热的劲头，开着一辆工具车，装了半车耐磨砖，闯进了广州天河珠江新城。

停好车，两人便一人装满一蛇皮袋的耐磨砖，分别找建材店推销。

叶德林一连走了几家建材店后，不厌其烦地把袋里的耐磨砖一一摆出来，让人家观看定夺。但开始几家有的说自己铺面窄，放不了；有的说可以寄放试销，但要你出租位费；有的则认为这耐磨砖只适宜在大店铺出售，不适合自己的小门店摆卖，便一口拒绝。此时，已过了午后吃饭时间，叶德林还未找到一家愿意销售耐磨砖的店铺，他便在冼村西街旁歇息一下。在一家凉茶铺前，他要了杯凉茶喝起来。就在这时，他看到右边有间饭店正在装修，临街边正在铺荡水泥浆，他便颇有兴致地走上前去与工人搭讪起来。接着，他从蛇皮袋里掏出一块耐磨砖，送到对方跟前，美美地说："给你们老板看看吧，我们这瓷砖，铺地板是最好的。"

没等对方回答，叶德林便送上一张名片："要是觉得好，就给电话，我们即刻送过来。"

对方显然觉得他有点唐突，不屑地接过名片扫了一眼，跟着惊讶地笑了起来："厂长？还是厂长呢，自己背地砖随街走啊，哈哈哈……"

叶德林听得出对方是在奚落自己，但他不以为然，留下两片瓷砖，便匆匆离开了。

一天下来，叶德林又累又饿，回到小货车那儿时，关兆安已一副懊丧的样子，倚在车旁等他了。看来这沿街推销的活儿真不好做，两个伙伴便找了个云吞面店填肚子。

从午后一直到傍晚，两人顶着烈日，全身被汗水湿透，累得筋疲力尽，也只走了30多家建材店，即使如此，叶德林仍然是满意的。他想，有付出总会有回报，这是省城广州，要是能从这儿打开市场，日后形势就会大好。

功夫不负有心人。翌日一早，厂办公室的小罗便接到一个找叶厂长的电话，对方称自己姓张，是广州天河一家饭店的老板，昨晚看了叶厂长留下的耐磨砖，认为很不错，想先问问价格。这便是昨天中午见到的那家正在装修的饭店的老板，他看了留下的样品后，便根据名片的联系电话找上门来了。

接下来，叶德林首先在价格上让对方感到物超所值，然后亲自押车把600多平方米耐磨砖免运费送上门，直让张老板感动得要请吃晚饭。而令叶德林更想不到的是，张老板有感于他的诚意和服务，把叶德林的耐磨砖介绍给了他在海珠区做建材批发商的江姓亲戚，江姓亲戚日后便成了明珠厂在广州较大的经销商之一。

这便是日后各大小媒体报道的关于叶德林"背着瓷砖跑市场"的故事。

叶德林凭此打开了销售的渠道，但他却很快就不主张大家背着瓷砖叫卖了，他说那只是提倡一种方式、一种做事精神，我们就是要利用一切可以利用的手段，包括最原始的"叫卖"手段，争取尽快建立自己的市场。

非常道之三：销售管理制度化

一个月后，叶德林第一个在南庄陶瓷企业中建立起了《供销队伍计酬与其推销价值挂钩的实施办法》，促使销售工作迅速走向系统化、制度化。从某种意义上说，这是开了当时陶瓷行业销售新模式的先河，颠覆了传统的卖瓷砖方式，将营销概念引入了陶瓷行业。

笔者在明珠高级装饰砖厂的档案室里，找到了那份标明1993年7月2日生效的《供销队伍计酬与其推销价值挂钩的实施办法》原件，只见具体的办法共有11条，其中第一条规定——"将现有销售人员6名分为若干小组，可自由组合，分别以人为单位分配营销任务，每人每月暂定销售额为80万元，厂部将现有客户群划分，然后由营销小组执筹分配，以便各显神通。"此外包括：各种产品价格的核定、销售人员的计酬办法、销售人员要求发货的品种规格及顺序的处理、厂部留家人员的助销配合、文明销售、客户至上等，具体而切实可行。

早在 1993 年，明珠厂就开始建立和实行销售队伍管理制度，并拥有了 6 名销售人员，这在当地的陶瓷厂据说是第一家。昔日的中南企业集团负责人在写给南庄镇政府的一份报告中也谈到："叶德林同志为明珠厂实施的一系列制度化管理，是大胆的，有创新性质的，值得我们仿效，建议在全镇各厂、公司中大力推广……"

这是叶德林在明珠厂创业初期时拿出的又一看家本领，从而为日后陶瓷行业的代销、直销、经销、联销以至专卖店等营销模式的发展和提升，提供了一个模本和范例，其功不可没。

第八章
独门武器

让新人、新观念、新思想、新技术和新方法给公司注入活力，改进我们的工作方法和心智模式，提高我们的工作效率，提升企业竞争力。

——叶德林

大凡每个走进明珠厂的人，都会记住这么一个"明珠形象"——一座三层的办公主楼，"T"字形排开，大气磅礴。中段楼梯是凸显的塔楼式外立面，傲然矗立，有五层楼般高；让人瞩目的是，墙上竖式镶嵌着的红色行书"明珠"两个大字；顶端插着一根高高的旗杆，旗杆下面是"冠珠"的LOGO与两幅对称横排的白底红字的"明珠"；左右两边，各有100多米长的大楼顶层外墙，分别嵌着两幅红色大标语："创一流产品，办一流企业"，每字足有2米高大，煞是令人炫目，让人一看就明白：该厂的主人胸怀和目标有多么宽广、远大！

叶董事长在后来接受采访时曾平静地告诉笔者：其实，这些都是他在设计厂房的草图时，就拟好了并提前规划出来的，那是他办厂定的目标。于是，他在设计时多了一份心思：事先安排好写字的位置，以便日后使用，同时也是作为工厂形象工程来对待的。

好家伙！如此早有"预谋"，早有安排，在设计厂房大楼时，就把办厂的目标——"创一流的产品，办一流的企业"作为蓝图一并设计了出来，并以"物化"的形式高扬天下，而所有这些，竟然出自于一个乡镇企业筹划者之手，是不是很了不起？

无疑，这又是一个"叶德林特色"。

其实，叶德林是最不张狂的一个人，尽管今日他已是个名人，有多个显赫身份，颇受世人关注，但他总是尽可能地避开各种媒体，极少接受记者采访。但在办企业、做事业，敢于树立远大目标，敢于张扬办厂个性方面，叶德林却是敢作敢为，无所顾忌的。须知，在1993年，作为陶瓷业的后来者，叶德林在接手筹办一家乡镇企业时，就给企业的未来作出两个"一流"的目标定位，说起来似乎不现实或是异想天开，但是，我们很快就看到，叶德林随后脚踏实地带领着他的团队，一步一个脚印，创造出多个"一流"的惊人业绩，最终实现了目标，并不断超越，从而成为了中国陶瓷行业的领跑者，他本人也成为了行业的领军人物。

这应该称为一种企业家精神！

且让我们看看，叶德林是如何创造"一流产品"的——

"商场如战场，要赢人家，关键在于你有没有独门武器。"叶德林在向镇政府领导汇报办厂的设想时，一再强调要拿出自家的独门武器，他说这独门武器，硬件是指先进的厂房、设备；软件便是独特的适宜自己发展的一整套管理手段，拿现在的说法即是"创新"。

他毫不客气地对镇长表明了自己的态度："我们虽是农民办厂，但不能是农民意识，我这家厂，要引进目前国外最好的生产线！"

镇长很开明，非常支持他："好吧，你说怎样合适，就怎样做，我知道你办法多。"

叶德林却不去走什么"土法上马"的路子，认为那是自甘落后的表现，是一种很笨的低级做法，他说人类进步的文明成果应该人类共享，不需加上国界或排斥，"洋为中用"有什么不好？拿来主义有什么不好？人家苦苦研制出来的先进设备，能让我们一同享用，使我们一开始就站在高水平上，有一个高起点，这样可以少走弯路，少耗时间，使后来者也能居上，尽快跻身世界前列！

结果，明珠厂不惜血本，咬着牙引进了德国及意大利最新研发出来的生产线。尤其是在全国第一家引入了意大利的"等静压模具"——成型工艺，这竟是当时国际上最前沿的一种成型工艺，甚至到 21 世纪后的今天，这种工艺仍然是无可替代的。叶德林很是欣赏自己当初的选择，他回忆说，用上这套设备后，产品一出来，就让人眼前一亮，比原来传统生产的瓷砖质量高出好多档次。等静压成型是利用液体介质不可压缩和均匀传递压力的性质，对坯体进行加压，使制品组织结构均匀，精密度高，收缩率小。而传统的轴向压制成型，采用单向或双向压力，粉料与模具摩擦力大，坯体密体不均匀，容易起气泡等。等静压成型工艺的优势是独具一格的。所以石湾那边陶瓷厂的人闻讯后，偷偷来"参观"，回去后个个说好，后悔自己没选到这么好的设备。

叶德林说自己做企业，最推崇孔子教给其弟子的那句话，"工欲善其事，必先利其器"，就是说，一个做手工或工艺的人，要想把工作做得完善，就得首先准备最好的工具。所以，这么多年来，他在业内一直对"利其器"的追求十分执著。在入行的第二年，他在北京参加一个建陶设备展览会，发现意大利生产的辊筒印花机是个"好东西"，当即就掏钱购买。此后10多年来，他在"利其器"方面的努力，一天也没放松过。

但是，如果说叶德林光是依靠外来"利器"武装自己的话，那就大错特错了。拿叶德林的话说：我们是善于依靠，而绝不去依赖。因为拥有最好的厂房、设备，那也只算是"独门武器"的一个方面。随后人家根据你的做法，模仿你的工厂，引进你的设备，你就不是独门了。你必须加上自己的智慧和技术，继续创造、创新，从而真正形成属于自己独有的东西，别人模仿不了也挖不走，这里面包含物质的和精神的两大文明，即"软、硬"环境都拥有自己的"撒手锏"。

我们发现，叶德林从事哪一行，都是"创新"的好手。在南庄水利所时，他从为别人绕电风扇线圈到自己加工生产电风扇；当水利所技术员时，他发明了"弧形闸门"。不管在哪里他总能"闯"出属于自己的路子，也就是说，"勇于创新"，这才是他最本质的与生俱来的独门武器。

明珠厂第二批引进的是意大利最新的生产线。然而，叶德林发现，洋人的东西并不一定就是最完善、最好的，一旦发现不太"适合"自己时，叶德林就敢于大胆否定，以致大胆改造、革新。他说自己曾经有建筑、木匠、水电等项技术，这些技术其实可以融会贯通，这在实践中帮了自己很多忙。可以说，在全国建陶行业的老板中，可能还没有谁像他一样拥有那么丰富的经验和技术，也就难怪只有他日后能成为中国建陶行业的大鳄了。

那时，明珠厂的抛光线每日可抛光2500平方米，本来效率已经很高了，但叶德林并不满足，他盯在那儿看了半天后，便有了触类旁通的概念。于是，立即找来工程师姚孔荣，态度坚决地说："这样抛光速度太慢，我们得改一改！"

姚孔荣一时感到很惊讶："人家这是洋货，已经很好了，无法再改！"

叶德林口气十分肯定："不适合我们的，就得改！"

接着，叶德林对姚孔荣说出了自己的设想，他把自己熟悉的木匠工艺——刨工原理，引入到瓷砖抛光、刨削工序中，认为二者做法是相通的，洋人抛光工序从始至终只单一使用一种方向、一种刀具，既耗时、耗力又耗材，而且烧出来的砖还有很多是翘角的。若是用我们刨木的理论，先用粗刀粗刨，再用中刀中刨，最后用精刀精刨，就可以避免这些缺点；同时还可以改用两把刀或多把刀多方向同时进行，不但加快了速度，而且利用变换角度抛光法，还可以避免单角度不均匀的做法，其效率与质量将更加完美！

姚孔荣听了叶厂长这一番有理有据的讲述，觉得颇有创意，认为可以试试，于是，便立即投入了改造工程。只是之前曾负责设备安装的中国香港工程师和意大利设备供应商来看了，都极力反对，认为这样改造不可取。况且，从1把刀加到2把刀，每把刀的配套设备是20多万美元，还加重了成本，不划算。但叶德林心中有数，还是坚持要改。果然，加了一把刀后，每月产量便增加了一倍，而且质量一下子也提高了许多。但是，叶德林仍不满足，继续尝试，技术也精益求精，从2把刀增加到4把，然后是8把……将意大利人原始的1把刀改造成多把刀，大胆地把洋人的玩意儿进行改造，形成了自己的"特色"，使其效率和质量创出了新高。这也让那些使用同样设备的厂家感到奇怪：我们和明珠厂用的机器已经一模一样，怎么质量、产量都差别这么大，明珠厂到底还藏着什么秘密武器？

凭着自己的聪明才智，叶德林随后对引进的诸多设备，几乎都作了相应的改造和提高——喷雾塔、抛光线、球磨机、磨边线、窑炉等，而每一次改革、创新，都可以说是为建陶行业带来了一次新的技术革命，使产品质量和产量发生了新的飞跃！

叶德林颇为自己的这些"独门武器"感到自豪："即使是引进同一种设备，但到了我们手上，我们就总能找到其中的不足，投入自己的技术，改造得更加适合我们使用，从而比别人领先一步。比如球磨吧，原来只有15吨的，我们后来改到了100吨，每个原料池也从100吨改到1000多吨；原来的池与池之间是不串通的，有时这池原料色差浅，那池色差深，做出来的产品色差不统一，后来我们改了过来，把几个池都串通起来，又把水池改成千吨大池，这样，尺码均匀，色差又少，效果非常好。再说窑炉吧，从原来的几十米改到今日的两三百米。说到磨边线呢，最早的瓷片生产没有磨边，1988年起，有人改造，但也没做起来，我们做瓷片后就进行磨边。开始中磨就可以了，但光洁度不够，找洋师傅来看，也说解决不了，最后还是让我们搞定了。我是'大刀师傅'嘛，敢大刀阔斧搞，再加上又是厂长，有自主权，我想到了就可以去试，若是其他人可能就没这么方便，因为我是技术出身，平时也喜欢拨弄这些，这就使我们与别人有点不同……"

有了自己过硬的独门武器，再加上在产品质量上实施的严格管理——"软"的独门武器，明珠陶瓷这位晚生的"弟弟"成为行业的"大佬"，"办一流企业"，也是指日可待。

说到做到，"创一流产品"，叶德林把口号化作行动，把目标变成现实，让明珠厂生产的"冠珠"系列产品，一起步就高人一筹，仅仅在市场上亮相1个月，就在1993年7月31日的国家轻工业部质量分等检测中，被评定为"各项指标均达到标准，综合评定为A级"，被轻工业部陶瓷质检中心授予证书；两个月后，经国家农业部检查验收，达到了国家规定的企业推行全面质量管理标准，被授予全面质量管理达标证书。

产品投放市场短短 3 个月内，就通过了轻工业部和农业部的质量达标认定。于是，明珠装饰砖厂便引起众多媒体的惊叹与赞美——《南庄陶瓷升起一颗明珠》、《明珠璀璨耀陶都》……

1994 年 1 月，"冠珠"瓷质耐磨砖系列产品，经广东省技术监督局审核认定："确认为采用国际标准的产品"，发给认可证书；同年 3 月，又被中国建筑协会评为"首届全国建筑装饰行业订货会优秀产品。"

1995 年，"冠珠"品牌系列，更是一举登上"国家级新产品"荣誉榜，被国家科技部、国家技术监督局、国家外国专家局、国家劳动部等联合授予证书。

明珠厂在叶德林的带领下，在不到两年的时间内，就完成了一个乡镇企业的"蝶变"，向自己确定的两个"一流"目标，快速地跨越！

第九章
以结果论英雄

> 强调行动，看重结果，以结果论英雄。

——叶德林

夏夜的南庄吉利河畔，最热闹的是这儿的水乡茶楼。聚福楼酒店内，一张大桌子围坐着七八个茶客，他们似乎一点儿也不受周围闹哄哄环境的影响，正对着一份材料，七嘴八舌地讨论着。

这是明珠厂新组成的班子成员，在叶德林的召集下，提前讨论厂规、厂章以及相关奖罚细则的制定问题等。在试产的这个星期以来，连续几个晚上，他们都是利用下班时间，聚集在这儿边喝夜茶，边筹划制定治厂的"大法"。

叶德林对大家强调：这是赶在正式投产前要做的头等大事，谁也不能缺席。为了"收买"大家，每晚的茶水钱都由他自己出。

"三军未动，制度先行。"这又是叶德林的一大法宝。

"我跟大家表明，我们这是公家厂，领导安排我来带这个队，我为上级负责，你们大家得为我负责，一级管一级，但不是人管人，而是由制度管人，我和大家一样，定下制度后，就由制度来管，谁违反了，不管天皇老子，一律按制度'斩杀'，无人情讲的。"叶德林告诉大家："为什么要提前建立好一套科学的管理制度呢？因为，有规矩才成方圆。我先向大家表明态度，我这个人做事看重结果，我以结果论英雄，我们眼下制定规章制度，就是一个目的，为结果服务，最终为做好工作，创一个一流的企业服务。"第一天大家集中时，叶德林就宣布了自己的治厂策略。

时间推移到一个多月前，叶德林提前让办公室主任关以然把镇内各厂、各公司的规章制度收集起来，再参照中国香港、中国台湾地区合资厂的一些做法和规定，然后根据明珠陶瓷厂的工作实际，与筹备小组拟出了初稿。现在，大家是在讨论初稿的基础上，确定终稿。

待招收的第一批工人陆续到位后，叶德林在没有装修好的二楼会议室，开始对300多名工人进行分期分批的岗前培训，其培训内容除了各岗位的技能外，还有一项"公共课"——那就是学习，背熟厂章、厂规，而且每个班的第一堂课，叶厂长都来和大家见个面，但不去讲解相关规章制度的具体内容，而只是来和大家认识一下，聊聊家常，那是他熟悉员工，尽快和员工拉近距离的一种做法。令人至今不解的是，只要和叶德林"聊"过一次的员工，日后叶德林便能记住他的名字，甚至在众多人中，能认出他，叶德林能叫得出他的名字来。

这是一个善于用心待人，非常具有亲和力的管理者，这在日后已成为叶德林的一种"本色"，也是叶德林独有的人格魅力！

现在成长为新明珠集团副总裁的简润桐，对此颇有感触："我记得当初进厂时，叶厂长在我岗前培训时对我说，你父亲是个老村长，是大家非常尊重的老革命，他老人家却看得起我，把你从盐步那边的厂调到我这儿来，交给我用，我非常感谢他，同时也给我有压力，这样吧，我们一同来做好工作，别辜负老人家的期望好吗？但我得把丑话讲在先，你若违反厂里的制度，我是同样不给面子的。我主张我的员工以结果论英雄，所以我也希望你争气，你做好工作就等于帮了我。叶厂长对每个员工的'影响'当然不是千篇一律的，他会因人而异，根据每个人不同的情况，采取不同的办法来帮助你，因此，凡是跟了他的人，就会深受教益，就会很快进步。"

早晨，离 8 点的上班时间还有一刻钟，明珠厂门卫室门口排了长长一队人，有路人看了这情景，不解地嘀咕：这些人在排队领东西吗？待看清了，却见是上班的员工在排队打卡。明珠厂在试产期间，就开始实行员工上下班打卡制度，从厂办的管理干部、正副厂长到下面各车间工人，包括司机、清洁工等，一律实行打卡制，没有谁有特权，只是正副厂长事务多，在外应酬多，但同样要打卡，然后加以注释才行。叶德林则首先带头执行。开始，管生产的副厂长老潘对此不习惯，他在未调来明珠厂之前，也是一个副厂长，但原厂的上下班管束很宽松，现在要自己带头遵守，每天与员工一齐站在大门口排队打卡，觉得有点失面子，不过几天坚持下来后，他就为眼下新厂的做法感到满意了，工人时间观念强，讲求工作效率，精神面貌很好，与他以前所在的老厂相比，简直是天壤之别，他为叶厂长的这些新做法公开叫好。

明珠厂的工人，大多是来自本乡本土洗脚上田的农民，带有传统的散漫习性和随意性，尽管有些是从其他集体厂转来的，但面对叶德林这套"正规军"的要求和做法，大家一开始都感到无法适应。有些人还悻悻地暗中叫骂："这是中国香港、中国台湾资本家的做法！"又说："我们这是社会主义集体厂，用得着这么多束缚吗？"

　　说实话，明珠厂的"束缚"条律，比起镇里的其他企业，确实是多了许多。叶德林平心静气地和大家解释说："我们不要和落后的企业比，我们现在就要学习做大企业的那套办法，要从办一流企业的目标出发，一开始就以高规格去做。比如你能跑100米，你若是定下90米，那你肯定达不到目标，而你定下跑110米，你就有可能超过目标。我就是想日后有个好的结果，争取把明珠厂办成全国第一，甚至世界第一。"

　　这是1993年，也是叶德林刚刚踏入建陶行业的第一年，就为自己和企业订立了奋斗的目标，并通过一系列规矩和办法，"创一流产品，办一流企业"，可见其志存高远、高屋建瓴。而10多年后，叶德林当初看似"虚浮"的目标，竟然化为现实，其领导的新明珠集团真的成就了诸多中国第一，扬名海外，这点你不得不服！

　　但叶德林并不是什么算命先生，他只是遵循了事物发展的客观规律，并脚踏实地地付诸实践，因此，他做到了。

　　笔者在明珠厂的档案室里，找到了当年和逐年修订的一批厂章、厂规，那其实也算是他们取胜的一个独门武器吧，其详细、明晰、系统、全面的程度让人有点吃惊。厂里当年还没来得及买打印机，那些"文件"全是用笔写在便笺上，然后复印出来，人手一册发到大伙手上的。

　　其中有：《1993年员工管理制度》、《员工违反厂章、厂纪处罚细则》、《员工计酬方案》、《六大部门承包计酬办法》、《1993年企业任务及指标》等，共计有13000多字，而到1996年，开始以打字机打印的《1996年员工管理计酬方案》就显得更加规范和成熟了，继而被沿袭使用，成了管理明珠厂的铁律和大法！也难怪，直至今日，叶德林在接受采访时，每谈到管理，他必提制度。原来，眼下新明珠集团的规范化管理，一直是叶德林在沿用自己"制度化"管理明珠厂的"精髓"，也是其制度化不断充实、不断发展、不断提高的结晶所在！

　　每周末下午6点10分，明珠厂的"每周通报会"按时举行。叶德林神情严肃地坐在椭圆形长桌尽头，听取各车间、各部门本月工人出勤和奖罚情况通报：

　　"……原料车间，迟到2人，共3分钟，未经批准擅自找人顶班半天的1人，上班打瞌睡的1人，次数是3。半成品车间，不按操作规程及'每日必做'的1人，两次（注：未造成设备损坏）；领取手套不登记，不以旧换新的2人……"

　　接着，是原料车间主任老罗"自责式"的解释说明："这周还有迟到现象，说明我们车间工人的时间观念还不够强。而擅自找人顶班的，是一对叔侄关系的员工，叔叔要送外父去佛山住院，让上夜班的侄子顶了他半天，事先来不及向我们反映。再有就是上班打瞌睡的，是一名患感冒的员工，她没请假休息，只吃了'感冒通'就来上班，爱犯困，一个上午打了3次瞌睡。比起上周，其他违反条例的事件已降了下来，如果和头一个月相比，有很大改善。我们会继续努力，改变不良习惯，消除落后的一面。"

半成品车间主任由生产科副科长罗润崧兼任，当班车间副主任是潘容和，该车间发生了两起违规事件，其中第二起是受当事者"株连"（问责制）的，当事者按价扣罚10%~40%，车间正副主任则扣10%。这样，老罗和老潘一一对此事作了检讨，说虽然两双劳保手套不值多少钱，但该罚就罚。并表示保证日后尽量杜绝此类事情的发生，争做先进车间。

条例规定：上班迟到、早退超过5分钟者，每次扣罚10元；超过20分钟按旷工一天论处，并扣罚100元；连续旷工3天按自动离职处理，所有工资、奖金不发放；未经批准擅自找人顶、换班者，每次扣罚当事人30元；员工不服从调动安排或故意延误时间的，每次扣罚30元；导致生产损失的，扣罚100元以上或开除出厂等。凡此种种，非常具体详尽。除违章者本人或其所在车间班组领导连坐同罚之外，其大名还贴墙公示，通报全厂。所以，开头两周，由于新工人无法适应这么多条条框框，动力车间和车队3名年轻员工，只好借故请长假，再也不敢来上班了。

最后，便是叶厂长的总结讲话，他仍然是一针见血，态度鲜明："这周有了明显进步，尤其是在座的各位，已经开始习惯了我们这套做法，也能自觉承担责任，这就很好，我还是那句话：不能为错误找借口，要敢于负责。最终还是以结果论英雄！"

翌日，明珠厂大院的黑板报上，便见到违章以及处罚名单在示众了，其中也包括被"问责"的有关部门头头。

真枪实弹，不留情面。

这也是新明珠集团流行至今的三段最经典的管理诤言：领导有情，管理无情，制度绝情。

然而，道是无情却有情。

同样是按制度行事，供销员小梁超额完成当月销售任务，按提成比例，该奖励1.2万元，这对于一般岗位底薪800元的工人来说，是一年多的收入了，但这是大家反复讨论制定的奖励制度，既然定下了，就得无条件执行，决不能朝令夕改。当月评奖时，叶厂长亲手将这笔巨奖送到小梁手上，说到做到。

这也是责任、权力和利益的完美结合。叶德林对大家苦口婆心：只有把

"责、权、利"的平台搭建好，员工才能"八仙过海，各显其能"。而所有这些制度、程序，都以结果为导向，我们全体成员，在工作中要树立"结果第一"和"结果是一切制度的要务"的工作理念，要以实现企业以及自己的目标为原则，不为任何困难所阻挠，要以完成结果为标准，不得有任何理由和借口。大家要明白，所有的奖罚，所有的执行过程，都是为结果服务的，没有结果，过程就失去了意义。在过程面前，你可以有一千个理由、一万个原因、十万个无能为力、百万个尽心尽力。但在结果面前，只有一个简单的答案：产品质量达标了吗？销量完成了吗？按时发货了吗？等等。总之，只有一个结果，如果答案是否定的话，那你的成绩就等于零，看起来你一直在行走，实际上你还是原地踏步。

这就是叶德林最著名的"以结果论英雄"的做法，这个做法一直坚持到今日，"结果"让新明珠成了行业的"老大"！

以结果论英雄，先有目标，再有章法，后有绩效。说到底，就是每一个员工都要遵章守法，创一流的业绩，从而完成企业的目标，取得优异的战果，最终的结果是办一个一流的企业。在市场经济条件下，结果永远都是首位的。没有结果，不赚钱的买卖，是做不下去的。现实就是现实，没有人去注意你过程中的酸甜苦辣，荣誉只会给予创造业绩的英雄。你技压群芳，出类拔萃，你才能当冠军，而只有这时你才有资格去谈论你过程中的酸甜苦辣。

凭着绝情制度，凭着一切以结果论英雄的管理宗旨，明珠厂这个乡镇企业，一开始就显示出走向国营大厂甚至国际公司的规范化管理风范，各项工作自然也显示出与众不同的效果，经济效益一直是南庄镇属企业中最好的。

当年进厂时的机修工，后来成长为明珠一厂厂长的关浩宁深有体会地说："叶董一开始办厂时就定位高，目标明确，讲究以制度管人，人人以结果论英雄，所以，我们厂从开始的1条生产线，到半年后的3条生产线，再到两年后增加到9条生产线，发展是超常规的。"

第三篇
中国砖王

第十章
嬗变，还我本色

一切有利于企业的稳定，一切有利于企业的发展，一切有利于企业效益的
最大化。

——叶德林

1996 年，南庄镇领导认为叶德林办厂有方，便把一家亏损多年的陶瓷厂——恒泰陶瓷厂交给了他，让明珠陶瓷厂拉着恒泰陶瓷厂一起走。镇领导说："德叔，你是能人，恒泰就靠你了，你就把死马当活马医吧，我们信得过你。"

叶德林从不习惯推却，也不喜欢和领导讨价还价，他接过任务，就一头扎进了"抢救死马"的工作中。

很快，他就找到了治理恒泰陶瓷厂的办法：从调整生产线和调整产品结构入手，专门生产适销对路的抛光砖，与明珠陶瓷厂实行差异化经营，而在管理上却把明珠陶瓷厂的那套管理办法"复制"过来，又从明珠陶瓷厂调入一批技术骨干，加大研发力量。不到半年，奄奄一息的恒泰厂，就像服了灵丹妙药，一下子有了生机；一年后，就扭亏增盈了。创造了一个"新厂"带活"老厂"的神话！

进入 1998 年，叶德林掌管下的广东明珠陶瓷集团，下辖南海市明珠高级装饰砖厂以及南海恒泰陶瓷厂，集团年产值达 3 亿元，人均产值 35 万元，成为南庄镇属陶瓷企业中经济效益最好的企业。

然而，此时的南庄镇社会经济在经过 10 多年来南海模式 "三大产业齐发展、六个轮子一起转"的洗礼之后，镇办企业与其中之一"轮子"——非公有制企业相比，已显出"体制与管理"上诸多的滞后。南海市发展局提供的数据表明，截至 1997 年，南海非公有制经济已经支撑起了南海经济的半壁江山，年产值超过 1000 万元的非公有制企业已近 200 家，而大批的镇办、村办企业，已出现了逐年的亏损。叶德林领导的明珠集团，成为镇里为数不多的几家"有效益"的企业之一。

当时，南庄镇在调研、评估该镇经济状况和未来发展方向时发现，镇、村两级的集体经济占据南庄经济总量的80%，比重严重失衡，而且这些企业的体制弊端却非常突出，亏损像恶性肿瘤般蔓延，转变体制已到了刻不容缓的地步。

于是，南庄镇成立了转制班子，采取了对镇办的19家企业公开竞标拍卖的转制行动，采取股份制、股份合作制、合伙制、有限公司改组等转制形式，也就是对现有集体企业进行净资产核算、评估后，公开投标，即"价高者得"的方式，全部卖出去。

明珠陶瓷集团的两家陶瓷厂，同样面临着这场艰难的嬗变。

按评估，明珠集团属下的明珠装饰砖厂（一厂）竞标底价为8800万元；恒泰陶瓷厂（二厂）竞标底价为1.8亿元，共2.68亿元的底价，这是南庄镇属企业中仅次于兴发铝型材厂4.5亿元底价的第二个最大的"盘子"。

随后，南庄镇通过报纸、电视大力宣传转制的做法，公开拍卖19个企业的"身价"和拍卖时间，广而告之，诚意邀请社会各方力量参与，以做到"公平、公正、公开"。

这段日子，叶德林不得不面对企业转制所引发的诸多事务，并且感到备受煎熬。

明珠装饰砖厂和恒泰陶瓷厂如同两个浸透自己心血的"宠儿"，在叶德林多年悉心哺育下，已长大，且能挣大钱了，如今，却要放开它们，任由众人一起竞争"抚养"权，作为"生父"的叶德林来说，自然是痛苦的。然而，以前毕竟是"被授权式"的抚养，而这一次将是彻底的"属权"，假如自己能"争"得下来，那么，这两个"宠儿"的未来，还有自己在这个行业的天地，将会更加充满希望。其实，这些年来，叶德林比其他厂长对原有体制顽症的认识，是更痛切、更深刻的。集体企业中政企责、权、利的纠葛和羁绊，一直严重地干扰、掣肘了这位胸有大志、想干大事、要"办一流企业"的有心人。我们可以这样认为，假如让他听凭现状，以集体企业总经理的身份参与陶瓷行业的竞争，他同样是不甘人后，同样会闯出一片属于自己的天空。但是，眼下将企业拍卖给私人，假若能落到他的手上，让他自己做自己的老板，不再受制于诸多"婆婆"的人为干扰，相信，他会以自己与生俱来的勇猛，长袖善舞，腾飞九天。

然而，要获得这两个"宠儿"的"抚养"权，估计要拿出3亿~4亿元的巨资，同时，还得要与全社会包括那些资金实力雄厚的集团同台竞拍，这对于一个只是给集体厂打工的厂长来说，无疑是困难重重，难以达成的。

但是，经过一番考虑和权衡，叶德林始终在心里咬定：想尽办法，不遗余力，别让这两家厂落到他人手中。

由于这是镇里不多的两家赚钱企业，是大家都十分看好的两份优良资产。所以，"有心"来参与"抢食"的对象特别多。这些天，叶德林既要每天都得坚守在厂里指挥工作，又得频频接待那些穿梭于其间"考察"的单位，许多人争着要到厂里参观现场，看看有多少"油水"。这样一来，叶德林虽然心里不怎么舒服，但也得忍着，而眼下火烧火燎的事，则是如何尽快筹集资金，争取买下这两个厂，即使能买下一个也好。

叶德林知道自己没这个经济能力，他首先想到要拉朋友入伙。

他找到一位原先帮助过自己的朋友，对方也曾当过几年陶瓷厂长，很懂行，更容易达成共识。叶德林诚意邀请他，对方一听，马上答应加盟，很有信心地说："就凭你德叔一句话，我就敢跟你做！"

他又找到一位银行的朋友，把自己的想法和对方交流，欢迎对方一起合作。朋友知道他几年来办厂有方，每年效益都很好，然而正因为效益好，这个厂的拍卖价也就特别高，但觉得有叶厂长撑着，自己也有信心，便一口答应了下来。

经过一番努力，叶德林找到了 6 个与自己志同道合的合伙人，准备参与竞标，争取买下这两家陶瓷厂。

其实，按当时的心境，叶德林真不太愿意麻烦这么多朋友"出面"，他想，要是自己眼下具备这方面的经济能力，能独自把厂拿下来，由自己一手打理，那该有多好。他心里追求的，是办自己的厂，好在日后不久，他的这个愿望，竟然真的实现了。他的坚持与执著，让他真的做了自己的老板，从而建立起属于自己的企业，这是后话。

1998 年 11 月 25 日，南庄镇政府五楼大厅，明珠高级装饰砖厂（一厂）在此正式公开竞标拍卖！

拍卖会由转制小组负责人冼永恒主持。在此之前两个月，拍卖工作一直以一个星期拍卖两三家厂的速度进行，拍卖进展得比较顺利。今日是明珠厂与另一家亏损厂一起拍卖，由于亏损厂起价低且受其他条件限制，所以只有四五次举拍便卖掉了，但明珠厂的竞拍，就显得有点剑拔弩张了。

被当时媒体称为"一锤定音"的冼永恒回忆说："按照交定金 50 万元给一个牌子，每次举牌是 50 万元的原则，谁的价格高，我就给谁。政府从 1998 年 8 月份开始做调查，条件一成熟，马上拍卖，只用了三四个月时间，企业全转出去了，结果 19 个企业我们拍卖了 18 亿元。而此前，我们赶赴顺德调研其转制思路时，顺德人曾说：你能卖 10 亿元就算不错了。我们头一天拍卖了 3 家厂，非常成功，当天晚上新闻就出来了，说我们的拍卖做到了公开、公平、公正，政府、社会和企业三方满意，这是惊人的速度和气魄。南庄其他的国有、集体企业，如机电、印刷、铝材等行业也是一起转制的，只是村办企业采取租赁的方式，因为村办厂存在土地问题。按当时的情况，如果再拖两年，亏损就会很庞大，整个南庄集体企业就会积重难返。事实证明，搞经济体制转型是很重要的。原来公有制的陶瓷企业，大多数领导都是外行的，假如要买一台压机，若是民营企业，他认为合适，自己掏钱就买成了，但公有制的企业还得层层审批，贻误了很多时机。在企业转制后，我再回过头看那些企业，亏损的救活了，原来赚钱的，赚得更多了，一年的进步相当过去三四年……"

此刻，叶德林和 6 个合作伙伴，成一排坐在前面第一排椅子上，神情紧张、严肃。按规定，明珠厂的起拍价为 8800 万元，竞拍以每举牌一次为 100 万元进行。

现场来了 300 多人，把整个会议室塞得满满的。其中还有一些中国香港和中国台湾企业的老板，他们大都是实力雄厚，且对陶瓷业感兴趣的行家，这就无形中给眼下的竞拍增加了一些"火药味"。

拍卖主持者的叫喊，从第一声开始，举拍声就此起彼伏，从第10次至第18次，拍价声声，已超过了 1 亿元，也就是说，比底价已激增了 1800 万元，但踊跃应拍者还分不出伯仲。叶德林这边，几乎每次在别人稍有犹豫时，就坚决举起了牌子，但旁边一直有两个牌子在紧跟不放。按最初的设想，这厂子大概会拍到 1.2 亿元就到顶了。但由于叶德林办厂以来一直有很好的效益，所以大家都争着要买。不过连叶德林也想不到，价格会飙升得这么惊人。直到叫价升至 1.3 亿元，实际上已远远超出了叶德林最初的估计价格，但仍有一个竞拍者紧紧尾随。叶德林只好豁出去了，他志在必得，他已无路可走。最终，在他高高举至 1.36 亿元时，那个尾随的牌子已无力了，再也举不起了。主拍者冼永恒高高喊完了三声程序，然后大槌高高敲下，把价格定格在 1.36 亿元的价位上，完美却是惊心动魄地完成了明珠厂易主的壮举！

最终，明珠高级装饰砖厂（一厂）落到了叶德林和他的 6 位伙伴的手上！

一个月后也就是 1998 年 12 月 30 日，叶德林和他的伙伴们又以志在必得的气势，从底价 1.8 亿元起拍，到最终 2.35 亿元，比原价高 5500 万元的价格，竞拍下恒泰陶瓷厂（二厂）的经营权。

至此，叶德林一直耿耿于怀、志在必得的两个曾属于自己管理的陶瓷厂，终于没有旁落他家，仍然掌管在自己的手中，而且成了名副其实的民营企业了！

叶德林和 6 个股东需要支付拍下两个厂的资金共 3.71 亿元，按股东合约，其他 6 个股东占其中的 49%，叶德林占 51%，为大股东。根据有关规定，需以 15% 的现金上交政府，这是一笔巨资，又必须按时到位，这对一直为集体企业打工的叶德林来说，压力实在不小。叶德林回忆说："其实我当时需要支付的现金是 5000 万元，但我个人通过多种渠道筹集，手上只有 1500 万元，好在后来有云南的供应商凭着几年来大家交往的信誉，借给我 500 万元；另外，还有一帮朋友的大力支持，又借到 3000 万元，这样，我才得以顺利接下明珠厂。所以过后我想，或者这就是一个人在社会上的品牌价值、诚信价值的体现吧？在关键时候，在涉及重大利益的时候，人家能信任你、支持你、帮助你，其实，这比挣到多少亿万财富都宝贵啊！……"

这场脱胎换骨的企业改制顺利、平稳地完成了。叶德林从一位集体企业的厂长，变成了民营企业的董事长。这一年，叶德林 42 岁。

已经步入不惑之年的叶德林，迎来了人生这么重大的一次转折，是祸是福，他已无从选择，也无从退缩。

他让自己充满自信，因为此前，他有过几次落差、转折，他曾经从镇水利所所长到镇属厂厂长，然后两手空空，去做个体的包工头，然后又回到镇属厂厂长的位置上，而眼下，则又一次返回原点：做自己的老板——民营企业主。说实在的，到了这个年龄段，才让人家赤手空拳去做自己的"生意"，似乎是有点"残忍"，毕竟之前叶德林已把自己的青春、才智无私地奉献给了社会和人民，他肯定想不到，有朝一日，他这个国家干部会尾随改革开放初期那些个体小厂长、小商贩，靠"个人"的力量去打拼、生存。当笔者后来问及叶德林对此有什么看法时，他没有什么豪言壮语，也不怨天尤人，只是淡淡地说："没办法呀，当时心里只有一个想法，如果没能力把厂拍下来，就得失业，所以，我要尽最大努力，保证有事做才好。"

其实，在叶德林的内心深处，"做事"、"做大事"的强烈愿望从来就没有中止过。假若按原有集体厂厂长的路子走下去，他同样还是要执著地做大事的，只是，眼下的改制、蜕变，反而使他更快、更好地向日后的"中国砖王"迈进，仅此而已。

是明珠，终究会闪耀出自己的光芒！

第十一章
新招式：走国际标准

企业成败靠管理，管理好坏看效益。

——叶德林

确切地说，叶德林的民营企业家身份，是从 1999 年元月开始的。

从 1998 年 11 月 25 日拍买下明珠陶瓷一厂到 12 月 30 日拍买下明珠陶瓷二厂，前后一个多月，叶德林和他的合作伙伴，成了转制后的明珠陶瓷集团的拥有者。

自此，广东明珠陶瓷集团有限公司进入了一个新纪元——更名为南海新明珠陶瓷有限公司，突出了一个新字，以新的形象、新的姿态、新的思路，参与陶瓷行业的竞争。显然，这并不仅仅是一个企业名称的变更，而是这个企业从内涵到外延，都已经历了一次脱胎换骨的蝶变。

没有了"集体"繁杂的程序和手续的束缚，叶德林干"私家"活的自由得到了最大的满足，也使他能更灵活地按自己的想法去实现自己的目标。于是，转制后的新明珠，在叶德林的主持下，首先制订了第一个五年战略规划，定下了"做专、做优、做强"的奋斗目标：争取在五年内成为国内陶瓷大企业并跃居前列；订立了公司年利润递增比例任务；在经营管理的宏观和微观上，也作了较大的调整，唯独坚持技术创新、以产品品质为核心、创立冠珠品牌的发展战略不变。

且看新明珠在叶德林的自主治理下，在第一个新年中的"四大新招式"。

第一大招式：加大产品的开发与投入

叶德林在巨债的重压下，并没有胆怯，而是看准了行业的风向，一切以市场为导向，努力适应市场需要，同时又根据未来的发展潮流，创造更多的优质产品，以便占领市场，拓展市场。所以，他说服了犹豫不决的股东，在资金已经十分紧缺的情况下，还是坚持加大生产设备的投入，以开发新产品，加大市场份额，加速打好基础，尽快追赶行业前辈，使新明珠陶瓷有限公司迅速成长起来。因此，在转制后，叶德林就着手增加了两条抛光砖生产线。

瓷质抛光砖是 20 世纪 90 年代初由意大利人发明的，后由石湾瓷厂引入，其大规格、低吸水率、高光泽度、超耐磨性等优点，成为时下建陶市场上颇受欢迎的高档产品。现在生产设施与技术已趋成熟，其市场前景十分看好，叶德林之前已认准了这条路子，但苦于集体企业产品结构受计划化的约束，一厂一直只是生产耐磨砖，介入大量生产抛光砖的构想始终未能实现，所以，现在他要办的第一件事，就是上抛光砖生产线，甚至要在两三年内争取把抛光砖产量提升到耐磨砖之上，使两种产品比翼齐飞。

于是，叶德林在明珠二厂内部，利用原有的生产条件，划分出三个分厂，引入了意大利最新的两条抛光砖生产线和 4200 吨压机配套设备。就这样，新明珠集团一举打破了几年来只生产耐磨砖的局面，跻身于国内领先同行之列。全面推出了冠珠牌全颗粒、仿天然花岗岩石、金花玉石、幻彩石、斑点石抛光砖，还有防滑砖、内墙釉面砖、梯级砖、广场砖等高、中档多系列、多规格产品，共 300 多个花色品种。新明珠冠珠品牌家族，一时新面孔纷呈，再度引起同行的高度关注！

第二大招式：坚持技术与品质的创新

叶德林继续坚持自己的做事风格，坚持为新明珠打造自己的独门武器，在进入自主经营后，便开始对二厂的 5 条窑炉、整个原料、制造车间的设备，进行技术改造，把原有生产设备与技术提高到一个全新的水平，使之达到最大化、最佳化的效果。打破产品结构单一，引入抛光砖生产后，出品的全颗粒仿天然花岗岩石抛光砖，由于使用了叶德林独创的"多向抛光法"，其品质十分优良，外观与天然花岗岩几乎可以乱真，还可根据客户要求制成多款艺术拼花，从花色品种和图案造型上，改变了天然花岗岩的单一性，且对人体没有辐射，不退色，使用方便，成本比原石要低廉得多。所以一经推向市场，就成为"新宠"，受到消费者的热烈追捧，加上冠珠品牌几年来在耐磨砖领域形成的好产品效应，冠珠抛光砖乘势而出，一时令人瞩目，好评如潮。

第三大招式：拓宽销售渠道

原来的明珠厂，从叶德林背着瓷砖上街卖，到大排档式的销售，再到寻找批发商、分销商，将产品推销出去，成为当地第一家打破"生产主导型"生产模式的企业，并早早成立了新明珠陶瓷有限公司，使之与生产厂分离开来，以公司的运作模式打开销售渠道。通过不断调整销售形式，新明珠开始尝试打开灵活多样的销售渠道，并主张设立大片区经销商，在稳定早期的批发商和分销商的同时，把大片区经销商的培植，作为区域销售主力，将早期互相之间单纯的即期买卖关系，变成一种长期合作的伙伴关系，互惠互利，共存共赢，这便是后来推崇的经销制模式的初期尝试。

叶德林一向主张有钱大家赚，他主张让经销商在卖新明珠的产品时，要赚得甚至比新明珠还多，认为只有让这些销售高手们又好又快地卖出新明珠产品，才能促进新明珠生产的又好又快发展。叶德林认定这种做法，不仅可以有效地避免生产企业资金回笼的风险，而且可以依托稳定、可靠的销售网络实施生产计划，对生产企业稳定经营非常有利。这种营销模式，在今天的新明珠集团，仍然在贯彻执行，其中虽然不断变更风格与内容，但其形式却始终不变，足见出，这种方式是新明珠找到的适合自己的产品营销方式。

因此，在1999年初国内陶瓷产品销售开始下滑的情况下，新明珠通过派出6个小组，深入全国各大片区，大力发展经销商，推行与经销商共赢的策略，使市场逐渐洞开。新明珠为遏制别的企业跟风仿冒产品，在新产品投放市场时，就采取了网络跟踪、货号编排和定区管理新举措；还在每个一级市场指定独家经销本公司不同类别产品的经销商，并给予最大的优惠，让利销售。比如，某产品由浙江独家经销商独家经销，且已经编号，如果发现南京也在销售该号产品，公司就立即取消其在该区的独家经销资格和一切优惠条件，并停止发货，从而保持稳定的市场，保障各区间经销商和消费者的利益。此外，公司一改以往陶瓷企业的弊端——赊账供货给销售方，导致售后发生烂账、呆账的被动做法，实行货款到账后才发货的新政策，牢牢掌握整个销售环节的主动权，从而可以灵活地运用地区销售优势进行产品价格调整，搞活了市场，杜绝了仿冒，厂商共同得利，促进企业快速发展。

1999年金秋10月，受新明珠公司营销的骄人形势所吸引，《广东建设报·陶瓷周刊》记者上门堵住了正准备出行的叶德林，让他回答几个人们所关注的话题。

记者：新明珠陶瓷有限公司实行的"先款后货"策略是否影响其销售量呢？

叶总：我们实行"先款后货"的做法后，既提高了经销商的销售利润，又扩大了公司销售总量，确保了公司销售市场的健康、有序发展，大大减少了市场的差错和乱子，其总态势是日趋向上的，产品供不应求，甚至造成了很多客户货款到账却没货供给，出现了我们按合同一次性为客户支付10多万元罚款的现象。这一点也证明，好产品加上好的营销模式，会给经销商、消费者带来更大的利益。所以才出现了华北、东北两大客户对我们公司的三条窑炉实行产销承包的奇特事件。

记者：新明珠通过采取有效的销售方式，激活了当今困乏的建陶市场，确是一大奇迹，但你们是如何同时确保经销商的利益的呢？

叶总：为了答谢广大经销商，新明珠除了在供货上有许多的让利政策外，还采取了按销售金额的高低比例来奖励经销商的办法，从而取得了良好的效果。预计 1999 年，奖给经销商的总金额，将高达 1000 多万元。

记者：这也是一个了不起的做法。新明珠如此走红国内市场，那么，你们的出口情况如何？

叶总：我们公司下半年对产品结构和产品档次又作了全方位调整，并成立了新产品开发部，在激烈的市场竞争中不断创新，不断推出高品位的适销对路的更新一代产品。1999 年 1~6 月，就有 30 多个出口单位，将我们的产品远销到世界各大洲。上半年仅出口一项，就达人民币 661 万元，为公司的发展奠定了良好的经济基础。

第四大招式：做一块砖也要国际认证

叶德林胸怀大目标，他立志要把新明珠产品推向全国，甚至推出国门。在 1998 年与出口部门的接洽中，他了解到，陶瓷产品在国际市场上流通，要执行国际质量认证惯例。于是，他立即作出决定，尽快让新明珠企业提高参与国际竞争的整体素质，走国际化经营路线，实施 ISO9002 国际质量体系认证。

"做一块砖，也搞国际认证？"

"凑什么国际热闹，国内好卖就行了。"

……

首先是股东们的不理解，觉得现在还不是"走国际化"的时候，不用那么认真，能对付国内市场，赚钱就行；而那些管理层干部，也认为以本企业现在的生产管理水平，实施国际质量体系还有较大难度，也存在畏难情绪。但叶德林本着一贯以来做事高要求、高标准的准则，在管理层的动员大会上，态度坚决地告诫大家："我们的目标，不仅是做国内行业最好的企业，还要做国际上一流的企业，所以首先得向国际质量标准看齐，靠质量管理打天下……"

叶德林要让大家明白，实施 ISO9002 国际质量管理体系，不是跟风潮、搞花样，而是目前国际企业管理工作的一种规范，是对本企业质量管理的一次国际化完美提升。企业可以通过实施自我约束、自我整改、自我达标，达到国际质量管理标准的要求，塑造以至完善企业的全部运作，从而使企业管理更加得心应手，走向现代化、规则化，这说得上是有百利而无一害的好事。

这是 1999 年 8 月。所谓"ISO9002 国际认证体系",在当时的国人眼中,尚是一个十分新潮和神秘的字眼,国内众多的国有企业,还没有多少敢"招惹"它;新明珠作为一个刚刚从集体企业过渡而来的民营企业,且前后才经历短短 6 年时光,这么早就主动涉足国际质量管理体系认证,足以见得叶德林意识和目标的超前。

统一思想,见诸行动。公司成立了 ISO9002 认证办公室,编撰文件蓝本,修订和充实《质量管理手册》,连续举办了 6 期"标准宣贯班",让公司的质检员、班组长、采购员和技术员等成为"开路先锋",建立起行之有效的质量管理模本,实行以质量责任制为中心的经济责任制,每月一次全员岗位质量审核,审核结果以书面报告形式反馈各部门,让质量管理之剑,时刻高悬在每个成员的头顶上。

从 1999 年 8~12 月,经过 5 个月质量管理体系"窑火"的烤烧,新明珠一厂、二厂的全面质量管理与技术创新能力得到了大大强化,员工的生产素质更是进一步提高,每项作业都有了精确的依据和体系,从而形成了一种规范,使企业质量管理一举手、一投足都有据可依、有稽可查,尤其是确保了新明珠产品在开发、设计、采购、生产、检验以至交付使用整个"链条",都嵌上 ISO9002 苛刻的国际化质量精魂,科学、客观、严格、一丝不苟。就这样,一个全新的新明珠公司脱胎而出!

与此同时,自始至终由德国 RWTVV 认证中心广州分公司派员跟进、审核、检查、验收,于 1999 年 12 月底,新明珠公司全面通过了 ISO9002 国际质量管理认证标准。

这是新明珠整体素质一次质的大提升,也是找到一把将其质量管理体系全面推向国际化的金钥匙,虽然不能一劳永逸,但它的精神内核已发生了质的飞跃,日后在质量管理领域,新明珠明显快人一步。

第十二章
扩张：并购 "休克鱼"

有建筑物的地方，就有新明珠陶瓷。

——叶德林

平稳过渡后的新明珠，在叶德林的悉心打理下，第一年其业绩就取得了"跳跃式"的发展，产值同比增长达 30%，这是在改制前从未有过的。

股东们在很短的时间内就尝到了赚钱的甜头，年内获得了两次利润分红，大家对叶德林这个"领头雁"充满了感激和敬意。

但叶德林的目标决不仅仅在于这点分红，他觉得自己在建陶行业中如鱼得水、游刃有余，眼下这种步子和做法，与他心目中的目标和理想，尚有很大的距离，他要尽快把新明珠做强、做大，而要做强、做大，必须首先形成规模。小打小闹、小富则安不是叶德林的做事风格。他要凭借眼下可以自由打天下的民营企业优势，拓展自己的势力范围，尽快把企业推上发展的快车道，向业界一流企业进军！

眼下的股东大会，着重讨论的一个议题是：投资 7000 万元，上一个抛光砖生产厂。但是，这次显然意见不统一，主持者读完可行性报告后，大家便静了下来，气氛一时显得有点沉闷。

董事长叶德林不得不一再催促："大家有话，都随便说说！"

好久，才有人打破沉默："我不同意上新项目，搞好两个厂，每年有分红，就阿弥陀佛了！"

随后，又有人接话说："是呀，我们刚接手过来，大家都花光了积蓄，现在又要加大投入，很难啊！"

既然说开了，大家便袒露心声。有人则认为：资金是一方面，最主要的是眼下整个建陶市场已转向疲软，大多数建陶厂都陷入亏损，一部分也只是维持生产，而我们刚刚改制过来，还能挣到一点钱，已经算很有本事了，能顺风顺水保持这样做几年，先还完债，打好基础，再扩大生产规模也不迟，那样才能稳扎稳打。

　　这显然代表了大部分股东的意见，只有其中一人表示赞成叶德林的主张，认为叶德林一向是福将，他看准的事都错不了，他在个人情感上认同叶德林，但说到加大投资，却表示眼下已无能为力。

　　叶德林非常看重与眼下这些合作伙伴的关系，他打心眼里感谢大家，因为大家能和自己同坐一条船，顺利地把新明珠盘回手中，并且信任他，放心让他掌管企业。但凭借自己经营企业的经验与眼光，他并不被眼下的市场不好所吓倒，他在可行性报告中已陈述了各方面的有利因素和条件，且投资方面也得到银行的大力支持。然而，现在股东们的反对，体现了其在经营思想和管理原则上与叶德林的分歧，正所谓：道不同，不相为谋。

　　叶德林一时也陷入苦闷之中。

　　这次股东大会，以众人一致"不同意加大投资"而结束。

　　也许这就是眼光和本事的区别，也许这就是决定一个人是否具备大企业家素质的分水岭。在这个方案被拖延了一段时间，大伙的思维也"碰撞"了一段日子之后，最后一次举行股东大会时，6 个股东已达成了一致意见：退股，但前提条件是高额退回股金。

　　叶德林再三考虑后，竟然大度地答应了股东们的要求，同意以初入股本时的 2 倍，支付给其余 6 个股东，计划在两年里支付给这 6 位股东近 2 亿元的股金。

　　原来在改制中与叶德林合力接手新明珠的伙伴，从此"丢"下了他，让他一人独力支撑这个"前路茫茫"的公司。你叶德林不是认为新明珠大有搞头吗，那就由你一个人搞去吧，装进袋子里的钱才是真金白银，我们不陪你玩了，你好自为之……

　　其实，这时的叶德林，心情是复杂的，说到底，他更乐意保持现有的合作伙伴的关系，和大家一起共同创业、共同分享。但他决不满足于现状，不满足于仅仅是赚钱，他追求的是把事业做大，做更多的贡献，尽更多的社会责任，他知道自己有这个欲望，也有这个能力，与其小步慢行，还不如轰轰烈烈地大干一场。所以，在大家不理解、不肯随同前行的时候，自己也不能因此胆怯，打退堂鼓，他得站出来承担，他的目标还在远方，他必须义无反顾，继续前行，即便不能抵达目标，也决不收兵！

　　"在 1999 年之后，我们做了几件事。首先做到了迅速发展。这个发展不是用大的资金去投入、去买地、去建厂，而是用张瑞敏的方式：吃'休克鱼'。1997 年东南亚金融风暴之后，有很多企业面临倒闭，但我们却认为，自己的企业正处于良性发展时期，碰到了这些'休克鱼'，就有目的地去考察一番，然后把合适的'休克鱼'吃下来，再把我们的管理、技术和模式搬过去，经过改善后，又可以盈利了。4年之内新明珠收购了4个企业。从那以后，新明珠的生产变为专业化生产，一个厂专门生产一种产品、一种花色。因为陶瓷行业跟其他行业不一样，如果你转花色、转规格，就要花很长时间，窑炉也要停下来。转一转、停一停、调一调，出来的产品就完全不一样了。跟其他只有几条线的企业相比，我们就不需要转产了。因此我们也在无形之中形成了专业化、规模化生产。"

从严格意义上说，2000年2月叶德林才真正完全拥有了新明珠公司的所有权和经营权。这个立志在陶瓷世界创办一流企业的"鸿鹄"，终于拥有了属于自己的天空，他可以更加自由自在地向着自己的理想目标飞翔了。

叶德林要扩大抛光砖生产的构想，并没有被股东退股所动摇。这是个认准了就干，干就干出个样子的汉子。他只是在原来的建厂方案上，做了进一步的微调，暂不新建厂房，而是利用周边现成的别人办不下去的"死火厂"，通过用新明珠的管理方法进行改造，实现最快速度的扩张，计划"成熟一个，并购一个"，争取在3~5年内迅速壮大起来；在此基础上，再兴建自己的工业园区，以产业基地扩张的新形式，实现大规模、大集团式生产，尽快跃居全国建陶行业领跑者地位，在通向建陶行业民族产业化的道路上，走出一条自己的路子。

他很快就看中了一个厂。那是南庄镇梧村乡办的集体企业，叫德昌陶瓷厂。该厂由于经营管理不善，厂房残旧，设备落后，生产难以维系，已连年亏损，拖欠供应商货款和工人工资无力支付，处于破产倒闭边缘。有朋友得知叶德林竟然对这样的厂子也感兴趣，便赶忙来电话劝说："千万别碰那个烂厂，那儿债务复杂，设备残旧，不值钱，弄不好，会拖死你的！"

叶德林心中有数，他感谢朋友的提醒，但他更相信自己职业的触觉和眼光。可能对于大多数人来说，那样的厂子不值钱，甚至是避之不及。而叶德林科学、审慎的考察、评估，看到适合和有利于自己的一面——利用现有厂房、设备，稍加改造或再相应扩大，就可以投入生产，而目前在南庄要新开发一家陶瓷厂，不但批准用地极其困难，就是建厂至少也需要半年以上，同时，其配套设施，还有生产、技术、人员、供销等各个层面都是现成的，可以减少投入，缩短产出时间；若引入新明珠公司的管理模式，便能使其在与新明珠统一的步伐下发展前行，从而达到新明珠式效应。他有这方面经验，几年前兼并快要倒闭的恒泰陶瓷厂时，用的就是明珠厂的管理方式，而且一年就扭亏为盈，救活了这家厂。所以，他已尝到了成功并购"休克鱼"的甜头。他在心里告诉自己，他和新明珠在未来几年内，就走这一并购"休克鱼"的路子。

叶德林本着做任何事情都要首先利人的原则，进入了兼并德昌厂的全面接洽程序。德昌厂的员工本来就佩服叶德林的经营管理才能，现在得知他有意前来接管这个烂摊子，显然有点受宠若惊。果然，叶德林以诚恳的态度，本着让利原则，以近乎高价收购该厂，并以现金一次性替该厂偿还数百万元债务的"慷慨之举"，让他们喜出望外，令这个村办企业找到了救星。所以，与一般漫长的收购谈判相比，双方交接快得超乎想象，从接触到签订实质性合同并对外宣布，前后不到半个月，开创了南庄民营企业兼并集体企业之先河。

这也合乎"快鱼吃慢鱼"的原则，也体现了叶德林做事雷厉风行的风格。

在市场经济发达的国家，并购、重组企业，已成为一个企业扩大规模、增强实力、提高效率的竞争利器，资料显示，全球跨国直接投资的80%是以并购方式实现的。我国家电企业海尔集团，近年的高速成长就是依靠很好地利用吃"休克鱼"这一方法，迄今已并购了20多家企业。并购已成为支撑企业快速发展的主要方式。而叶德林在南庄一隅默默筹划扩张的并购"休克鱼"之举，显然是与之同出一辙的。

2001年11月，叶德林成功地兼并了德昌陶瓷厂，将其更名为南海萨米特陶瓷有限公司（统称新明珠三厂）。

一个多月后，也就是2001年12月28日，新明珠三厂便完成了改造扩容，正式投入生产。叶德林利用新明珠已有的两间大厂的经营管理优势，信心十足，开始驾轻就熟地向这条"休克鱼"注入新鲜的活力，让其以最快的速度游向大海，走向新生。最让人觉得不可思议的是，转到叶德林手上的德昌厂，在变为新明珠属下萨米特陶瓷公司的同时，一下子便成了叶德林规模化发展的一个重要"棋子"，成了新明珠抛光砖最大生产基地。叶德林把萨米特陶瓷定位为抛光砖高端产品，专一生产抛光砖，使之成为新明珠现有的耐磨砖和抛光砖中最杰出的代表产品，同时与冠珠品牌比翼双飞，从而占领了更大的市场份额，争取到了更多的生存空间。

叶德林从新明珠公司抽调了一批有经验、有能力的管理与技术人员，派到萨米特公司，复制了新明珠的管理经营模式，借助新明珠的资金、渠道、技术和管理优势，完善其造血功能，迅速把这条"休克鱼"激活。

在生产设备上，叶德林还是坚持采购最好的"武器"，一步到位，引入意大利最新的SACMI7200吨压机、大型辊道窑炉、ROTOCOLOR滚筒印花机等先进配套生产工艺设备，生产出200mm×200mm以至1200mm×1800mm多规格的产品，推出了自己的主打产品如白玉石、彩云石、丽晶石、花岗石、翡翠石、奇彩石、金碧石、宇宙石系列，花色品种丰富，产品系列配套化。随后推出的超大规格的 1200mm×1800mm "地球砖王",更是创下了世界地砖之最,一时震惊同行,成为日本人的"抢手货";同时萨米特品牌系列聚晶微粉、微粉渗花、微晶玻璃、滚筒印花瓷片等高科技产品,从其新颖而灵变的花色,丰富又独特的个性,彰显了富有人文主义特色的欧陆风情,具有深厚的文化内涵,投放市场后,反应十分良好,很受消费者追捧,一时呼声颇高,在江浙一带甚至出现了抢购热潮。因此,销售业绩节节上升,两年后,甚至能和冠珠品牌抛光砖平分秋色了。

5个月后,也就是 2002 年 4 月 17 日,在佛山市政府首届优秀民营企业评选中,萨米特陶瓷公司赫然上榜,其以最短的时间,扭亏为盈,以最快的成长速度,以创造效益的最大化和对社会作出较大贡献,成了当地陶瓷行业的一匹"黑马"。当然,在随后的日子里,南海萨米特集团更是与广东新明珠陶瓷集团并肩成为新明珠陶瓷集团下属三大(集团)公司之一,其萨米特商标,竟然比冠珠早两年获得了"中国驰名商标"称号。可见,叶德林救活这条"休克鱼",并不只是一般意义上的"并购"而已。

在别人认为是垃圾的企业中淘出宝来,而且还能点石成金,这就是叶德林的真本事。这也是他在独自经营新明珠后,实行规模制胜战役的第一仗,这一仗赢得相当漂亮。

德昌陶瓷厂从一条"休克鱼"蝶变为生机勃勃的萨米特陶瓷公司,使新明珠的产品结构得到了很好的调整和提升,从而也使公司整体竞争力得到了不断提高。叶德林也从"险峰"中领略到了"无限风光",再次尝到了兼并的甜头,他一时踌躇满志,信心更大,劲头更足。

这仅仅是起点,叶德林的并购步伐并没有就此停止……

第十三章
胸怀决定规模

向发展要增长点；向精细管理要增长点；向创新要增长点；向市场要增长点。

——叶德林

显然，对于新明珠集团来说，叶德林的收购、兼并行动，称得上是由稳健太极拳变成勇猛散打战略的一次重大尝试。新明珠要在短时期内迅速扩张自己的势力范围，实行规模化大生产，并购是叶德林找到的以"四两拨千斤"的最好"招式"。

叶德林认为要继续提高并购战车的速度，实现规模经济，拓展生产规模，将是新明珠3~5年的基本策略。

快鱼仍在吃慢鱼，生猛鱼仍在吃"休克鱼"！

与上次收购德昌厂相距不到一年，也就是2001年10月，叶德林已经从激活第一条"休克鱼"中尝到了甜头，也攒足了经验，于是，他乘势而上，继续出击，再次拉开了并购的战幕。

一次性把相邻的醒群村建陶一厂收入囊中！

这算得上是一条"休克"时间不长的"鱼"。作为村一级集体企业，它没有加入南庄镇镇属集体企业改制的范畴，与梧村的德昌陶瓷厂有诸多相近的"弊病"，厂子经营不景气，甚至影响到了村委会的经济状况，村人一直盼望有能人前来经营或把它买走。

醒群建陶一厂，正好位于新明珠一厂与三厂之间，而且与北面的新明珠一厂仅有一街之隔。

新明珠一厂曾在建成两年后扩大过厂房建设，新增用地20多亩，眼下已再无扩展的空间了，若能利用相邻的醒群建陶一厂，不仅有利于生产、运输，而且能体现南庄"新明珠工业园区"的整体布局优势，无疑是一举多得。叶德林自然懂得这些外行人不易察觉的奥妙，他在得知醒群建陶一厂有这方面意向后，便主动上门商谈接手事宜。比多数"死火"企业幸运，正苦于走投无路的醒群建陶一厂，此刻得到了新明珠的青睐，自然心存感激，在获得了超过自己预想的出价后，村人轻松地把这一包袱甩掉了，大家愁结的眉头终于舒展了开来。

要知道，叶德林的每次行动，都是再三权衡过的，是结合新明珠的发展实际，通过科学的论证和慎重的考虑才迈出这一步的。

所以，他每走一步，都很稳重、稳健。

所以，他每并购一条"休克鱼"，都能很快把它激活，让其快速成长。

就像把德昌陶瓷厂改为萨米特陶瓷公司一样，叶德林把这家厂更名为格莱斯陶瓷有限公司，同之前的萨米特公司一样（萨米特同时也是该厂的商标和品牌），格莱斯也是该厂的商标和品牌，并加入了新明珠品牌家族。

这一次，叶德林在宏观把控的前提下，把建新生的格莱斯公司（统称新明珠四厂）之战，交给了一员年轻的大将，那便是叶德林的长子叶永楷。

当时，叶永楷21岁。其实，在这之前，叶永楷已在新明珠"打工"3年了，他自1999年9月从华南理工大学辍学回来后，就到一家叫祥兴的陶瓷厂当销售员，年底进入新明珠，以图扶助父亲的事业，但叶德林却让他先学做人，后学做事，要他从最底层做起，从最累人的拾砖、分级工做到包装工、窑炉工、工艺员、采购员，参与废水处理、环保生产等，深入体验陶瓷生产的各个层面，通过锻炼成长。之前，叶永楷已担任过萨米特公司西北区销售经理，在这个陌生的新片区开拓出一片天空，崭露出经营管理的良好潜质和锋芒。

叶德林为了锻炼和打磨儿子，同时也出于公司发展的需要，毫不犹豫地把儿子推到"前线"，以使其接受更多更大的挑战，使他尽快成熟起来。

"接手四厂时，我先是负责搞基建，也就是父亲出题目，我来做文章。就是从那时开始，我习惯了随身带一个小本子，把每天要做的重要事情记下来，然后完成一项勾掉一项，争取做到日日清。直到今日，这个习惯都没变。说实话，我当时才21岁，没什么管理经验，做人做事都很稚嫩，只是受父亲的影响，学他怎样与人谈判、开会、处理问题。四厂是2001年10月23日买下的，我们是2002年农历正月初六（2月17日）点火出砖，前后不到4个月，比预计时间提前了。格莱斯公司有400多人，我作为总经理，生产、行政、财务、供应、销售都要全面管理，好在有洪卫厂长的配合，也是前辈的传帮带吧，我们各项工作都完成得比较好。比如产品销售，开头一两个月持平，第三个月就赚钱了。可以说，在负责四厂不到两年的时间里，我交给董事长的这份答卷，还是合格的。"叶永楷在忆及自己管理格莱斯时，这样评价自己。

简直是神话！一个老气横秋、债务缠身、给工人发不出工资的村办陶瓷厂，在转到叶德林手上后，立即像被施了阿里巴巴的魔法，"产品销售前两个月持平，第三个月就赚钱了"，实在令人难以置信，但这却是铁的事实。原醒群厂95%的员工，当知道自己厂被新明珠老板收购时，一时欣喜若狂，本来想走人的都一个个坚持留了下来。叶德林向来关爱员工，一来就给出一个承诺："我不炒一个员工，愿意留下来的我都欢迎。"所以，在岗工人几乎是原来的班底。这也是叶德林一向办厂用人的宗旨，不轻易辞退一个工人。他有句名言：适岗就是人才。因此，在新明珠改制中以及之前的两次收购中，原厂的职工也都乐意跟随他，而他也没辞退过一个员工。现在，原厂工人干了一个月，就拿到了"久违"的工资，且比原来薪酬高出了1/3，这让工人们一时感激不已。同样一个厂，同样一片天，同样一班人，只是换了个头头，换了一种做法，效果竟然是冰火两重天，这就让你不服都不成。"我们叶老板，确实有本事！"工人们感激地说。

在格莱斯陶瓷公司取代醒群陶瓷厂的同时，叶德林也摒弃了该厂原有的不知名的商标。这与许多大厂并购小厂，随后几乎是"改朝换代"的做法十分相似。他要在新明珠集团的名号下，创建和培植属于自己的品牌，而且主张制定一个"多品牌"的发展战略，以不同的品牌、不同的品位，多方位占领国内外建陶市场，取得更多的市场份额。这点可能与某些只靠一个品牌打天下，坚持"一招鲜，吃遍天"的企业的做法大相径庭，这也是叶德林从冠珠到萨米特两大品牌的实践中摸索出来的经验。在建立格莱斯陶瓷有限公司的同时，叶德林坚持了自己的做法，与品牌的设计人员一起，定位、设计出代表新明珠的第三个品牌——格莱斯陶瓷。格莱斯取自英文"GRACE"，意为"优美，典雅"。因多年来新明珠在陶瓷领域的悉心耕耘，叶德林把"瓷砖世家，经典无价"作为其经营理念，以名门世家之手笔，创造优美、雅致的经典，打造了一个高档瓷砖品牌。

很快，格莱斯陶瓷就以一个鲜亮的新锐品牌，全面楔入国内建陶市场。其以精致典雅的设计风格，以赏心阅目的花色品种，铺向大江南北。枫丹白露、银河盛景、伊丽莎白、丝绸之路……名副其实的极致色样，让人目不暇接；还有玉砂岩、金玉石、汉白玉、雪玉石、海韵石、外墙干挂等数十个系列的抛光砖、内墙砖以及精致艺术小地砖等高科技含量的陶瓷精品，源源不断面世，构成了一个新明珠陶瓷王国的百花园，任由分享……

从醒群建陶一厂过渡到格莱斯陶瓷公司的工人罗法强，曾在《新明珠》报上谈了自己的体会："……在一年半时间里，我看到了这个厂发生了巨变：由原来村办企业生产最低档的瓷质砖到现在生产具有先进水平的滚筒印花高级内墙装饰砖，由两条20世纪90年代初期的小窑，改组成2组、4窑、6条生产线；对从前破旧、漏雨的厂房进行了全面的整容，又扩建了几万平方米的新仓库，产品不断更新换代，产品质量走在同行前列。真是创造了一个奇迹，令我们十分佩服！"

2002年7月，南海市新明珠陶瓷有限公司已拥有4家瓷砖生产厂，瓷砖年产销量达3500万平方米，员工达3000多人，成了南庄最大的陶瓷企业之一。这样，南海市新明珠陶瓷有限公司被升级为省属民营企业，冠名为广东新明珠陶瓷集团有限公司。

叶德林的并购计划显然收到了很好的效果，但在此时，他却并没有放慢脚步或停止行动的意思，反而更加坚定了信心，加快了步伐，按自己的路子积极前行，他心中就一个目标：继续并购"休克鱼"，继续扩大企业规模！

2002年10月，在欢庆国庆、欢庆华夏陶瓷城新明珠营销大楼隆重开业、欢庆成功参加首届中国陶博会的喜庆气氛中，叶德林对自己3000多名兴高采烈的员工大声宣布：

"今天，我们又成功收购了一家陶瓷企业！我们给她起的名字是：金朝阳，希望她像金色的朝阳一样，在加入我们新明珠陶瓷家族的大合唱中，绽放出自己金色的光彩；朝气蓬勃，冉冉上升！……"

叶德林四处出击，寻找战机，可谓不遗余力，这一次，竟然走出了南庄，远赴数十公里外的肇庆，把处在半死不活边缘的高要市高峰陶瓷企业，收进了新明珠家族。

这是叶德林的第三次并购行动，与上次行动正好相隔一年。同样，与前两次成立新公司同时注册一个新商标一样，叶德林把金朝阳陶瓷有限公司（统称新明珠五厂）衍生的品牌冠名为"金朝阳"，并结合金朝阳生产规模与新明珠原有品牌发展实际，做到品牌差异化，主张以"阳光家居、健康生活"为品牌理念，展现新明珠产品贴近时代、贴近优质生活的风貌，为追求时尚、希望营造健康空间且奋发向上的主流消费者家庭，精心打造一个建陶品牌。

随后金朝阳的业绩证明，新明珠这第四大品牌，并没有辜负叶德林的期望，在建立好自己的市场基础后，很快便脱颖而出，成为新明珠多品牌战略布局中的一个重要棋子。

这时，时间进入到了2003年，也就是新明珠公司在陶瓷行业中搏击的第十个年头。根据叶德林的设想，这是新明珠的第二个五年计划，是打基础阶段实现规模效益的第一个五年。因此，他还得在扩张速度上与同行们竞走，他得利用好现有的实力和模式，继续走扩大企业生产规模之路。

于是，与上次收购行动相距4个月，也就是2003年3月春分时节，叶德林再次举起并购利剑，直指下一条"休克鱼"——第四个亏损陶瓷企业——南海西樵南太陶瓷厂，一举成立了澳林精工陶瓷有限公司（统称新明珠六厂），并注册了"惠万家"商标作为产品品牌，以"贴心关爱，惠泽万家"为品牌经营理念，定位为高品质大众化路线，旨在以专业品质全面服务于广大顾客，惠泽千家万户。

至此，新明珠公司的并购计划暂告一段落。

从2000年10月开启并购大门，到2003年12月为止，叶德林用前后4年的时间，并购了4个陶瓷企业，以一年激活一条"休克鱼"的速度，快速地完成了新明珠企业的第一阶段扩张，这与他当初的计划和目标完全吻合，也可以说是天遂人愿，顺风顺水。

与其说这是叶德林运气好，还不如说是其经营有方，管理有道，顺应和符合企业的实际发展需要。叶德林在其扩大企业规模的第一阶段实行了并购"休克鱼"策略——买下一个现存企业，然后引入了新明珠的经营管理模式，以资金、技术、市场、品牌的巨大优势，借力为己所用，尽快扩大自己的势力范围，让企业在最短的时间内达到"身强体壮"，从而一举发力与对手竞争，实现规模制胜，这的确是十分聪明之举。此后，在进行第二阶段拓展规模时，叶德林却不再以并购为手段，而是采取了筹建全新的、由企业独自开发的大工业园区的扩展模式，无疑是一次更高层面的扩大生产规模的明智之举。新明珠的效益证明了叶德林并购"休克鱼"的决策不仅是正确的，而且十分经典，足可为每一个期望成长而苦于力量薄弱的企业以之为准绳，视之为蓝本！

可以说，叶德林这场并购"休克鱼"之战，于己于人，都是一次十分重大的贡献。

第十四章
名牌与多品牌并举

实施名牌战略和品牌国际化经营战略，走民族企业品牌国际化之路，创建具有国际竞争力的百年企业。

——叶德林

十年磨剑，终成大器。

进入 21 世纪后的新明珠，在叶德林的精心打造下，第一阶段扩张——以并购"休克鱼"来迅速壮大企业规模的行动，取得了相当不错的成绩。到2003 年，新明珠陶瓷集团拥有了新明珠、萨米特、格莱斯、金朝阳、澳林精工等 8 个子公司（厂），瓷砖年销量达5000 万平方米，员工 5000 多人，实现产值 4 亿元。

随着生产规模的扩大，叶德林审时度势，转换思路，及时地把新明珠从以生产为导向转向了以经营为导向，也就是在并购一个生产企业的同时，侧重从经营而不是生产入手，研究市场，根据市场的需要来设计、规划新产品，强调产品的差异化，提高产品附加值和生存空间占有率，从而使每个被并购的企业都能尽快脱胎换骨，起死回生。

在这里，我们应该强调的是叶德林实施名牌战略以及多品牌战略的超前性与高明之处。

从 1993 年创立第一个品牌"冠珠"开始，叶德林就提出了"创民族品牌，耀中华风采"的口号，组织新明珠成员开始了持之以恒的创名牌的"人民战争"，脚踏实地做一流产品，以好产品为荣，以质量第一为荣，在业内第一个实施了 ISO9001：2000 国际质量管理体系认证，第一个推广了"6S"生产，从而把一个乡村生产厂打造成了一个国际化、规范化的现代公司，连年获得全国、省（市）各种荣誉和称号，把冠珠的品牌价值越做越大，使其一步步成为中国名牌产品、中国驰名商标；同时，也为新明珠系列品牌——后起之秀们的脱颖而出，提供了参照和经验。

我们欣喜地看到，2002 年 12 月，新明珠已有的三个品牌——冠珠陶瓷、萨米特陶瓷及格莱斯陶瓷，全部获得了国家质检总局颁发的"产品质量国家免检"证书，在获得此证书的全国陶瓷行业11个品牌中，新明珠占了3个，而最晚面世的格莱斯陶瓷，在市场上亮相只有一年，就获得了如此殊荣，实属不易。这也是全国陶瓷产品第一次参与该项审评，新明珠连中三元，足见新明珠品牌建设的用心和力度！

2003年2月，新明珠"最老资格"的商标——冠珠，取得了"广东省著名商标"的美誉；紧接着，9月，新明珠更是在全国金榜题名——被国家质检总局、中国名牌战略推进委员会授予"中国名牌产品"称号，是首次获"中国名牌产品"称号全国建陶12个企业之一。在新明珠10年华诞到来之际，取得这一国家及行业名牌产品的殊荣，一时让新明珠人备感光荣与自豪；同时也遂了叶德林多年来一直追求的"创民族品牌，耀中华风采"的夙愿；更表明新明珠人执著于品牌建设的努力有了回报。叶德林在接到参加国家质检总局召开的"中国名牌暨质量兴市"表彰大会的请柬后，竟然比任何一次获奖都重视、都高兴，亲自带领由两个副总以及相关成员组成的代表团，前往北京出席表彰大会。

叶德林在会议期间表示："这是国家在质量建设方面给我们企业的最高荣誉，是我们企业实施名牌战略、推进企业发展的又一重大成果。国家授予我们企业中国名牌称号，这既是一种肯定，又是一种责任。我们将以此为契机，进一步提高和优化品牌素质，提升企业形象，继续加大名牌推进的力度和速度，创造更多的中国名牌。"

这是一个饱含叶德林心血的最高奖赏，当然令叶德林感到非常欣慰；同时，也给全体新明珠人带来了更多的责任和压力。于是，公司上下掀起"珍惜荣誉，维护名牌，再创名牌"的高潮。集团品管部在六厂生产现场召开"面对中国名牌，我们品管的路怎么走"的主题大会，各抒己见，各显神通；《新明珠》报举办了《中国名牌——冠珠，我为你喝彩》征文活动；副总裁陈先辉带头撰写《名牌战略，推进企业发展》一文，呼吁新明珠人继续把名牌战略向企业运行得更深层推进；副总裁彭新峰在广东省质监局和广东电视台举行的"2003年质量与服务电视论坛"上，介绍了新明珠人创立名牌的艰辛历程，并表示，新明珠将一如既往地推进名牌战略，保护、提升原有名牌，继续争创更多的中国名牌……

叶德林实施名牌战略所取得的这一丰硕成果，让他深切体会到"名牌效应"的巨大社会价值和经济价值，同时也更加坚定了他以名牌带动企业发展，实施多品牌齐头并进，全面打造一个实力雄厚的建陶帝国的信念。而眼下，新明珠品牌家族已经拥有了 5 位成员——冠珠、萨米特、格莱斯、金朝阳和惠万家。新明珠多品牌的经营战鼓已经擂响，将以企业生产的规模经济效应裹挟产品营销的多品牌效益，形成"新明珠飓风"，席卷中外建陶市场！

后来的结果比预见的还要好，在随后的时间里，新明珠出道较早的两个品牌——萨米特和冠珠，先后获得了"中国驰名商标"称号，新明珠产品（商标）品牌飙升到 16 个，且成活率百分之百，成为中国陶瓷行业拥有品牌最多的企业。

我们看到，叶德林在培植多品牌形象方面劲头十足，一如既往，前进的动力始终未减分毫，而公司上下更是齐心协力，有着极强的品牌建设意识和行动能力。首先，设立品牌管理机构，强化商标管理工作；在叶德林主持下，由集团决策委员会决定商标工作的重大方向和策略；设立知识产权处，下设商标组，配备专职人员，负责管理日常商标工作，还在各级设立品牌管理部，管理人员达 100 多人。其次，重视商标战略，讲求商标使用战术。比如冠珠商标，不仅在第 19 类墙地砖等商品的商标上注册，还在第 11 类卫浴设备等商品的商标上注册；在注册冠珠商标的同时，把文字、图案、拼音也一同注册，还将"南海新明珠"连同商标图案一起注册，使"冠珠"商标得到了全方位的保护和运用。同时积极维护商标的专有权，成立法律室，由副总裁李列林专管，由专职人员和各地分公司、经销商以及公司各级成员组成一个强大的维权大网，对新明珠商标进行维护和保护。最后，加强商标宣传，扩大商标知名度。新明珠为自己的商标宣传推广不遗余力，仅是冠珠品牌，从 2002 年起便以销售额的 10%作为品牌形象宣传费用，运用不同的宣传推广手法，通过电视、报纸、杂志、路牌、灯箱、互联网等不同媒介，务求达到"投入少，效果好"的宣传目的。尤其是集团公司利用新明珠一厂、二厂和三厂紧靠南庄大道、佛开高速、325 国道的地理优势，在厂区外围以连排式立体巨幅广告，树立新明珠各大品牌的"集体形象"，强调"新明珠系"的实力和品位，产生一种极其震撼的"族群"诉求效果，有力地推动和扩大了新明珠品牌家族的知名度。

叶德林看似追求多品牌，而实质上是统一的品牌建设之举，是值得我们好好借鉴、学习和总结的。

在并购德昌厂、成立萨米特陶瓷有限公司时，在使用原厂商标还是另外注册新商标的问题上，集团管理层曾有过一番思维"碰撞"。叶德林还是大胆选择了后者：决定新上一个商标。大多数人不理解，说多设一个品牌，会多耗费一倍宣传推广的投入和时间，比不上利用一个成熟的品牌效果好。叶德林却从建陶产品的特殊性去考虑，认为这与一般消费产品不同，建陶产品属于半成品，还得经过设计、装饰、铺设等很多环节的"配合"，才能最后完成，加上不能在陶瓷产品上直接打上商标的限制性，还有其市场份额占有率大多不超过3%的特殊性等因素，陶瓷品牌建设与家电、服装等行业有着明显的不同。在产品大规模生产时，只是依靠一个牌子去销售，市场份额便会受到很大制约，而每个牌子也只能被一部分消费者接受，这样，新上一个牌子虽然要额外增加宣传推广费用，但比较起来，其市场占有率会加大，回报空间也会增大，而且单个品牌会缺少竞争。如一个小孩经常不吃饭，营养不良，两个孩子就不一样，就会抢着吃，甚至同一个质地的产品，只要款式不同、风格不同、商标不同、文化不同，也就会使多个不同品牌可以满足不同的消费人群，满足社会需求的多样性，同时又能促进相互间的竞争，这就是多品牌的好处。但是，我们又不能盲目地为了多品牌而多品牌。因此，多品牌建设：一要适应生产与产品的需要；二要为每个品牌找到差异之处。也就是结合产品的结构和质量标准，加上市场的定位，让每个品牌都不尽相同，都有自己的消费群体。随着新明珠生产规模的加大，多品牌进入市场，既是企业本身发展的需要，也是品牌发展的需要。

这是在扩大生产时，叶德林主张随之增加品牌建设的思想。后来的发展证明，叶德林是明智的。我们留意到，新明珠并购一个陶瓷企业，新上一个公司时，叶德林都相应地注册一个新商标，但都把握好一个原则，那就是根据该厂的生产、技术、产能等方面条件，找出其与新明珠原有品牌有差异化的部分，从而做出不同却合理的市场定位。

比如，格莱斯是以抛光砖为主的高中档路线，而金朝阳和惠万家，限于生产设备、技术和产能的制约，则定位在抛光砖的中端产品，走大众消费得起的路线……

由于叶德林不但有强烈的品牌建设意识，还有创建冠珠品牌的成功经验，因此，对于随生产规模化而产生的多品牌战略，实施起来就显得得心应手、游刃有余，从而有力地扩大了新明珠产品在国内外市场上的占有空间，也为新明珠产品大家族"开枝散叶"，占领各层面消费市场找到了行之有效的"法宝"。此后各大品牌齐头并进，互为生辉，促使新明珠营销额节节上升。在众多无牌无名陶瓷企业不断夭折的背景下，新明珠产销量连续保持了旺盛的增长势头，每年以30%~35%的速度递增，风景这边独好。在国际市场上，更是大出风头，彰显了民族品牌本色。从1999年起，新明珠产品出口远销世界100多个国家，连年获得佛山市陶瓷企业"出口状元"称号，2001年产品出口量更为广东争光，在全国建材行业中名列第一，到2002年，出口量增长了一倍，被业界誉为"中国建陶业的一颗明珠"。

叶德林实施的第一阶段新明珠扩张战略，加上持之以恒的创名牌战略以及量体裁衣打造的多品牌战略，使他找到了一把迅速将新明珠做强、做大、做专、做优的"金钥匙"；在新明珠新一轮的更大、更彻底的自我扩张到来之前，已经奠定其"未来建陶行业航母"的坚实基础。

第十五章
揭开建陶行业大展厅时代

为顾客创造价值；为员工创造机会；

为股东创造财富；为社会创造效益。

——叶德林

如同中国改革开放的路子一样，起步于 20 世纪 80 年代的中国建陶行业，每行进一步，都是从业者们摸索、创新的结果。

这就注定，作为行业领军人物的叶德林，每做出一次重大的决策和行动，前面都没有现成的道路可走，没有成功的经验可循，只能"摸着石头过河"。他和他这一代的建陶企业家们，也就注定成为共和国第一代建陶事业的冒险家和探路人，这也决定了他们的命运要比后来者艰辛和颠簸。

至今，叶德林仍说自己在建陶企业经营中是"每走一步都是如履薄冰，要打起十二分精神"。所以，他必须以谨慎而乐观的态度，用足百分之百的心思来对待新明珠的经营管理。10 多年来，他一心专用，就做他的瓷砖，他心里只有一个远大的目标：做好砖，做世界上最好的砖！

许多陶瓷企业的老板赚了钱后，纷纷涉猎多个行业，"多元化"经营去了，但叶德林却不为所动，仍然专注于自己的"做砖"事业。虽然，他也遇上多次"发横财"的机会，比如他有机会通过对外批发或零售油品赚大钱；比如房地产商多次相邀他共同合作开发某个地产项目等，他都没有动心，没有改变经营原则。他说人的精力是有限的，企业的财力也是有限的，"不适合我们挣的钱，再多也不挣"。叶德林经常这样提醒自己。

然而，一旦遇上适合的"做砖"机遇，叶德林总是敢于出手，大胆捕捉，从不轻易放弃。这便是叶德林日后能成为中国建陶行业领军人物的过人之处。

2002 年初，在南庄镇方圆 69 平方公里的土地上，云集了 70 多家上规模的陶瓷厂，年生产能力达到 6 亿平方米，南庄镇已成了名副其实的"中国建陶第一镇"。为推动这个建筑陶瓷工业重镇的发展，南庄镇政府作出一项重大决策——兴建一座占地 2 平方公里的华夏陶瓷博览城。该项工程以政府规划、专家策划、市场运作、企业投资为主，总投入 20 亿元，定位为陶瓷业的会展、技术、信息、营销、商贸、物流六大中心，创下了当时国内陶瓷城综合建设规模之最。

南庄镇政府将此作为一项民生、民心工程，招商态度热情、诚恳，对进驻华夏陶瓷博览城的企业一律敞开方便大门，给予诸多优惠。但一开始，很多企业并不怎么看好，或大都在观望、等待。

此时，已是南庄陶瓷界领头人之一的叶德林，凭借着陶瓷专业生产企业家敏锐的触觉，一眼就看出这是一个机会，有着巨大的潜在价值。他通过这些年从事建陶产品的经营经验，已深知建陶产品有着自己鲜明的特殊性——装饰与展示，其功能是装饰和美化家居环境，内在品质和外观同样重要。建陶产品在销售时，特别讲究产品的展示、摆设效果，凸显出较强的观赏性，以吸引消费者作出选择。但眼下新明珠的几家陶瓷厂，仍然只有南庄大道一号——既是集团总部也是二厂厂部的一处不足 1000 平方米的小展厅，要同时展销多个品牌的产品，已经十分局促了，即使有劲也使不上。也就是说，产品展卖空间受到严重限制，这与一个正在迅速拓展的大集团很不相适应。叶德林正急于寻找解决方案，而现在，天赐良机，南庄镇政府主动为地方和企业创造发展条件，还对入驻企业提供多项扶持政策，比如批准出售的土地，不收地价，只收取建筑面积的管理费等优惠措施，体现出政府支持企业的决心和行动。对于新明珠来说，这无疑是一场及时雨。新明珠作为扎根本土的领军企业，也需要带头拿出实际行动，支持和配合政府，共建此项利国利民的工程。

于是，叶德林在众多陶瓷企业老板怀疑、动摇的情况下，第一个毫不犹豫地站了出来，以当地企业最大的手笔，从百年大计出发，在华夏陶瓷博览城东门大广场左、右两侧，分别购置了两块近万平方米地块，建设集团总部大楼和产品展览营销中心。

叶德林这一着棋，又一次体现了他的经商本领和远大的目光。事后证明，与建陶企业相配套的产品大展厅——大卖场，太重要、太不可或缺了。新明珠集团通过总部形象工程建设以及一系列相对集中的产品大展厅建设，实现了巨大的经济价值和社会价值，也使新明珠在规模效应上得到提高。

叶德林的这一行动，不仅在紧密配合当地政府发展区域经济中做出了应有的贡献，而且由于新明珠当时正在实行的扩张策略，也是恰逢其时，求之不得，尽得天时、地利、人和。

2002 年 1 月 14 日，华夏陶瓷博览城奠基。紧随其后，3 月，新明珠集团营销总部办公大楼（冠珠营销中心）也随之动工。到 10 月18 日首届佛山陶瓷交易博览会在落成的华夏陶瓷博览城举行前夕，新明珠集团这一重大工程也顺利竣工了。新明珠集团总部办公大楼、集团营销总部大楼近2万平方米的超大规模，雄踞华夏陶瓷博览城广场一侧，是当时国内陶瓷企业第一幢如此庞大的集办公和展销于一体的建筑，一亮相就引起了业内人士的关注，这也是新明珠加快发展的一个重要信号。在华夏陶瓷博览城举办首届陶瓷交易博览会期间，新明珠集团以其耀眼的位置、多个品牌庞大的展销大厅和设计考究的布展风格，一时抢尽展会风光。

这是叶德林大力扩张新明珠企业规模、及时打造新明珠整体形象、全面建设配套发展空间、主动创新营销模式的一次创举，同时也是积极适应新明珠企业快速发展需要，迅速提升新明珠集团实力的一次最好选择！

到2003年底，叶德林向人们展示了新明珠雄霸一方、气势磅礴的五大品牌营销中心风貌：

冠珠陶瓷营销中心；

萨米特陶瓷营销中心；

格莱斯陶瓷营销中心；

金朝阳陶瓷营销中心；

惠万家陶瓷营销中心。

5个品牌分别拥有近1万或超1万平方米的展示空间，以相当于商业超市或百货大楼超大型的销售摆卖模式，琳琅满目地展卖各具特色、各有千秋的产品，任人观赏、选购。

新明珠揭开了建陶产品大展厅销售时代的序幕！

这也是叶德林对我国建陶行业营销模式所做的一个非常有建设性的贡献！

坐落在华夏陶瓷博览城广场左侧的冠珠营销中心，以1.6万平方米的超大展场，让人踏入其间，便感到震撼——"中国名牌产品"冠珠陶瓷之风韵，让人目不暇接——以现代装潢风格结合传统镶嵌艺术营造的一个个风格各异的产品空间，点缀着汉白玉石、彩云石、丽晶石、花岗岩石、翡翠石、奇彩石、金碧石、宇宙石等一系列的冠珠"宠儿"，似乎在向人们静静地述说着自己美化人间的动人故事，散发着不同的风采和韵味。虽然并不刻意吸引你的眼球，也不用博取你的喝彩，但只要你稍稍平视一眼，就会自然生出一种爱意和留恋，你在不经意间已被其神韵所浸染、所撼动、所俘虏，但你尚未发觉，其实你此刻已无法自拔，你于是不由自主地脱口而出："我要的就是它了！"这时，一旁的导购小姐会把你导向最佳的选择，她会以专业、悉心、贴心、热情的服务，让你选到最适合你的家居和个性的产品，使你获得一种物超所值的享受。你还可以到多种风格的阳光家居样板间去，体验一下现场参与互动铺设展示。即使你不交易，也可以观赏、挑拣，或在互动过程中获得乐趣和快感，这也足够让你品味一番了，你从中会由衷地感叹：真的不虚此行！

冠珠营销中心的设计，集新潮时尚与传统民居、民风于一体，以"耐久性"而不是"临时性"来体现建筑陶瓷的独有特性，有别于一般可搬动性、携带性产品的展示，让人产生一种不仅仅是"样板砖"的真切实用感。同时为了营造实地家居氛围，让人从中获得切身的体验和感受，冠珠营销中心还设置了一系列家居场景——亭台楼阁、中心庭院、大堂厢房、天井倚楼、廊桥瑶池、假山喷泉、小桥流水、竹篱水车、花坛小品、厨房洁具……应有尽有，凝聚人居大千世界于一统。而其间的主角便是新明珠建陶的宁馨儿——冠珠，她才是这个世界的主宰，其他所有的只是她的点缀。你倘徉其间，马上会自然而然地涌出一种强烈的感受：这是中国式的却又充满现代感的家居，让人留恋，引人追随，顿时，你产生了拥有她的欲望和冲动！

这就够了！

这本来就是冠珠品牌的风格和定位："创民族品牌，耀中华风采。"

新明珠的第二品牌——萨米特陶瓷营销中心，则有别于冠珠产品体现的概念——以品牌理念物化的效果，展现一派独具一格的欧陆风情。

需要强调的一点是，这座建筑面积 1.5 万平方米的产品营销大楼和展厅，均为叶德林总裁亲自设计，这也是新明珠人引以为豪的。展场以萨米特品牌理念 "SUMMIT"，走向"巅峰"，走"精品"路线为原则，以法国罗浮宫经典艺术为精魂，陈列一组中世纪罗浮宫式的骑士浮雕，把你带进了地中海文明之中。四大展区装点着难以数计的、色彩斑斓的窑火精灵，让人激起一阵阵的新鲜与兴奋。走俏市场的"翡冷翠"，光是名字就给人一种珠光宝气的感受，如果你读过著名诗人徐志摩的《翡冷翠的一夜》，便会顿时感到浓浓的诗意和浪漫；嵌在展区中央桌面上的一块紫色方格罗浮石，每 5 厘米一块大的方格里，镶着上百颗细小的粉珠，以赤、橙、黄、绿、青、蓝、紫七色相连相拥，敷排出一个小小的七彩世界，如幻如真；在一壁的拼花陶艺饰品中，彰显出了艺术泰斗凡·高和毕加索绘画的精魂，让历史、美术、生活和人文，通过陶瓷产品得到了尽情地体现；看似随意丢放却是精心铺设的南非钻、罗浮石、雪花石、微粉渗花石、云海玉岩等萨米特"骄子"，或浑然天成，或斑驳多姿，尽显个性和风采，吸引住你的眼球。看得出，这儿展示的不只是平常的家居装饰产品，而是一种高尚的文化，一种人生的态度，一种贵族化的生活方式……让你在接受萨米特品牌带来诸多愉悦的同时，提升对世界种种美好事物的认识与感受，同时也提高了你的生活品位和生活质量。这也是新明珠人创造萨米特品牌的初衷——"眼看世界，心铸精品"，让你在"巅峰"产品中享受快乐的"巅峰"。

在 9000 多平方米的金朝阳营销中心，在 7000 多平方米的格莱斯营销中心，在 5000 多平方米的惠万家营销中心，你将会获得另一种独具个性而又风情万种的产品展示体验，你会自然而然地为新明珠品牌家族精心打造的这种大展厅营销方式所痴迷、所吸引，你会身不由己地走进新明珠产品世界，你再也无法抽身，你只有在陶醉中接受新明珠式的关爱——"总有一种产品适合你"。

有一组十分有趣的记录可以佐证：

2003~2008 年，曾有 74 个团购瓷砖队伍，考察南庄陶瓷产品，通过比较从中选择，但凡踏进新明珠营销中心，在同类产品、同一价格的条件下，无一例外地最后都是选择新明珠所属品牌。

萨米特品牌总经理黎汝让自豪地说："来自全国各地的采购商，只要参观过我们的营销中心，一定会被我们的实力所折服，如果要购买同类产品，最后肯定是选择我们的产品。"

2003 年 5 月，国家旅游局在接受华夏陶瓷城申报"全国工业旅游示范点"时，把新明珠集团的冠珠、萨米特营销中心列为旅游景点之一，足以见其具备了著名"景观"的相应条件。为此，叶德林十分重视，亲自组织集团总裁办、市场部起草旅游管理制度文件，设计制作导游图，用中英文标识等来完善"景点"设施，至 2004 年 4 月，这两个营销中心已被国家旅游局验收通过。试想，一个做砖的企业，成为一个国家级的工业旅游示范景点，让人们享受到工业旅游的乐趣，使每个本来花钱到佛山、西樵山游览风景名胜的游客，都乐意走进这个"泥与火"结合的砖石工厂，满足自己一种新鲜好奇的愿望，从中看到了家装产品的生产和展示，看到了一个传统与时尚相结合的建陶大世界，既拓宽了视野，增长了见识，又可以选购到自己喜爱的新明珠品牌系列产品。同时，游客也加深了对新明珠企业的认识，而新明珠公司则完成了一次由游客参与互动的企业品牌创造与推广，这的确是一举多得，利国、利人、利己的高明创举。

这就是叶德林悉心营造的新明珠产品大展厅营销的成功之处，这就是新明珠产品大展厅营销的魅力所在！

第十六章
创新才能领先

一边盯住客户需求，一边盯住竞争对手，依靠我们的智慧和技术，研发出市场同类产品中的领导性产品，研发出客户潜在需要的新产品。

——叶德林

创新是一个企业的灵魂和动力。一个没有创新能力的企业，无法屹立于世界先进企业之林。

叶德林一向惯用自己的"独门武器"，而"独门武器"就是"人无我有，人有我优"，其精神实质就是创新、领先。所以，叶德林比常人更看重"创新、领先"对于企业生存和发展的特殊意义。

在中国成长时间不长的建陶行业中，此时，技术"克隆"、"抄袭"成风，产品同质化、外观相似化、功能超同化的现象惨不忍睹，严重制约和阻滞了这个行业的发展。叶德林时常接到品管部发来的他人对新明珠品牌侵权、仿冒、造假的投诉，但他在组织维权的同时，一刻也没停止研究、开发属于新明珠的独家新产品，坚持凭借其"独门武器"——科技创新带来的硕果，让新明珠产品研发一直处于行业领先的地位，拓新和扩大新明珠品牌的影响力。

从扛起建陶民族产业大任出发，叶德林不惜花费巨大人力和资金，首家在业内成立了以环保和创新为主题的两家陶瓷研究所——北京新明珠绿色陶瓷研究所和新明珠创新研发中心，双管齐下，专业专攻，体现了叶德林在行业内自主创新与率先示范的行动和决心。

随后，叶德林又建立起经广东省经贸委认定的"广东省企业技术中心"——"新明珠企业技术中心"和由佛山市科技局认定的"佛山市节能环保陶瓷工程技术研究开发中心"。他还投入巨资，建起了"新明珠陶瓷新技术研发中心"大楼，配置了先进的科研设备，企业每年从销售收入总额中拿出3%以上的经费，作为研发投资，配备科研开发人员达80多人，其中高、中级职称人员占58%，中心专家13人，负责企业创新开发与超前研究工作，研发队伍实力雄厚，企业已获得了授权专利200多项，产品规格从23mm×23mm至1200mm×

1800mm 等不同花色品种 1000 多个，承担着数项国家级、省（市）级科技攻关项目，科技实力达到行业的先进水平，其设计能力、产品配套能力、性价比优势均为企业最具竞争力的优势之一。

与此同时，新明珠还携手清华大学等高等院校开展产、学、研一体化科技创新活动，聘请了一批国内著名的技术权威担任企业科研顾问，配备了一批具有较高资质的硅酸盐工程师、机械工程师、自控工程师等，组成了一支新明珠科技攻关团队，在陶瓷科技世界里探索、闯关，为中国建陶业的创新和发展，走出了一条具有民族特色的新路子。

正是凭借巨大的科技创新能力，为新明珠的快速成长插上了腾飞的翅膀，使新明珠能从众多的竞争对手中脱颖而出。

21 世纪初的新明珠，便裹挟集团规模效应和技术创新优势，走进了新明珠产品"五子登科"技术革命时代。

第一大巨子：微粉渗花砖

行业内都知道，"渗花"与"微粉"是两个具有划时代意义的技术关键词，几乎所有的抛光砖主流品种无不出自此两大基础工艺。微粉是原料在球磨机打磨成粉时最细的石粉，成坯后密度大，二次施釉后花纹肌理自然美观；渗花则比微粉相对粗糙，成坯密度较小，无需二次施釉，花色靠色浆渗透而成。新明珠创新研发中心人员，大胆地将两大不同的制作工艺，科学有机地结合起来，成功地解决了两大"独立门派"的矛盾，在微粉砖的基础上，融入印花、渗花釉技术，从而研制出色彩丰富、质感更好、坚硬度更高的微粉渗花砖。这可是一项高难度技术，关键技术是确定色彩搭配及渗透深度。色彩搭配讲究的是在微粉原有色彩、纹路的基础上配以适宜线条渗花等，这要求原有纹路与渗花釉线条和谐、自然。由于微粉砖颗粒较细，渗花釉不易渗透，需从工艺参数上精确把握。新明珠却从技术实力上，完成了这一创举，摘取了行业工艺上的一大硕果。

第二大巨子：聚晶微粉砖

这是在微粉的基础上，在烧制过程中融入晶体熔块或颗粒烧制而成的、一种超微粉的升级产品。在国内微粉砖出现几年后，技术和花色已难以再有创新，叶德林鼓励新明珠技术人员要勇闯禁区，不畏艰难，找到属于自己的独门武器。经过一番探索，他们攻克了多项专利技术，从而诞生了聚晶微粉砖系列这一市场新宠。聚晶微粉砖集梦幻、微粉的技术精华于一体，在生产中各部分机械构造精确度相当精密，自动化控制程度高，利用电脑自由程度布料程序，而且各种工艺参数和布料效果必须要极稳定，才能得到花纹效果的相对稳定，其生产难度比之一般的微粉产品要大好几倍，这也是别的厂家望而却步的。由于聚晶微粉产品坯体颗粒更细小，排列更紧密，防污性能更好，再加上融入熔块的作用，可使产品纹理产生层次感和通透感，更接近天然石，耐磨性能强，抗折强度高，视觉效果好，一投放市场就获得消费者的青睐。以至在 2006 年新明珠利用纳米涂层结合聚晶微粉技术制成的"洁亮"产品挑战"0 吸水率"这一再次"升级版"出现之前，聚晶微粉产品系列，一直得到追求自然家居者的热烈追捧。

第三大巨子：微晶复合板

这是新明珠研发人员将微晶玻璃复合在陶瓷玻化砖表面形成一层 3~5mm 的新型复合板材，经二次烧结而成的高科技产品。所谓微晶玻璃，应属于玻璃，但由于前头有"微晶"二字，即内部含有大量析晶，其热稳定性及强度远远强于玻璃，也优于普通石材。微晶复合板的关键技术在于解决"变形"与"针孔"。新明珠科技人员以锲而不舍和一丝不苟的科学态度，坚持攻坚战，最终还是"啃"下了这块"硬骨头"。于是，我们看到，这一以"复合"而立足的新品，博采玻化砖和微晶玻璃板材的优点，完全不吸污，方便清洁维护，无放射性，坚硬耐磨、不退色、不风化，抗折强度优于天然石，具有高柔润感的华丽装饰效果。其还有一大优点是，可用加热方法制成顾客所需的各种弧形板、曲面板，且工艺简单，成本低。这一产品的诞生，为现代建筑物提供了一种理想的装饰用材，一经问世，便迅速风靡中国以及东南亚、西欧等地。它可广泛用于宾馆、饭店、礼堂、高级写字楼，其装饰效果典雅、豪华、气派，深受消费者欢迎。

第四大巨子：滚筒印花大规格瓷片

新明珠引进意大利西斯特姆陶瓷机械公司生产的滚筒印花机等先进设备，以大手笔的实力投入，体现了规模化生产的威力。滚筒印花技术最早应用于塑料、布料生产，为 1785 年苏格兰人 T. 贝尔发明，而意大利人用于陶瓷生产上的时间也不算太长，但此项成熟的工艺为陶瓷的时尚化带来了春天。新明珠人敢于走现代发展之路，敢于为我所用，把这项技术要求高、操作难度大的滚筒印花生产作为打开市场的又一武器。这是足以代表企业生产技术水平和经济实力的做法，但是，由于其机械售价高，生产时变动成本大，且技术难度高，一般小厂是不敢涉足的。滚筒印花机的引入，使之产品能随机进行纹路印刷，能产生缤纷多变的效果，能逼真再现天然大理石的效果；利用激光技术雕刻胶滚图案，图案像素最高可达 166.666 像素/平方厘米；其定位精确，可连续印刷，砖坯破损率低，加上磨边工艺，真正可以做到无缝拼贴。图案以仿大理石纹路为主，最适合公众场所、大厅、电梯间、楼层过道等处装饰，能取代天然大理石，装饰效果大方、高雅、华贵。

第五大巨子："地球砖王"

2003 年 2 月，新明珠集团依靠自主力量，采用先进的设备和过硬的技术，攻克了一项超大瓷砖生产难关，成功地开发出了世界上最大规格的 1200mm × 1800mm 墙地砖——"地球砖王"！

在叶德林的积极重视下，新明珠研发人员勇于创新、勇于承担，决意要为行业大规格瓷砖开辟一条新路。从 2002 年底开始，专门成立了一支攻关小组，对口专攻"大规格"墙地砖的研发生产。功夫不负有心人，经过长时间的试验实践，新明珠的"地球砖王"横空出世，在世界建陶行业创下了最大规格瓷砖的纪录！

"地球砖王"采用意大利最现代的萨克米（SACMI）7200 吨压机、精密电脑控温宽体窑炉及 CMF 全程电脑自动供粉系统等先进设备。加上新明珠特有的技术力量，配上经过改造的巨型抛光设备，以成熟的、大批量生产的工艺和能力，揭开了一个超大规格墙地砖的序幕。此前，国内曾有两家厂分别生产过类似的大规格砖，但尚无法突破新明珠目前的超大规格。无疑，这是设备、技术、工艺等综合实力的体现，同时也是顺应建陶市场趋势，以满足不同消费者需求的一种积极行动。

这是一个了不起的突破和超越！

这也是一个卓著的贡献和荣耀！

它预示着，从现在起，世界建陶业可以大规模、自由地进入大砖生产领域！

新明珠"地球砖王"系列产品，仿石效果十分逼真，完全可以替代天然大理石铺贴，其超大规格使得铺贴接缝大大减少，更好地为大面积装修铺贴出最佳的装饰效果；同时，作为新兴的传统石材和玻璃幕墙的替代品，大型工程的外墙干挂装饰、台盆、台面板及异型材加工，"地球砖王"都能成为最好的选材。

"地球砖王"的问世，一时让新明珠声名远扬。素有木质装饰传统的日本人，竟然也被这一信息惊动，东京某著名建筑承包商不辞劳苦，带领专业人员深入佛山，对包括新明珠在内的多家陶瓷企业进行了实地考察和调研，当第二轮进入新明珠集团的多个生产厂和营销中心后，最终确信冠珠牌"地球砖王"是不二选择，毅然把脚步停在新明珠。日方以严谨和挑剔的态度，与新明珠进行了6轮谈判，在充分了解和信任的基础上，日方痛快地以 TT 结算方式（先款后货），签订了第一笔 500 万元人民币的超大规格抛光砖的订单，开创了中国建陶产品出口日本市场的规格之大、单次数量之巨的先河，同时也预示着新明珠这个连续多年的佛山建陶业出口状元，其超大规格产品在国际上又一次获得认可。新明珠"地球砖王"在东京、名古屋等多个城市大型娱乐场所亮相后，很快就引起《读卖新闻》等日本著名媒体的惊呼："'中国砖王'成为本国装饰风尚……"、"留意来自中国新明珠'砖王'对我国建筑装饰材料市场的冲击……"

第四篇
可持续发展之路

第十七章
开启中国建陶生产新纪元

企业不应当以利润为唯一追求目标，而应当敢于承担社会责任。对于新明珠来说，关注环境，建设资源节约型、环境友好型企业，实现可持续发展是我们的首要任务。

——叶德林

规模制胜，其实就是一种成功的方式。

叶德林在为新明珠找到盈利模式之后，便以"快鱼吃慢鱼"、"活鱼吃'休克鱼'"的扩张形式，开疆辟土，收购一个，成熟一个，用低成本扩大规模的发展战略，完成了一个"陶瓷大鳄"的塑造，从而也为下一步建立省内外八大生产基地布局，登上世界建陶企业产销量第一的地位，做好了各方面的准备。

叶德林曾用"说文解字"的方式解读过自己办企业的心得：企业必须要赚钱才能生存，这个"赚"字是由"贝"与"兼"组成的，"贝"是指钱，而"兼"是指兼并，就是要靠融资——兼并——再融资——再兼并，只赚钱，不进行兼并，不扩大规模，企业怎么做大？什么都靠自己创办，什么都靠自己积累，这种做法太呆板、太落后了。

说起来，叶德林的快速扩张战略，与国际上很多大企业家的做法有异曲同工之妙。世界传媒大王默多克，就是从一家地方报纸阿德莱德《新闻报》开始，从 1956 年收购墨尔本《新思潮》到 1989 年接管柯林斯出版公司，经过数百次收购之后，拥有了 300 多家子公司，建立起了横跨五大洲的传媒大帝国。默多克靠的是不断扩张的野心加上成功的收购模式，从而实现一个世界第一的梦想。叶德林前期通过收购陶瓷企业，尽快扩张自己实力的做法，与之确有很多相似之处，足见英雄所见略同。

"其实，借鉴、学习、吸取别人成长的经验，肯定比自己摸索的要快得多。创业有很多艰辛，但成功并不与'劳其筋骨，饿其体肤'、'起五更，睡半夜'有什么必然联系，只要找准自己的位置，使用好别人的经验，然后达到自己的目标就行了。"叶德林谈起前 10 年打造新明珠规模的做法时，强调了借鉴和学习别人成长经验的重要性。

叶德林是聪明的，把前人好的东西拿过来，结合自己的实际进行利用，总比边走边摸索要好得多。只是这经验不是具体到哪个人，哪个企业的。其实，借势用力，为我所用，也不是什么最新的"招术"，但就是他叶德林运用得比较好，这是他的本事。

如果说，时至今日，叶德林在扩大企业规模，快速把新明珠打造成国内建陶行业产销量第一的"航母"，前后只用了15年时间，那么，从1993~1998年第一个五年，其实还谈不上做"规模"，那时的明珠厂只是受政府"计划"操纵，仅仅在生存中成长，即便是受命于把另一家亏损陶瓷厂收罗到明珠系名下，并将其救活，也只能算是维持在打基础的初级阶段。加上在企业经营管理上种种因素的阻滞和干扰，叶德林的"发挥"是有限的，是受到诸多制约的。第二个五年即从1999年起，明珠厂挣脱了企业管理体制上的桎梏，还了一个"市场"下的叶德林，其与生俱来的"经营"爆发力和冲刺力得到了强劲的喷发。仅仅用了4年时间，叶德林就让这家陶瓷小企业迅速跻身到当地大型陶瓷企业的前列，成为"佛山陶瓷十强企业"之一。

无疑，这得益于叶德林借鉴别人的成功经验，同时结合本企业发展实际，从而选择了一条适合新明珠扩张的路子——并购"休克鱼"，以低成本、快节奏扩大规模的形式，在短时期内迅速把企业做大。这是新明珠进入第二个五年后，叶德林推动新明珠快速成长的新一轮行之有效的决策。

然而，当时间来到2003年，在进入企业发展的第三个五年时，叶德林审时度势，及时调整了策略，毅然放弃了原来并购"休克鱼"的路子，另辟蹊径，明智地选择了第二轮扩大企业规模的新做法。

这时，积聚了10年管理经验的新明珠，在叶德林广开大门诚招天下贤才的感召下，新加盟了李列林、陈先辉等高层管理人才。为发挥集体智慧，叶德林发起成立了由各大管理部门负责人组成的"新明珠集团决策委员会"，结束了过去只由自己一人说了算的尴尬局面，开始实行大公司化、规范化决策管理。

在制订和实施新明珠第三个"五年计划"时，叶德林与决策委员会在对国内外同行与市场状况进行过深入研究、反复论证之后，根据新明珠集团的经济实力和长远持续发展方向，及时调整了发展战略，决定不再以并购企业来壮大自己，新明珠已经具备了雄厚成熟的自我完善、自我拓展能力。前几年激活的"休克鱼"也显示出诸多欠缺：比如工厂场地狭窄，设备落后，生产条件限制，厂小且分散、无法形成规模化大生产，管理成本高等。而要解决这些弊端，就必须按新明珠宏大的远景规划，建立起自己完善的工业园区，以高起点、高技术、高效益、大规模的方式，兴建设备结构合理、生产工艺先进、技术装备现代、产品创新力强、能源消耗低、生态环境好的新型建陶工业基地。

于是，一个新的重大决策呼之欲出——跨地区兴建工业园，创办新明珠陶瓷生产大基地！

陶瓷企业有个最大的特点，就是产业链特别长。一般的家电企业生产场地只需一座厂房，几个装配车间，零部件由配件厂代加工则可；而陶瓷企业的产业链则从原材料采购、储存、加工，一直延伸到出成品再到进仓、物流等，是一个庞大、复杂的场区配套体系；还由于其追求规模效益，近年窑炉越做越长，从最初的 100 多米到 200 多米，再到 300 多米。因此，陶瓷产业的工厂占地一般都非常大，动辄上百上千亩，一个一二十亿元产值的陶瓷企业相当于上百个上亿元产值家电企业的用地面积。10 多年来，由于南庄镇内陶瓷企业遍地开花，该镇的厂房用地几近耗尽，再加上佛山市政府已对陶瓷这一传统意义上的"污染行业"出台了严格的控制和整改政策。所以，新明珠陶瓷要在南庄本土选址新建基地已无可能，走出南庄，跨地区发展便成为一种必然。

2003 年 8 月盛夏，新明珠人正在准备迎接企业 10 周年庆典的到来，叶德林却带着几位人员，开始在周边各县、市进行艰难的选址考察。

几番踏访，地处佛山市西北的三水区白坭镇，有感于叶德林的诚意和新明珠集团良好的社会形象，热情地伸出"橄榄枝"，诚邀新明珠前来开发这片工业"处女地"，共赢美好未来。

白坭镇领导说：叶总有句经典名言，叫做"只有污染的老板，没有污染的企业"，光凭这一句话，我们就放心地欢迎新明珠进来。

叶德林当然绝对不做"有污染的老板"，他一向严格遵照科学发展观，高度重视环保工作，在建厂建园之前，就提前落实"环保先行"的规则，在清洁生产、节能减排方面，都有了整套方案、计划和预算。他不仅要打好这一有准备之仗，而且要在这个行业中创出一大奇迹。

新明珠三水工业园区，占地面积 1860 亩，地块呈梯形，东北走向，从地图上看去恍似一艘正在航行的"航空母舰"。按规划，工业园内将建成六个大型陶瓷生产企业，计划每年一期工程共分三期完成，为迄今世界上最大的陶瓷生产基地之一。

12 月 28 日，三水工业园举行了隆重的奠基仪式。叶德林在仪式上向大家表白了创建新工业园的心声：

"我们工业园的建设，是顺应国家倡导的'做大、做强'民营企业的潮流，得到了佛山市市委和三水区各级政府的扶持，是充分评估了我们企业的经营管理优势以及与供应商、经销商的合作优势之后所做出的重大战略决策。作为新工业园建设，不能停留在原来的档次和水平，我们的目标是将其建设成行业中科技水平最高、规模最大的现代工业园，并遵循全面、协调、可持续的科学发展观，从厂房布局设计到先进设备的引入，再到生产工艺的控制都吸收了行业中最先进、科学的做法，同时借鉴了意大利和西班牙清洁生产、园林生态陶瓷工业经验，着重在'节能、清洁生产、绿色环保、循环经济'方面下工夫，用实际行动改变人们对陶瓷生产企业的不良印象……"

叶德林显然是把培养儿子的管理才能和发展新明珠事业结合了起来，让二者共同成长，他给 23 岁的叶永楷"压担子"，让其参与筹建三水工业园，协助简耀康和洪卫两位前辈一道工作。这是叶德林对待事业与人生的英明决策，也是促使这个家族企业日后得以更好地传承和壮大的明智之举。

2004 年 1 月 3 日，三水工业园破土动工。

一个月后，时任佛山市委书记黄云龙（现任广东省常务副省长）来到正在建设中的新明珠三水工业园视察工作，在听取叶德林汇报有关工作后，恳切地对叶德林嘱咐道："你们一定要按照循环经济的理念，走出一条传统产业升级的新型发展之路。"叶德林当即回答："我们有信心建设一个比意大利、西班牙更先进的、能与现代城市人居环境和谐共处的碧水蓝天、绿树成荫的生态陶瓷基地。"

6 月 19 日，仅仅过了 168 天，新明珠三水工业园第一期工程顺利建成，从意大利引进的 4 组瓷片生产线，一举试产成功。

7 月 1 日，叶德林特意选择中国共产党生日的这一天，以基地新仓库为会场，举行工业园试产动员大会。新明珠集团各部门负责人与工业园首批 1000 多名员工，见证了试产过程。

动员大会上，叶德林怀着激动的心情，对大家作了动员：

"今天召集大家来开个会，我除了要好好感谢大家外，就是想对工业园的管理提几点要求。我们管理的总目标是：把三水工业园办成一个'一流管理、一流质量、一流效益、一流形象'的现代企业。以'质量、成本、创新、服务、形象'十字方针为工作导向，打造出一个全新的三水新明珠企业品牌……"

叶德林以新明珠掌舵人的激情，吹响了新明珠陶瓷基地大生产的号角。

新明珠建陶基地首期的建成，是新明珠迈上全新发展历程的里程碑，标志着新明珠集团进入了一个高速发展的时期。新明珠建陶基地具有"一条线、一规格、一品种、一花色"的规模化生产优势，改写了新明珠集团的生产历史，将全方位满足市场需求，为新明珠企业注入强大的发展动力。

一时间，国内各大媒体纷纷争相报道：

"从基地破土动工，到首期4组瓷片生产线全部投产，仅用168天，新明珠人创造了'新明珠速度'！"

"国内首家实现的'一条线、一规格、一品种、一花色'的规模化瓷砖生产体系，在新明珠集团诞生。也就是说，一条生产线可以常年不用转产，每条生产线都有特定的作用，并发挥到最大化，规模化效应使企业成本最低化，从而提高了企业综合竞争力。"

"叶德林又完成了新明珠集团新一轮的扩张。该工业园的建成，将从根本上解决新明珠产品配套、产品供不应求的问题，并使新明珠集团拥有了大规模生产优势带来的生产成本低廉、管理经验集中、工艺技术及设备资源共享等利好条件，成为国内建陶行业一艘名副其实的'航空母舰'……"

社会上一致看好！

其实，在随后建成的新明珠三水工业园，又何止"看好"那么简单，就像后来凤凰卫视前来拍摄专题片时评价的："新明珠陶瓷基地的建设，让我们对陶瓷生产肃然起敬！"

笔者在新明珠三水工业园体验半年，亲历种种，见闻诸多，感触颇深，实乃为本人数十年来对"工厂"认识最为"震撼"所在。假若要全面记述这个工业园对中国乃至世界建陶行业的贡献，那就需要另写一部专著了。所以只在此略示一二，聊作点缀。

多少年来，中国建陶企业在公众形象中，总是与脏、乱、差、污染环境等字眼联系在一起，佛山一带的陶瓷生产，大多饱受此类恶名的歧视。尤其是近年来政府对环保工作的重视，致使不少陶瓷企业感到无所适从，朝不保夕，总在想方设法逃脱被扼杀的命运。叶德林感到责任重大，为此他向世界陶瓷生产先进国家寻找答案，曾先后六次率队前往意大利、西班牙等多个西方陶瓷大国考察。他发现，这些国家并没有限制陶瓷业发展，只是禁止那些达不到环保要求的陶瓷企业生产，大力倡导环保型清洁生产。其先决条件是：是否建设了现代化循环经济环境以及是否具备先进的生产设备和技术。

于是，构筑一个环保型陶瓷样板工业园区，将现代清洁生产与循环经济理念引入传统建陶行业的战略开始形成。在三水工业园的规划定位上，叶德林便以此作为蓝图的"根"，深深植入其中，并一竿到底，完善始终。

整个厂区按国际ISO14001环境质量体系要求，在设计理念上，从行业的被动减轻对环境的破坏变为主动改善和爱护环境，高起点定位，高技术建设。

工厂、办公、科研、生活片区功能各异，以园林绿化将建筑和道路美化"包裹"起来，营造多个主题公园和一道道、一圈圈的绿化带，仅是员工生活区的"绿陶苑"，就投入近千万元进行绿化、环保配套建设。一条古老而清澈的小河，把厂区和生活区分割开来，只见小桥流水人家，鸟语花香风清如画；四下恬静幽雅，听不到一点机器的嘈杂，找不到高耸的烟囱，更看不到一丝排放的黑烟、白烟……

参观这个工业园，假若步行，至少要大半天时间。泱泱厂区，在软、硬件配置及管理模式上，具有诸多先进招式：

首先，园区内实行资源共享。生产线布局设计科学优化，全部实行流水线式生产；设备选型现代合理，降低了机械维修的概率，延长了设备的使用寿命；园区每个分厂均各自生产专一的产品，以专业化大生产使资源利用最大化；各分厂共用原料储备场，各自配有技术开发中心，自主工艺研发试制又互相配合协调；自制熔块供应；增设介砖车间自主加工产品，特别是处理缺陷产品化废为宝，收到良好的经济效益。也就是说，该工业园从厂房、设备到人员、技术都达到共享、共赢，把利用率提高到极致，大大地降低了生产成本。这种科学化、规范化建设的工业园，开了行业先河。

其次，拥有业内两项独一无二的清洁生产技术：在园区统一规划的前提下，"以环保设施与主体工程同时设计、同时施工、同时投产使用"的原则，所有大型压机都安装一种负压抽空装置，将生产过程的粉尘集中回收处理。自主设计的喷雾干燥塔烟气处理系统装置，采用独特的地下烟道喷淋、多层沉降室的多烟道喷淋和多重水幕结构等装置，是一套具有资源综合利用、运行安全可靠，集除尘、脱硫和消烟于一体的系统装置，这为国内首创，填补了行业的空白，后来获得省级科技成果鉴定并得到推广；生产中的废气、粉尘，通过湿式喷淋系统溶入水中，环绕车间的水渠，经过环保车间处理循环使用，水清澈得可以养鱼，而且保持零排放。循环使用系统可使每条生产线日节约水100吨，20多条生产线一年下来就可节省2000万元。加上引入煤制气高新技术代替原来价格昂贵且污染严重的烧油系统，更是大大降低生产成本，为园区年节约费用起码在两三千万元以上。最重要的是煤制气过程不产生污水，其酚水可制造水煤浆，用于喷雾干燥塔，既环保又循环，而煤渣还可回收生产并可以用作环保砖原材料，连"废物"也不浪费一丝一毫。这雪洗了传统上认为陶瓷生产为污染、能耗大户的罪名，达到最佳综合经济效益。三水工业园陶瓷生产也因此成为节能降耗、善待环境的样板。

凡此种种，不一而足。

这是叶德林在中国陶瓷行业创立的一种国际上称颂的清洁生产与循环经济相结合的发展模式，这实质上也是一种善待地球的可持续发展新模式，它充分考虑了自然界的承载能力和净化能力，让所有的原料和能源在不断的循环中，得到合理的利用，从而把人类活动对自然环境的负面影响，控制在尽可能小的程度上，其特征是低开采、低投入、低排放、高利用。这正是中国陶瓷行业多年来苦苦寻找的一条光明、新生之路。

叶德林一手建立的新明珠三水工业园，为中国陶瓷文明生产打开了一扇大门，提供了一个成功的模本和仿效的经验，我们应该感谢叶德林。

有记者问叶德林：

"新明珠这种高定位、高要求生产，是否会给同行压力？而生产成本的增加，是否会削弱企业的利润？"

叶德林作了如此解释：

"这是陶瓷生产发展的一种必然趋势，我们作为国内较大的陶瓷企业，有责任、有义务去带这个头。有人觉得这会给同行带来压力，但清洁生产和循环经济是国际上采用的先进生产方式，对整个人类文明都有好处，相信三五年后大家都会跟上来，这也是我最想看到的。虽然办企业讲究经济效益，但我们不能只讲短期行为，不能'杀鸡取卵'。在工业园区建设上，我们加大了对废水、废气、粉尘处理和循环利用系统的投入，上这么一条先进生产线需要1000多万元，成本比一般陶瓷厂要高许多，不过新明珠拥有众多先进的生产线，形成庞大的规模效应，再加上配备一系列的科研技术支持节能降耗、循环利用，这样就可以降低成本。当然，我们开头的高投入，会加大企业经营风险，比如别的厂两年便赚钱，我们可能要三四年，但我们做企业首先要对社会负起责任，对人民负起责任，要做百年企业，要着眼于功在千秋，不要看一时一事；同时，我们是在探索一个民族产业的方向，寻找缩小与先进陶瓷大国的差距，我认为这样做很值得……"

叶德林这一创举，使新明珠三水工业园迅速声名远扬，成为佛山市委、市政府推出的一个接待上级参观考察的指定单位，每年社会各界前来"游园"欣赏、学习取经的单位、团体络绎不绝，为此，集团特地配备了专职人员和专门车辆，推介、接待。是啊，一个陶瓷工业园，成了一方工业文明示范的旅游热土，说来难以想象。须知，传统上的陶瓷厂，可是人们记忆中泥土扑面、烟尘飞扬的地方啊！

随后，广东省经贸委授予广东第四批40家清洁生产企业，新明珠三水建陶工业有限公司及三水惠万家陶瓷有限公司双双入选，新明珠成为本批认定的唯一一家陶瓷企业。在佛山市政府关、停大批不合格陶瓷企业之时，新明珠成了一个另类，成了一面行业旗帜，被列为扶优、扶强的典范企业。佛山市市长陈云贤带领三级政府领导一行参观后说："新明珠是一个很有开拓精神的企业，很多发展都得到了各级政府的认可，很多做法都得到了具体落实，我们在适应变化，你们也在适应变化。"中国建筑材料联合会会长张人为等行业领导考察后赞叹不已，认为"新明珠已成为陶瓷行业当之无愧的清洁生产标杆企业，叶总裁主动承担环保责任，是一个真正履行了社会责任的企业家"。多次组团到新明珠参观的广东省建材协会秘书长陈环，作了一个简单的点评："新明珠是行业里在清洁生产方面做得最好的企业之一，是因为它有几大创举：首先，新明珠三水工业园在清洁生产上规模之大为业内之最；其次，清洁生产流程设计之科学，各环节规划之细也堪称业内之最；最后，其清洁生产的设施、设备及技术也居业内领先地位。"

"新明珠三水陶瓷生产基地，从投产至今 4 年来，环保投诉为 0，这是给我们最好的肯定。"叶德林为此感到欣慰和自豪。

接下来，新明珠集团在环保方面的投入资金达到了亿元，生产基地环保建设和技改投入的 1.3 亿元，占园区投入的 10%，企业环保综合治理达到行业内领先水平。

新明珠三水工业园的建成表明：其在为我国陶瓷行业树立了一个全新的"清洁生产、循环经济"楷模的同时，也是把新明珠集团自身的发展推上了一个新台阶，是新明珠自办工业园、发挥规模优势战略的一次重大胜利。到 2007 年第三期工程完成后，三水工业园每年瓷砖产量达数千万平方米，也就是说，相当于再造了一个新明珠。

第十八章
居高声自远

对于新明珠企业来说，没有什么成功的秘诀。要说有，一是重视人才；二是紧跟市场；三是加强管理。

——叶德林

居高声自远，非是藉秋风。

与新明珠三水工业园规模生产战略同时进行的，是新明珠产品多品牌化战略的实施，这也是为承接三水工业园大生产而在产品营销策略上的一种配合。按叶德林浅显的说法就是："想办法把产品卖出去，同时还要卖个好价钱。"

按照新明珠经营模式，三水工业园的角色是集团的研发生产基地，主要承担生产产品的任务，说简单了就是一个执行生产的大厂，其不具备营销贸易公司的性质，出品的产品，全部由新明珠集团所属的两大营销中心——冠珠与萨米特陶瓷营销中心及下属各大品牌营销中心负责销售，这就把生产与销售分割开来，让人才、资源等得以集中优势，比翼双飞。这也是新明珠集团经营管理上有别于一般陶瓷企业的地方，直至今日，新明珠仍沿用此一模式，并且证明十分适合自己。

在三水工业园实现陶瓷大生产前夕，叶德林未雨绸缪，在营销方面作出了与之相适应的品牌跟进决策，计划在两年内，一是推出两大仿古瓷砖新品牌，扩大市场；二是试水卫浴市场，以两大老品牌——萨米特与冠珠品牌进入卫浴市场，通过建筑陶瓷品牌带动卫生陶瓷品牌建设，从而拓宽集团陶瓷产品生产领域，走一条陶瓷生产"专、大、新、全、强"的大型企业之路。

这无疑是高明之举，实际上也是水到渠成。

10年来，新明珠一直致力于耐磨砖、瓷片、小地砖及抛光砖的制造，荣膺"中国名牌产品"、国家免检产品等多项国内至高称号。近年来，国内市场对仿古砖的需求已慢慢升温，瓷质仿古砖拥有独特的亚光质感，出色的内在品质以及与众不同的装饰色彩，其所体现的休闲、文化以及个性化的生活品位，更符合越来越多的现代人的审美追求。在一些发达国家和地区，仿古砖市场份额占有量已经达到 90%以上，仿古砖成为市场的新宠，已成为一种必然的发展趋势。面对这一机遇，叶德林认为，新明珠在稳步发展抛光砖、瓷片这些主推产品的同时，必须紧跟市场形势，不断培育出能带动销售业绩增长的新产品，而推出瓷质仿古砖，也是企业产品差异化和配套化的需要。眼下，新明珠的主动出击，正逢其时！

叶德林要利用三水工业园大规模生产的优势，同时提供最先进的研究开发力量，在仿古砖生产上先人一步，迅速打开瓷砖领域这一新宠的市场，抢饮"头啖汤"。因此，在新明珠研发中心技术力量和可行性方案完备之后，2003年底，叶德林就组织专业人员，有条不紊地楔入仿古砖的研究开发。为此，请来由法国著名设计师菲力·奥瑞尔领衔的设计精英团队，全程负责产品的设计与研发；选择世界著名的釉料公司西班牙埃思玛格拉丝公司（Esmalglass）和亚洲最大的中国台湾釉料公司合力负责高品质的釉料制作；以意大利萨克米压机和窑炉以及意大利西斯特姆滚筒印花机作为现代生产线，日产能力达 6 万平方米，从而确保产品从设计、生产到花色品种，都走在世界家居装饰的最前沿。

2004 年金秋 10 月，在大多数陶瓷生产企业仍在抛光砖的销售困难中举步维艰时，叶德林却认为时机已经成熟，是新明珠推出第一个仿古砖品牌的时候了，于是，在邀请到一批热切追捧新明珠品牌的经销商之后，新明珠便大张旗鼓地把路易摩登仿古砖隆重推向市场。这也是新明珠品牌家族的第六个"孩子"。

路易摩登仿古砖将自己定位为：

新主流文化砖；瓷质古典砖之推动者、普及者。

路易摩登品牌理念为：

后现代主义的浪漫与简约。引领时尚，体现个性，体贴服务，保证品质。

路易摩登强调品牌的文化渗透：

以现代精英文化为载体，延伸到装饰空间的艺术化、时尚化和个性化。多元化应用产品切割、搭配、点缀等技术，从意识形态上，体现空间文化与时装文化的协调统一。

在产品风格上，路易摩登有两个特点：一是以简洁、自然、明快、前卫为特点的时尚类产品；二是以体现艺术风格、文化意蕴、装饰品位为特点的古典类产品。

叶德林十分重视产品的开发，他反复告诫设计人员，要以大胆的想象和创意，开发适销对路的产品，主张开发的产品分为形象产品和主流产品，形象产品是具有前瞻性的差异性的产品，凸显公司在行业内的地位；主流产品指广泛被消费者认可的，具有较大市场份额的产品。

很快，路易摩登产品应运而生，形象产品有：铁锈岩、木纹砖、火山岩等；主流产品有：沉积岩、太空岩、黄金石、千锋石等，规格从 600mm×1200mm、800mm×800mm 到 500mm×500mm 不等，还推出 330mm×330mm 的功能配套产品。围绕工程、零售、家装、超市等进行，使其更具方向性和针对性，占领广泛的销售空间。

因为仿古砖是 21 世纪建陶行业市场装饰的新品，所以叶德林重点强调这一产品的创新品牌营销渠道的重要性。在营销策略上，他一方面坚持国内专卖经销（含家装、超市连锁、分销、联营等形式）；另一方面加强出口并实施支持工程"三位一体"战略，强调总经销商不能依赖"传统的平面分销网"，而应在自营的基础上，发展装修公司网、工程网、建材超市网，提高市场占有率。

终端专卖网点是路易摩登与消费者沟通的平台，在很短时间内，他们便完成了覆盖省、地市级城市的以专卖店为主的营销网络，依靠良好的产品展示模式，对全国各地店面作了统一的布展设计，通过模拟间和展板等指引性强的销售引导，保证产品在生产、展示、推广上的协调一致，从而形成了经营体系上的良好循环。

叶德林亲自设计的路易摩登品牌营销中心大楼，就与新明珠集团大楼即冠珠、萨米特品牌展示大厅相对而立，位于华夏陶瓷博览城广场左侧，地理位置优越，其 5000 多平方米的展示大厅，划分为精品区、功能区等五大空间，其布展风格尽显现代欧洲精英文化的浪漫与高雅。

作为新明珠集团第一个以仿古砖为主打产品的品牌路易摩登，一亮相，就在中国建陶市场上得到了诸多的关注，人们从该产品名副其实的"摩登"（意为新式的，时髦的）中认定是洋品牌，但了解到它是佛山新明珠生产的新产品时，都感到十分惊讶，于是更加热烈追捧。媒体们惊呼："路易摩登，开启了中国仿古砖欧派风格的一个新流派……"

路易摩登，作为新明珠一个新锐品牌，开始闪耀在祖国的大江南北，搅动了国内仿古砖市场的一泓春水。

初尝仿古砖带来的甜头，叶德林信心更足，干劲更大了。

2005 年 2 月初，在新明珠新年开工会议上，叶德林刻意准备了一副新西装行头，神采奕奕地站在主席台上，满脸笑意地给有功人员发大奖，接着还每人一份发了新年"利市"，一下子把大家对新的一年的向往和激情，都激发了出来。

于是，叶德林乘兴而为，向全体追随者们，响亮地提出了新一年的战斗口号：

"紧跟市场，适度发展，努力做强，再创新高！"

把持续性发展作为企业发展的方向，决定在抛光砖、耐磨砖和仿古砖齐头并进的同时，侧重于性价比更高且市场刚刚打开的仿古砖领域，充分利用新明珠的综合实力与优势，乘势而上，加大仿古砖品牌的开发力度，抢在别的厂家尚未大规模行动之前，先拔头筹，把仿古砖市场做优做强。

紧接着，叶德林率领一支训练有素的新明珠团队，开始了第二个仿古砖品牌——冠珠仿古砖的筹划工作。

这时，冠珠陶瓷已声名大振，被世界品牌研究机构——世界品牌实验室列入"中国500最具价值品牌"排行榜之中，成为中国建筑卫生陶瓷业进入该榜的7个品牌之一，充分凸显出冠珠这一"中国名牌产品"在建陶领域具有的极大竞争优势和发展前景。叶德林执意要利用好这个新明珠的"老字号"，并让其在仿古砖市场上发力，一方面，可以使冠珠的产品链得以延伸，品种配套更为齐全；另一方面，作为新生力量的冠珠仿古砖，可充分凭借冠珠品牌的影响力及其网络优势，迅猛、有效地开辟市场，分割地盘。

2005年6月，经过几个月的产品市场定位和开发等一系列准备工作，冠珠仿古砖品牌正式亮相！

冠珠仿古砖带着新明珠家族的高贵气质，但绝非路易摩登仿古砖的简单重复，它有着自己鲜明的品牌个性——以设计理念与终端应用相结合，由过去的重产品向重设计转化，并和终端实际的应用、展示风格相结合；一改过去古朴厚重、浓墨重彩的仿古"色彩"，更趋向于天然、简约、仿石、仿木纹、仿皮纹、墙纸等，效果更逼真、自然。冠珠仿古砖以强烈的文化韵味作为产品的主张，有别于一般仿古砖只停留在以文化为概念的层面；引入意大利著名设计师的"七城创石记"精髓，结合欧洲雅典、罗马、巴黎、巴塞罗那、伦敦、维也纳、苏黎世等文化底蕴浓厚的城市气质，独创与之形神兼备的砂岩、锈岩、重金属、玄武岩、通体岩、自然秀、阡陌等各派系列产品；分别诉求和平宁静、辉煌永恒、繁华时尚、热情似火、尊贵温厚、优美宁静等文化内涵，其中砂岩系列临摹天然砂岩的粗糙质感，特有的凹凸表现效果，古朴与原始浑然天成；锈岩系列独有的风蚀岩表面效果，主体以磨砂、高度防滑效果为主；重金属系列突出重金属及锈斑，金属质感触手可及；通体岩系列则具有多种仿古纹路和质感，性能更优于石材。这些产品显示了新明珠仿古砖的自我和异质，也是冠珠仿古砖以科技做产品、以文化做品牌的体现。

冠珠仿古砖以豪华的阵容面世，却不孤芳自赏，而是诚邀寻常百姓同享，其规格齐全（从165mm×165mm、300mm×600mm到500mm×500mm、

800mm×800mm 等 7 种规格），风格多样，品种丰富，组合配套元素化、成品化；切割、开槽、腰线、衬线等提供标准化的成品；市场定位高起点、高品位，性价比优越，走中档价位路线，价位比同档品牌低 30%~50%，比国外品牌低 80%~90%，可以适应更广泛的消费群体，通过大份额渗透大市场。

冠珠仿古砖，吸取了已有一年市场鏖战经验的路易摩登的经验，又结合了自己多年积聚的品牌效应，大张旗鼓地开始宣战招商市场。在很短的时间内，就吸引了全国 200 多家经销商前来加盟。

当天，在冠珠仿古砖新产品发布暨招商会上，新明珠集团营销总经理彭新峰自豪地宣布：

"可以毫不夸张地说，我们的仿古砖产品具备最佳的生产优势和网络条件。经销商朋友在我们工业园参观过程中已看到了，我们共规划了 8 条仿古砖生产线，日产能力达到 12 万平方米，以这样惊人的规模，我们的仿古砖一定能在激烈的市场竞争中脱颖而出。更重要的是，我们拥有遍及国内外的优质销售网络和一大批最优秀的经销商，为新产品面市创造了得天独厚的推广环境。借助冠珠这个'中国名牌产品'的影响力，仿古砖产品将迅速走向终端市场，打造出仿古砖市场的新传奇。如上所述，新明珠集团高起点、高定位推出的冠珠仿古砖占尽了天时、地利、人和，可谓水到渠成，已到了最佳的市场时机。"

接着，彭新峰和大家交流了有关信息：

"前几天，我问过一位经销商朋友，对我们企业此时推出仿古砖有什么见解，这位经销商朋友告诉我说：'既然我选择了冠珠，就看好冠珠，那么冠珠做什么产品，我就卖什么产品；现在生产仿古砖是一件大好事，我更有责任和义务把仿古砖产品迅速推向市场。'短短的几句话，令我非常感动。其实有很多经销商朋友在市场操作上都做得非常出色，值得我们学习和借鉴，比如西安经销商做了近 3 公里路段的大型灯箱广告，气势磅礴；长春经销商建起了 2500 平方米的冠珠旗舰店，声势浩大；石家庄经销商公司化管理取得了上半年超 1000 万元的业绩等，虽然他们投入大，但是他们是真正在做品牌的方向上去操作市场的，实现了推广的目的，销售业绩就提升得快。正是有了广大经销商这种真诚的合作关系，才有了我们现在的双赢局面……"

在 200 多名经销商的争抢签约中，深圳百富达建材商行总经理薛东代表大家表达了心声："我们和冠珠结下了不解之缘。到新明珠一次，信心就大增一次，惊叹就多一次。新明珠发展之快，让我们经销商充满信心。我公司的销售平台由超市、自营和分销网络、家装以及工程市场构成，我希望前三项能完成厂里的合同任务，余下一项只要稍加努力就能很快提高销量，超额完成任务……之前我们的抛光砖新产品一上板，就供不应求，现在我们期待已久的仿古砖又推出来了，各位朋友，一定要保护好我们的价格体系，保护好这个能生金蛋的产品，把我们的冠珠打造成世界的明珠……"

新明珠仿古砖两大品牌，配合原有的多个抛光砖品牌横扫"江湖"，引来了国内同行一派艳羡的目光，更吸引了全球最大的建陶超市之一——百安居总部的注意。2005年8月21日，百安居派出墙地面部中国各区采购负责人一行18人，破例来到新明珠考察。通过实地考察三水工业园及各大品牌展销大厅，百安居方面感到印象十分好，大加赞许，并立即达成了将冠珠品牌指定为百安居A类供应商的协定。自此，标志着百安居与新明珠两大巨头的强强联合进入了一个新纪元，同时也揭开佛山建陶企业与世界建陶超级营运商携手"厂商一体化"的新局面。

随后，全国的仿古砖市场逐渐升温，不少陶瓷企业纷纷争上仿古砖生产线，分抢这杯"羹"，仿古砖一时成为业内的焦点话题，当年被业界称为"仿古砖年"。

此时，已运行了一年多的路易摩登，早在年初，就审时度势，做好了布局和调整。根据仿古砖产品品牌属性强、文化色彩浓郁、装饰特点突出的特点，本着以最好的展厅、最美的展示来提高品牌整体形象的原则，先是投入巨资，重塑路易摩登展厅大楼内外形象，赶在2005年秋季佛山（国际）陶瓷博览交易会到来之前，顺利完成了一次升级——一座三层15000平方米的营销中心大楼，外立面就用路易摩登仿古砖装饰一新，仿佛一座古代城堡，高贵典雅，气势磅礴；2000多平方米的展示大厅，以全新的"空间时装化概念"和独特的产品文化，将8个系列、数百种产品，通过一个个模拟展示间，多侧面地演绎了现代精英文化的浪漫与优雅，让人联想到法兰西缤纷时尚、温馨红酒和浓情咖啡的魅力，享受到路易摩登瓷质仿古砖带来的高贵气息与诗意栖居，让每个来者眼界大开，惊叹不已。

除了总部展厅，路易摩登形象展示整改工作也在全国经销网络中同步展开，所有经销商都统一部署，统一设计整改，经过半年时间的市场运作，取得了十分显著的效果，让全国消费者更加深刻地感受到路易摩登品牌形象的魅力，市场占有率大幅度上扬。彭新峰在路易摩登新展厅揭幕时表示："此次品牌形象的提升，是路易摩登在市场新形势下战略思维的体现。但品牌运作的整体提升最终不会是仅仅停留在形象的层面，其他诸如渠道策略、产品策略、服务机制方面的提升工作，也正在进行当中。目前路易摩登已凭新思维、新形象迈出了成功的第一步，市场形象和地位也得到了一定的确立。今后，新明珠集团将会加大投入，大力支持和配合路易摩登品牌工作，把集团的资源充分利用起来，精耕细作，将路易摩登做成集团公司最高档次的仿古砖品牌。"

由于有新明珠集团雄厚的资金、强大的研发技术、先进的生产设备和庞大的产能支持，路易摩登与冠珠两大品牌得以分头出击，各领风骚，很快就打下了自己的一片江山。在2006年初举办的被称为陶瓷行业"奥斯卡"奖的年度新锐奖中，路易摩登一举获得"年度新锐品牌"和"年度新锐展厅"两项大奖。5月6日，在中国陶瓷工业协会主办的第五届中国仿古砖高峰论坛暨颁奖典礼上，路易摩登获"仿古砖风云品牌奖"，成为全国获奖的6个知名品牌之一，其获奖词为：

"路易摩登借助强大的品牌、网络与规模优势，成为仿古砖领域的一匹'黑马'。尤其是2005年下半年以来，路易摩登更是以众多新颖、独特的策划、推广活动，频频成为行业内关注的焦点。摩登主义、精英生活，在仿古砖市场刮起了一阵又一阵旋风，为我国仿古砖行业的蓬勃发展起到了巨大的推动作用。因此，我们授予其风云品牌奖。"

很快，在业内，新明珠仿古砖成为一道亮丽的风景，其带来的市场效应和效益，也让叶德林越来越满意。在随后的时间内，叶德林一鼓作气，继续开拓市场，扩大市场份额，每年推出一个仿古砖品牌：

2007年4月，推出萨米特雅光砖；

2008年9月，推出金朝阳雅光砖。

到2008年底，在仿古砖领域，新明珠拥有了4个品牌。

第十九章
走"专、大、新、全、强"之路

以质量第一为目标，以产品创新为动力，以企业效益为中心，以民族品牌为使命。

——叶德林

叶德林独到的商业眼光，总能在新明珠的每一个战略布局中新招迭出，出奇制胜，让业内同行只能望其项背。

与 2004 年自建工业园扩张企业规模的战略同时进行的，是新明珠扩大和延伸其产品链的战略，这一系列战略使新明珠建陶产品的品种更为齐全。此时新明珠所生产的瓷砖，包括各类高档砖、内墙砖、仿古砖、耐磨砖、外墙砖等，涵盖了从 23mm × 23mm 至 1200mm × 1800mm 等不同规格的 1000 多个花色品种，已颇具生产规模和综合配套实力。因此，叶德林在实施开发仿古砖、新上两大品牌的战役之后，一个新的构想呼之欲出——进军卫浴市场，创建卫浴品牌。实现新明珠集团"专、大、新、全、强"的战略任务，叶德林在实施开发仿古砖、新上两大品牌之后，形成了一个新的构想——进军卫浴市场，创建卫浴品牌。

这一构想提出后，开始集团决策委员会成员的意见还不太统一，认为国内卫浴市场目前鱼龙混杂，高端品牌已被洋厂家所垄断，而在中档品牌中，已有多家中国厂家入市多时，低端品牌过多且利润空间狭小，我们这么迟才从众虎口中夺食，形势不容乐观，不如专攻瓷砖为上。

叶德林却有自己独到的看法，他和大家分析："随着城市化建设进程的加快，人民生活水平的提高，使用卫浴产品已成为提高生活质量的标志，卫浴市场的需求会越来越大。虽然眼下国内卫浴高端市场被科勒、TOTO 等几家外国品牌占据，但中档市场的国内品牌却在互相拼抢，因进入门槛高、技术含量高、市场运作难度大，很多没有实力的企业不敢轻易涉足，所以，卫浴产品市场的发展空间仍然很大，前景光明。我们企业在建陶行业运作了 10 多年，具备了进入卫浴市场的相应条件，我们完全有能力从中切一块属于自己的'蛋糕',这也是充分利用好新明珠的现有资源,做专、做大的战略要求。"经董事长这么一番解释,大家都有醍醐灌顶之悟。

这一次,叶德林却没去沿袭业内开厂做浴具的传统做法。他要另辟蹊径,走一条快速攻占卫浴市场的捷径——找一家成熟的卫浴厂,授权贴牌生产新明珠的产品,也就是国际上流行的 OEM(Original Equipment Manufacture),即贴牌生产。这些年来,他在培植新明珠陶瓷品牌家族、实施生产与营销分离的战略中,成效非常显著。所以他决定利用生产厂家的设备,加上自己的核心技术,贴上新明珠现有的著名牌子,树起一个牌子,不是通过生产产品而是通过销售产品,也可以说是"卖品牌"的经营方式,降低生产成本,以最快的速度占领市场,实现新明珠陶瓷产业结构的调整和扩张。他决定先选取一条捷径进入,假以时日,随着品牌的影响和营销网络的扩大,大举实行"一条龙"模式。

其实,在新明珠完成了第一阶段并购扩张后,叶德林就在增加产品品种方面做了调整的准备,他一直密切留意与建陶产品有着紧密关系的卫生洁具产品的走向,希望借助企业眼下的规模和技术优势,再度拓展陶瓷产品领域。他早就物色到一家生产基础较好的卫浴企业——佛山恒华洁具厂,他要"借鸡生蛋"。

2005 年 6 月,叶德林把建立新明珠萨米特卫浴品牌的立项任务,交给了一位新上任的集团副总经理,宣布新明珠正式进入了中国卫浴生产的新领域。

新组建的萨米特卫浴团队,传承新明珠人的"新明珠速度",从立项到完成仅仅用了两个月。其间完成了与合作方的洽谈签约、品牌规划、产品定位和出品、营销政策制定、业务员招聘、VI 确定、卫浴文化生活馆设计与装修、卫浴专利图册、网站建设、品牌上市宣传等项工作。其工作效率之高,让与之合作的恒华厂一时难以适应,直呼"难怪人家新明珠会赚钱!"

2005 年 8 月 10 日上午,萨米特卫浴文化生活馆揭幕暨萨米特卫浴隆重上市仪式举行。来自全国各地的经销商、行业领导以及新闻记者 400 多人参加了揭幕仪式。叶德林总裁作了题为《以"专、大、新、全、强"实力,打造一流卫浴品牌》的讲话。首次向众人表达了自己对新明珠走"专、大、新、全、强"发展之路的看法:"所说的'专',是指我们走陶瓷专业化道路,专心专意做好陶瓷,实现人员专业,设备专业,各分厂专业生产的高效生产格局;'大'是使每个产品有相当的规模,达到规模效应;'新'就是不断创新,用新的产品引领市场,抢占市场;'全'就是产品配套齐全,根据自身特色,一边大,一边全,有计划地增加项目;'强'就是一边大,一边强,与时俱进……"

叶德林告诉大家:萨米特卫浴定位在中高档市场,以"高品质、高性价比、高附加值"的品牌策略切入市场，并率先在同行业中引入卫浴文化理念，强力推出萨米特卫浴文化生活馆，首期展示了具有欧洲卫浴文化底蕴的 10 个系列产品，让广大消费者在购买产品的同时享受世界卫浴文化美的熏陶。叶德林诚邀各地经销商共谋发展战略，打造"萨米特卫浴"品牌形象，携手共创卫浴陶瓷新业绩。

南庄镇政府对新明珠此举很重视，党委委员陆顺莲作了《填补区域空白，带动产业发展》的讲话："南庄是中国乃至世界最重要的建陶生产和流通地，而卫浴生产却一直是南庄陶瓷产业的一大缺憾，起步晚，产量低，没有全国知名品牌，严重影响了南庄陶瓷业的协调发展。这次，新明珠集团准确把握市场趋势，以强大的企业实力和技术、品牌、配套、渠道等优势，强势进入卫浴业，不仅填补了南庄没有高档卫浴产品的空白，而且为带动南庄陶瓷产业墙地砖和卫浴的协调发展打下了坚实的基础。"

广东省陶瓷工业协会副会长陈环对此表示祝贺：萨米特卫浴的隆重上市，将为广东卫浴产业的发展注入新的活力，更为中国卫浴企业向高端市场迈进打下了基础。萨米特卫浴起点之高、技术之先进、配套之齐全、文化氛围之浓厚，将很快成就这个后来居上的强势品牌，为我们开启中国卫浴产业一个崭新的时代。

面对在场众多的经销商，记者询问云南创艺公司的马德强为什么一开始做建陶就选择萨米特，要他谈一下合作感受，马德强兴奋地说出了自己的心声："佛山是世界上最重要的建陶生产基地之一，而萨米特是首批国家免检产品、中国驰名商标，具有比较高的知名度和市场认可度。一开始，我还听做建陶的朋友介绍说：萨米特产品的价格定位适中，产品质量过硬、花色更新快，企业有实力，管理规范，对经销商服务也好。萨米特是新明珠集团的一个重要品牌，而新明珠又是世界上最大的现代化建陶企业之一。不说几个分厂，单说那2000 多亩工业园，该是业内绝无仅有的吧。此外，企业的规范管理更给我留下了在任何企业都没有过的深刻印象，生产现场井井有条，员工素质高，也很守公司制度。举个例子，在新明珠逗留时，每天中午 1 点多钟陪同我们的业务员都要跑去打上班卡，这样的管理真的很严谨。我也是做企业的，很理解和看好其中蕴涵的企业精神。我跟萨米特合作已经有三四个月了，还没有发生产品质量投诉的事情，顾客满意度很高。所以这次萨米特推出卫浴产品，我是看好的，第一时间赶来占个位子，我想我一样会把它做好。"

萨米特卫浴定位中高档，年设计生产能力达 100 万件。产品沿袭欧美卫浴文化的浪漫风格。除生产卫生洁具外，萨米特还开发智能型淋浴房、蒸汽房、智能马桶、自动冲洗器，以及与卫浴相配套的五金配件等高科技产品。另外，为增加卫浴产品的丰富多样性和功能性，还配套生产了玻璃卫浴产品，让消费者有更多的选择。

新建的萨米特卫浴文化生活馆，体现出现代卫浴产品的人性化和科技力量，是萨米特卫浴文化的缩影。开业推出的维纳斯、蒙娜丽莎、蓝色多瑙河、香舍丽榭、维也纳、波西米亚、蒙地卡罗、伊斯坦布尔、芬兰浴、威尼斯十大萨米特精品系列，衬之高贵典雅的品牌模特，用意象的手法精彩演绎，让人更感受到了萨米特卫浴文化的不同凡响。在文化长廊驻足，可以看到一幅幅欧洲卫浴文化的经典绘画，每一幅都有一段精彩的传奇，每一幅都代表一种文明进程，使每一位消费者都感受到萨米特卫浴文化的独特魅力。

文化的独特性，创造出产品的独特价值，萨米特卫洁品牌随之脱颖而出，比叶德林预先设想的局面还理想，这就激发他要把这一块"蛋糕"继续做大的"野心"。于是，建立萨米特卫浴品牌8个月后，新明珠集团又推出了第二个卫浴品牌——也就是新明珠第八大品牌——冠珠卫浴。

2006年4月16日上午，在第七届佛山（国际）陶博会开幕之际，新明珠冠珠卫浴"尚流生活馆"正式开业。

叶德林向嘉宾宣布：冠珠卫浴的推出，寄托着公司进一步开拓卫浴市场、塑造民族卫浴明星级品牌的殷切希望。冠珠卫浴秉承了"冠珠陶瓷——中国的，也是世界的"宽广胸怀，同时引入欧洲"尚流卫浴"设计理念，让国人与国际同步体验高品质的卫浴文化生活……

中国陶瓷工业协会理事长杨自鹏对冠珠卫浴的技术创新和"尚流卫浴之家"的品牌风格作了高度评价："冠珠卫浴尚流生活馆"的产品，质量的高标准性、外观款式的多样性、配套的完备性以及空间文化风格的独特性，对目前中国卫浴品牌的发展和提升都具有非常大的引领意义，希望国内更多的同行企业，像冠珠卫浴一样勇于创新，通过自有技术结合国外高端技术，通过自有设备引进国外先进的卫浴设备，通过自有设计人才积极引入欧洲先锋卫浴设计专家"三通过"策略，为提升中国建陶卫浴行业的整体水平作出贡献，为国人展现更多更好的卫浴品牌和产品。

"系出名门，关爱到家"的冠珠卫浴，从民族特色出发，生产老百姓消费得起、性价比高的大众化产品；萨米特卫浴则秉承欧洲卫浴风尚，产品以欧式的个性化精品为主。"卫浴如果没有文化底蕴，就等于没有内涵，差异化的关键就在于形成各自的文化。"新明珠卫浴总经理吴昌辉这样解释。

按叶德林对新明珠卫浴基地"先做强、后做大、以创新思路提升品质、加大产能"的发展部署，新明珠卫浴把美观时尚、节水环保的新型卫浴产品作为研发生产的重点，依靠新明珠陶瓷集团强大的技术优势，采用"智洁釉"、"管道施釉"、"节水冲排"等一系列最新技术，在短短 4 个多月的时间内，就攻克了国内同行 10 多年尚未突破的节水型洁具，把国内传统洁具日耗水量从 9 升以上降至 6 升以下，并实现了节水洁具的规模化生产，从而获得了"中国节水产品认证"。此后，新明珠卫浴依靠创新设计、大胆尝试，自主完成了第一条节水连体坐便器群式注浆线。该群注线具有产品档次高、设备占地少、工效高的优势，是国内很多老牌洁具生产厂尚未能使用的生产线，标志着新明珠卫浴厂的技术力量与管理水平已进入行业领先水平。这也与叶德林一贯主张的企业生产必须与环境保护和社会和谐相一致的理念相吻合，为业界赢得了好口碑。

随后，新明珠卫浴厂又从"人性化"、"智能化"产品创新理念出发，开发出新一代"智能马桶"，一时成了市场的宠儿。

在 2008 年北京奥运场馆建设用材竞标中，新明珠集团继精致石、内墙砖、抛光砖等产品中标国家体育馆（鸟巢）等九大场馆建设用砖招标之后，萨米特卫浴和冠珠卫浴双双中标摔跤馆、沙滩排球馆、自行车馆的公共卫浴洁具，成为建陶产品与卫浴洁具产品同时参与奥运场馆建设的唯一企业。

第二十章
出新无疆，大道无形

以质量为目标，以顾客满意为导向，以产品创新为动力，以企业效益为中心。

——叶德林

技术员出身的叶德林，对技术与创新有着比一般企业家更加敏感的天性，这也就决定了新明珠产品的立世，是以"技术与创新"为根本的，同时也决定了新明珠的高度必定是由技术与创新铸造的。

叶德林视创新为企业的生命，10多年来从不懈怠，始终孜孜以求，苦苦执著，这是让人最为敬重的。

2006年农历正月十三，新年的气氛仍浓浓地弥撒在新明珠总部。二楼大会堂，600多名管理干部，正满怀兴致地相聚在一起，听取董事长主持的新春开门会议。2006年定为新明珠"创新发展年"，叶德林作了题为《创新发展，持续增长》的讲话，再次提出坚持"以质量为目标，以顾客满意为导向，以产品创新为动力，以企业效益为中心"的经营理念，要求全体员工要坚持"质量、成本、创新、服务、形象"十字方针，讲话的五大部分，都围绕着"创新"二字展开。半年后，8月18日，随着盛夏热浪的到来，叶德林再度把"创新发展年"推向火热——在上半年工作总结大会上，又一次作了《为实现"创新发展，持续增长"继续努力》的重要报告，更是紧迫"创新"和"发展"主题，劲头一刻也没有减弱。同时，在会上，叶德林对上半年在"创新"方面做出显著成绩的单位和个人，给予大力表彰和重奖！

让我们随手翻开2006年这个"创新发展年"的"日历"看看。

阳春三月，新明珠大楼被周围的红杜鹃映衬得一派火红，而门前不时挂出的报喜红色横幅，更是红得惹人注目、令人激动：

萨米特"卢浮石"迎春上市！

惠万家"奇彩魅影"隆重上市！

冠珠"F766负离子瓷砖"新鲜上市！

路易摩登"铁锈石"最新上市！

格莱斯"枫丹白露"隆重上市！

……

新鲜上市的产品接踵而来，让人眼花缭乱，目不暇接。

这都是创新的产品，是新明珠人的智慧与科学的结合，是不断否定自己，大胆扬弃，大胆追求，大胆探索的结果。短短几个月，新明珠家族的每一个品牌，几乎都有多个新品接连诞生，而到年底，创新的成果已是数不胜数。

人们惊讶地发现，刚刚荣膺"中国陶瓷行业名牌"称号的萨米特陶瓷，推出的开春力作——卢浮宫系列，创意来自法国卢浮宫深邃的艺术底蕴，又突破了传统设计观念，大胆引入了现代流行元素；在品质结构方面，以立体微粉为基础，自行设计了工艺流程，改变了传统布料技术工艺，通过不同的预置模板与三色线条和过渡料相配合的模式进行二次布料，从而使卢浮石形成线、块、条三状完美统一，这得益于之前新明珠集团宝石洁纳米防污技术的成熟运用，正是这项全新的技术，彻底解决了抛光砖的吸污难题，实现了抛光砖产品开发上质的飞跃，使之开发出来的卢浮石像卢浮宫名画一样，具有超凡脱俗的美学价值，其纹理如丝如带，砖面光亮如镜，富有灵动飘逸又厚重晶莹的韵味，其各项理化指标均达到或超出了国家技术标准，实现了艺术性与实用性的完美统一，堪称抛光砖园中的一枝奇葩！

明珠石，这个冠珠陶瓷日后的当家品牌，运用了"珍珠"的生成原理——一粒海底普通的沙子，投入到一只活蚌的腹中，经由蚌自身的精华哺育，历经日出星沉、潮起潮落的磨砺，最终养育出一颗璀璨闪亮的明珠。冠珠产品的研发中心人员，从育蚌成珠中汲取创意灵感，采用纯天然精致原材料，以立体微粉的珍珠之始祖，运用不同的预置模板与三色线条，加上与过渡料相配合的模式，进行二次布料工艺，再采用纳米防污技术处理砖面，高精度保洁、防污、耐磨，同时又加强了产品内外结构的多变性，打破了平面束缚，使之和珍珠一样达到内涵与外观的至真至善，富有立体质感和光洁亮度，华美珍贵，丽质天成。与玻化砖比较，明珠石的优点十分突出：一是硬度高，经过大吨位压机和全自动超长窑炉炼制，使砖坯具备极强的硬度，用手敲击砖面，声音清脆悦耳，只听声音就知道是砖中极品；二是光泽度高，精选了魔术师布料，令砖体内多种不同颜色的粉料有机地融为一体，通透感更强，光泽度更高，而纳米防污尖端技术的处理，使其光泽度与防污度、耐磨度与洁净度达到极致；三是吸水率低，经检测表明，明珠石吸水率小于 0.1%，坯体完全玻化，比之纯玻化砖有过之而无不及；四是健康环保，精选高级材料，严格按科学工艺配置而成，使坯体不含放射性元素，不含铝、镉、汞等有害物质，为高品质、高安全的产品，体现了国内陶瓷行业技术工艺的最新成就。

作为新明珠瓷质仿古砖核心产品的路易摩登，凭借着颠覆仿古砖复作套路的技术，一揽中国陶瓷行业上一年三项大奖——"年度优秀品牌"、"年度优秀展厅"、"仿古砖风云奖"之后，坚持以创新立世的专注和执著，收获甚丰。其创造性发明的摩登"铁锈石"，在工艺、花色、品位上，一举打破了仿古砖市场沉寂的"死水"，让人们见识了科技的神奇和魅力，它以仿金属锈为主，结合其他新型材料，采用泼墨工艺，形成纹理奇幻莫测的效果，砖体表面散布着金属光粒，光泽灵动闪烁，整体风格古色古香，营造出一种前卫艺术的神秘和神圣气氛，表现出另类时尚的先锋主义色彩，特意为新时代都市酷族量身打造，所以又称之为"新时代都市酷族铁锈石"。

然而，铁锈石仿古砖的创新若仅限于此，那就仍然体现不出其在仿古砖市场上所占的分量，该产品出色的高度，还体现在它树立了仿古砖的"瓷质标准"，是对之前中国仿古砖"半瓷"或"炻"的一次彻底终结，开启了仿古砖"瓷质化"的新时代——中国建陶业20多年的发展史，实际上是一部模仿史，之前的仿古砖，是通过模具将砖的表面做得凹凸不平，色彩上模仿一些古色古香的器皿，吸水率大都在6%~8%，耐磨系数、防污防滑等均较差。路易摩登"铁锈石"系列，内外兼修，实现了突破性创新，采用先进的坯釉结合压制工艺，经1280℃以上高温煅烧，莫氏硬度高，釉层厚，抗压耐磨，吸水率低至0.5%以下，通体瓷质化，成为国内制陶行业中第一个能实现产品完全瓷质标准化的品牌。于是，"瓷质标准，摩登制造"成了仿古砖市场一句崭新的口号。

……

创新，其实已成为叶德林办企业的一种自觉精神、一种行动依托，创新也让他把新明珠带上了高速发展、大步超越对手的"快速通道"，让那些只依赖"跟风"的模仿者们望尘莫及。

不到一年时间，新明珠产品在技术和工艺上的不断创新，达到让人眼花缭乱、惊叹连连的程度。

冠珠：聚晶玉、冰晶钻、龙珠王、皮草砖、哥特洞石、炫彩印象、玻璃梦幻系列。

萨米特：阿尔卑斯、琉浆岩、木纹砖。

蒙地卡罗：卡西诺、白艇湾、加尼叶、雷尼尔。

格莱斯：枫丹白露、伊丽莎白、斯巴达、银河盛景。

金朝阳：魔幻精工、花花世界、神龙水墨石、水木清华。

路易摩登：金木岩、豪门玉彩。

惠万家：雪域神韵、银河视界。

康建：按摩砖系列、泳池砖系列、盲人砖系列、雅典系列。

……

产品涉及数十个，仅墙地砖产品就包括抛光砖、仿古砖、内墙砖、浮雕砖、梯级砖等，而一年开发的花色品种则达数百个……

新明珠开发的专利产品，要么被省级以上科研单位鉴定认可；要么获得了各级科研成果奖和行业创新产品奖。

凡此种种，不胜枚举。

出新无疆，大道无形。

再说新明珠人吧，他们也总爱用自己企业名字前头的那个"新"字来自勉：新，唯有创新，才是明珠永远闪亮的源泉。他们始终把"苟日新，日日新，又日新"，镌刻在事业的"前额"上，融化在人人的血液中，体现在团队的行动上。

这便是新明珠坚持创新、多品牌经营、独领行业风骚的奥秘！

从 2005 年起，广东省质量协会、广东省用户委员会按照广东省政府提出的实施名牌带动战略部署要求，评选出具有较高整体质量管理水平和创新能力的优秀企业。当年，新明珠凭借自己的过硬条件，一举揽获"广东省用户满意企业"和"广东省用户满意产品"殊荣，集团公司荣获用户满意服务、用户满意企业及用户满意产品"三满意"企业称号；集团公司旗下的冠珠陶瓷、萨米特陶瓷、格莱斯陶瓷、路易摩登陶瓷、惠万家陶瓷及金朝阳陶瓷六大品牌，分别获得"广东省用户满意产品"称号。此后连续 3 年，新明珠保持了每年获得 9 个以上的"用户满意产品"称号。2006 年，在广东省陶瓷艺术设计创新大赛中，新明珠的冠珠、萨米特、路易摩登、蒙地卡罗、惠万家、格莱斯六大品牌的 7 件作品分别获得金奖和银奖，成为夺得大赛单个团体获奖作品数量之冠，成了大赛中一道亮丽的风景。

由于注重创新，坚持原创设计，拒绝陋俗的模仿和跟风，以新明珠自主开发创造的原创产品投放市场，为消费者提供最优质、最出新的产品，同时也让更多的消费者认识并忠诚于新明珠品牌家族，因此，新明珠产品得以大行其道也就不足为奇了。

叶德林热衷于响应国家倡导自主创新的号召，不仅在集团内部力主创新，而且将精力和财力投向全行业，在业内掀起一场全国性设计师创意设计"旋风"。2006 年 12 月 3 日，举办了"新明珠陶瓷杯"全国设计师创意设计大奖赛，大赛奖金总额近 500 万元，以影响全国、推动行业发展、促进创新、快出成果为宗旨，通过以大赛为切入点，与众多设计精英进行紧密接触，让设计师更加深入认识和了解新明珠集团推出的领先业界的众多新产品，共同搭建起沟通、合作的平台，同时以此提高我国建筑与室内设计的水平，推动创意设计相关产业的发展，从而进一步树立我国陶瓷行业在国际大舞台上的地位。可见，叶德林为中国陶业建设用心良苦。

这次设计大赛，成了业内规模最大、奖额最高的一次设计界比赛，历时一年。先后在清华大学、上海同济大学、黑龙江大学、广州美术学院等 10 多所高校及全国多个城市举行现场推广，组委会接到全国 50 多个城市参赛稿件 4495 份，收到了很好的效果。由一个企业主办的全国性创意设计大奖赛活动本身，更是引起了全国传媒和社会各界强烈的关注，扩大新明珠企业的影响力和推广力。

由于叶德林执著创新，新明珠产品的品质一直是行业内的"风向标"。因此，在每次全国性重大工程招标或建陶产品国家采购竞争中，新明珠品牌家族总能一举胜出，比如人民大会堂、首都新机场、北京奥运场馆、广州亚运工程、上海世博会等代表一个国家重点形象标志性工程，都笃定地镶上这颗熠熠生辉的"新明珠"。

第二十一章
高瞻远瞩，主动转移

我们新工业园的建成就是要实现规模化生产，实现一厂一品种、一线一规格、一线一花色的产品格局，充分发挥规模经济在成本方面的优势。

——叶德林

2006 年 9 月 28 日上午，新明珠集团召开新闻发布会，正式向《广州日报》、《佛山日报》、《陶城报》、搜狐网等 20 多家媒体记者发表通告：占地 1500 亩，斥资 10 亿元人民币的新明珠高要市禄步镇生产基地投资项目已正式签约。基地筹建工作正式全面展开，采取分期投入、滚动发展的经营模式。据估算，新生产基地的产值和产能将占新明珠未来总产值和总产能的 1/3 强。

《陶城报》记者叶晓梅以吃惊的语气作了报道："经广东新明珠集团领导确认，一段时间以来有关公司欲斥资 10 亿元在高要筹建全新生产基地的传言得到证实……"，"业界评价，新明珠集团经过长达 14 年的发展与积累，目前公司的整体规模实力及其旗下品牌影响力已成为业界翘楚，尤其是近两年来在陶瓷行业生存条件日趋恶劣的环境中，新明珠集团仍保持了高速增长的态势，这很大程度上要归功于集团的低成本优势。一旦高要新生产基地正式投产，新明珠集团的整体竞争力势必又上一个新台阶，而一直留守佛山的新明珠此番首次将生产基地设在佛山以外，其产业转移战略也值得关注。"

同日下午，在肇庆市"高要建市 13 周年对外经贸洽谈会"上，被授予"高要市荣誉市民"荣誉的叶德林，身披绶带，胸戴红花，带着满脸的喜悦，与高要市禄步镇经济发展总公司负责人，正式签订了投资合约，这项投资被称为该市建市 13 年来最大的一项外资投资工程。

叶德林挥师粤西的行动，有如牵一发而动全身，一时引起业界广泛的关注。陶界知名报刊《陶城报》社长刘小明亲笔撰文《看大企业引领佛山陶瓷新一轮转移》：

"本报今日头版头条报道，广东新明珠集团将斥资 10 亿元在肇庆高要市兴建占地 1500 亩的新生产基地。据估算，新生产基地将占新明珠未来产值、产能的 1/3 强。8 月 21 日新中源陶瓷在湖南衡阳投资 6 亿元，收购界牌陶瓷总厂和建兴陶瓷厂，人们有理由相信，佛山陶瓷产业转移的力度和规模正在进一步加大。但随着佛山陶瓷的大举转移，佛山陶瓷传统产区石湾和南庄未来的地位问题，也再次引起了人们的关注。"

"佛山陶瓷产业新一轮大规模的转移，有以下三个特点：一是这次转移是在能源、原材料价格持续几年上涨，传统产区石湾、南庄成本优势进一步减弱，并引发行业大洗牌的背景下进行的；二是这次转移是在地方政府进一步明晰产业升级思路，同时提高环保门槛，正面引导企业转移的政策环境下进行的；三是这次转移主要由实力强劲，发展平稳，异地办厂经验丰富的行业巨头发起，可持续性强，影响深远。"

"佛山陶瓷产业新一轮转移的三大特点，实际上也提示了新一轮转移的必然性。而面对新一轮的更大规模的产业转移，重估未来佛山石湾、南庄两个传统产区的历史地位，分析其发展趋势也很有必要。"

文章呼吁：在陶瓷产业大规模转移之后，为了巩固佛山陶瓷传统产区在行业中的地位，佛山市政府应将既有的适合发展总部经济、营销中心及物流中心的优势发扬光大！

叶德林对新明珠的后发事业充满信心，同时对自己的后继人才更是充满信心。显然，他满意儿子叶永楷两年来在开发三水工业园的表现，在带领集团高管对高要市禄步镇考察选址时，叶德林就打趣儿子："永楷，如果我们日后在这儿开厂，还是由你来当队长，怎么样？"

叶永楷却一脸的认真："好啊，阿爸信得过，我就再试试！"

儿子也了解父亲，他知道父亲已看上了这儿，尽管眼下是在试探他，但他得给父亲一个信心，他也乐意不断接受事业上的挑战。

这一次，在选派统领禄步工业园建设的主将时，叶德林毫不犹豫地又一次指定了叶永楷。这时，叶永楷已从三水工业园生产副总经理的位置抽身出来，担任了一年多的新明珠陶瓷集团旗下最大子公司萨米特集团的总经理职务。为了便于管理，随后禄步工业园被划入萨米特集团，由叶永楷兼任禄步工业园总经理。

这次让儿子充当"开荒牛"的角色，就像最初儿子进公司时，叶德林下狠心把儿子"赶"到最底层去当拾砖工一样，是为了刻意让他不断接受更大的磨炼和挑战，让他吃大苦、受大累，这也成了叶德林培育人才的一大特色。所以后来很多文章在评价叶德林时，都喜欢用上这样的字眼：叶德林事业上的成功，不仅仅是创造了代表行业的一个时代，而是培养、扶持出了一大批人才，尤其是培养出了像叶永楷这样的优秀人才。

此时，26 岁的叶永楷不但已有了 7 年的企业实践经验，而且又有了之前开发三水工业园的实践经验积累，对禄步工业园的开发该是驾轻就熟了，然而，受命后的叶永楷却不敢有半点懈怠，认真负起职责，不辱使命，又一次接续了新明珠建设速度，用令人信服的优异成绩，再次实现了父亲的厚望——

12 月 1 日下午 3 点，叶永楷随同父亲一起，带领集团各部中层管理人员 50 多人，开赴前线，打响了禄步工业园建设第一枪——举行萨米特陶瓷基地禄步工业园奠基仪式。

禄步工业园，借鉴了三水工业园这个国内最先进、最现代的陶瓷产业园区的建设经验，又对其有所改良和提升，使之更胜一筹。基地建设采用了行业科技含量最高的生产设备和生产技术，走高技术、低能耗、高产出的生产路线，以先进的环保节能设计理念，打造资源节约型、环境友好型、循环经济型企业。其拥有强大的产品研发能力和生产配套能力，实现"一条线、一品种、一规格、一花色"的专业化、规模化的生产，大幅提升了新明珠企业的整体产能和规模效益，使新明珠的整体实力再上一个新台阶。

经过 9 个多月的苦战，禄步工业园揭开了崭新的一页。

2007 年 9 月 28 日上午，新明珠企业禄步工业园首期建成并正式点火温窑。叶德林与叶永楷，领着禄步镇党政领导班子成员以及新明珠集团数十位中高层领导，共同参与了点火仪式。当日下午，新明珠企业被邀请参加高要市建市 14 周年大型对外经贸洽谈会。鉴于叶永楷创建新明珠禄步工业园，为当地经济建设作出了巨大贡献，高要市政府授予其"高要市荣誉市民"荣誉，这与父亲叶德林上一年获此荣誉正好时隔一年。父子同为该市荣誉市民的，仅叶氏父子一例。

经过紧张的设备调试之后，10 月 28 日上午 10 时许，禄步工业园一厂顺利出砖，投产成功。

叶德林与叶永楷以及禄步工业园渗花生产部总经理简果康、微粉生产部总经理简润桐等和工业园主要管理人员一道，分享了这一胜利时刻。由各兄弟分厂代禄步工业园招聘和培训的第一批员工，已陆续到岗。大家士气高涨，满怀斗志，投身到各自工作中。四个分厂建成后，禄步工业园将可提供 4000 多个就业机会。

本来，这种时刻，在叶德林从事陶瓷职业生涯中，已不知经历过多少次了，但眼下，他心里仍然涌动着一股激流，让他一时不能自已。于是，叶德林走近一位 30 岁出头的员工，重重地拍了拍小伙子的肩头，用按捺不住的喜悦大声问好："小朱，感谢你和大家，辛苦啦！"

被叫做小朱的员工叫朱俊建，从事陶瓷行业已 10 年，现为渗花成型车间主要负责人，经叶董事长这么亲切的一声问候，显然很激动，连忙回答："不辛苦，今天最高兴啦，我们是第一批摸到出炉新砖的！"朱俊建一边回答，一边惊讶，心里直犯嘀咕：董事长怎么会记得住我呢？他来禄步工业园才一个多月，之前曾在佛山某陶瓷厂工作，却一直很向往新明珠集团，对叶董事长的大名早已如雷贯耳，盼望有朝一日能进入新明珠工作。所以这次得知新明珠禄步工业园即将投产招聘工人，他连忙赶来应聘。由于他已在行业中积累了丰富经验，在车间主任竞选中顺利胜出。只是在一次培训时，叶董事长来听听大家的意见，主管向董事长逐个介绍大家，朱俊建是其中的一个车间主任。没想到只是一次见面，也没深入交谈，董事长就记住了他，并叫得出他的姓来，这就不难理解朱俊建的惊奇了。其实，这便是叶德林的过人之处，他心里装着他的每一个同事（叶德林喜欢称员工为"同事"）。在新明珠，大家都知道，董事长能随便叫出每个与他有过接触的员工的姓名。

叶德林来到成品车间，见到一位正在熟练地拾拣瓷砖的分级女工，便笑着用普通话问道："你不是新手吧？家乡是哪里的?"

女工连忙回答："是新手呢，8 月份才来的，今天正式上岗，只是培训了一个多月了。"

叶德林显得很高兴："很不错，我一看还以为是老同事呢。"

女工可能见董事长这么平易近人，也放松了许多，改用广东话说道："大家都说董事长人好，今天我眼见为实，多谢新明珠给了我这份工作。"女工在说话时，仍没有放下手上的活儿，瓷砖在她手上自如地飞舞着，一切有条不紊，训练有素。

这位女工叫叶亚仙，今年 28 岁，家就在附近的村子里。她说：这里离家近，又是镇上最大的一个厂，工资也比别处高，我不用在厂里吃、住，照顾孩子又方便，是最好不过了。刚开始投产还不怎么辛苦，以后我就不知道了。如果没有意外的话，我会在这里一直干下去。

叶德林今天的兴致特别好，他似乎意犹未尽，仍然带着司机小覃，逐个车间"转悠"——察看。这天天气特别炎热，汗水已把衬衫打湿了，他也不肯到一边的空调间歇歇。

来到品控组，叶德林轻轻地敲了敲门，然后把皮鞋脱了，放在一边，穿着袜子走了进去。

这儿是实验室，特别讲究空间的清洁。他看见一位年轻的化验员正在聚精会神工作，便没有打扰她，先找了个位子坐了下来。待到对方发觉有领导来了，才放下手上的活儿，小覃这才告知，是董事长来检查工作了。只是这个名叫杨云婷的23岁化验员，却不像别的工厂员工那样显得惊慌或尴尬，表现得大方得体，笑盈盈地表示欢迎，显然是新明珠员工特有的素质。董事长接过杨云婷送来的水，呷了一口，风趣地说："不是检查工作，是想喝口水，偷偷懒！"

其实，这是董事长在一个月内第二次到实验室看望大家了，他这么忙，还这么记挂一个实验室的工作，这让在场的员工都十分感动。随后，杨云婷在《新明珠》报上发表了自己的感想，题目是《新明珠是我人生的新起点》：

"2007年4月，我们从江西景德镇陶瓷学院到新明珠三水工业园学习，200多个日夜飞梭，我们对新明珠的认识已经不仅仅局限于她宏大的规模及行业中的威名，这里不仅有一流的设备及完善的管理体系，更有最优秀的管理者和最上进的员工，这促使我们更加热切地希望能尽快投入到工作中去，同大家一起奋斗，为新明珠的发展尽自己的绵薄之力。10月初，我们带着十足的热情与干劲，正式到禄步工业园上岗。虽然工业园正处于建设发展初期，但我们坚信，只要我们团结一致，上下齐心，努力工作，做到最好，工业园就一定可以辉煌发展。刚刚步入社会就得以进入新明珠是我的幸运，这里是我人生的新起点。俗话说：好的开端等于成功的一半。如今，我们企业占尽了天时、地利与人和，新的成就指日可待。我们会同禄步工业园共同前进，走向成功。"

禄步工业园，拥有了国内甚至国际上一流的厂房和设备，但更重要的是，他们在还没熔炼出瓷砖之前，就先熔炼出了一批专业、敬业、爱岗、上进的现代工人。这是叶德林所期望的，而眼下他看到的，甚至比他期望的还要好。

这可能就是新明珠的神奇之处，这也是新明珠的威力所在！

5天后，也就是2007年11月4日上午，禄步工业园门前爆竹声声，锣鼓齐鸣。一队长长的提货车队，载着工业园正式投产以来的第一批抛光砖，迎着朝阳，高高兴兴地驶出大门。金朝阳陶瓷华东区黄山经销商业务经理坐在副驾驶座上，向大家频频招手致意，他满怀诚意地带着现金、带着队伍，成为第一个排队提货的经销商，他显得比谁都骄傲和兴奋！

2007年，对新明珠及其主人叶德林来说，是喜事连连、充满欢乐的一年，进入金秋10月后，新明珠更是三喜临门——禄步工业园投产成功典礼、江西高安建陶工业园奠基典礼、新明珠集团成立15周年庆典。新明珠人这段日子一直沉浸在一派欢乐、兴奋、热烈且紧张的气氛之中，以至将举行禄步工业园投产庆典仪式一再推迟。11月30日，叶德林率领500多人的"广东团"，前往江西，举行新中国成立以来陶瓷界最盛大的奠基仪式——新明珠江西（高安）陶瓷工业园奠基。该仪式一时被称为"震动国内外"的仪式。在庆功午宴上，叶德林董事长过来与笔者祝酒，悄悄地告诉笔者："一个星期后，欢迎你再到高要市禄步镇欢聚！"果然，到12月10日，禄步工业园再一次吸引了世人的目光，工业园投产庆典在此隆重举行。广东省和全国陶瓷、建材行业的领导以及肇庆、高要市各级领导班子成员，还有新明珠集团员工和周边的村民代表数千人，欢聚庆祝，共同见证新明珠集团的又一辉煌。中国建筑材料联合会副会长陈国庆，代表各协会致辞："……我为建材行业有着像新明珠这样的企业，感到由衷的欣慰和自豪，新明珠集团坚持科学发展，节能降耗，实现了清洁生产，环境保护，促进了经济和社会的和谐发展，集团做强做大的战略和取得的成功经验，为行业的健康发展积攒了宝贵的财富，是行业的一面旗帜，值得借鉴和学习。作为行业协会，我们继续秉承为行业、企业服务的宗旨，全心全意地支持、关心新明珠集团的发展！"

那一晚庆功晚宴，设在高要市迎宾馆。席间，在欢乐祥和的气氛中，叶德林和太太李要、儿子叶永楷频频接受此起彼落的祝福。有感于眼下新明珠获得社会尊重与爱戴，有感于自己多年的努力终于得到回报，叶德林显然无法按捺自己激动的心情，他开怀畅饮，于是，他醉了，醉得一脸幸福。

禄步工业园用了短短9个月的时间，就完成了第一期工程建设，四组生产线全部建成投产，成为继三水工业园之后，新明珠第二个1000亩以上的大型陶瓷生产基地，又一次实现了"一条线、一品种、一规格、一花色"专业化的生产格局，再次刷新了国内陶瓷企业规模化大生产的纪录，为新明珠集团的超常规发展再立奇功！

第二十二章
布局全国，决胜千里（一）

我们陶瓷企业只有以居安思危和积极务实的态度，严格抓好技术革新，节能降耗，清洁生产，并在产品创新、成本控制、市场拓展方面更上层楼，才能实现企业的可持续发展。

——叶德林

2004年，新明珠三水工业园第一期建成投产。

2007年，新明珠禄步工业园第一期建成投产。

叶德林用三年的时间，完成了两个1000亩以上工业园的创建和利用，其产能迅速提高所取得的大规模生产优势，令业界一时刮目相看。

这是在新明珠走过10个春秋之后，叶德林按照"专、大、全、新、强"发展战略，实施第三个五年计划中的第一步棋——扎根佛山，拓展广东，布局全国。

说是新明珠按计划扩张也好；说是叶德林事业上不安分，吃着碗里的，盯着盘里的，想着田里的也好，在禄步工业园建设如火如荼的同时，叶德林就开始着手紧锣密鼓地运筹"布局全国"的战役了。

从2006年下半年开始，随着新一届佛山市委、市政府的成立，整个佛山地区的产业政策发生了新的变化。"佛山新政"中的重要一点，是特别强调环境的治理。市主要领导多次强调，"宁愿少几百亿元的产值，也要还城市一片蓝天"。而被冠以高污染恶名的陶瓷业，首先受到了较大冲击，出现了"100多家陶瓷厂水煤气项目被叫停"的新闻，禅城区政府决定不再新批建陶瓷厂，对区内现有陶瓷厂勒令整改，关、停一批不合格企业，并勒令一些高污染企业限时搬迁，刀光闪闪，不留情面。这样，产业转移或产业分流，一时成了佛山陶瓷业的热门话题。新明珠三年前已开始向三水工业园和禄步工业园转移生产的战略，还有以"清洁生产"创新陶瓷企业形象的做法，显然是先人一步，棋高一着，其行动也是主动和积极的。而眼下，一方面为了配合"佛山新政"的实行；另一方面也是出于企业自身的需要，叶德林和集团决策委员会成员一致认定，实施"布局全国"的战略正是时候！

近年来，随着新明珠在行业及社会上影响力的扩大，新明珠陶瓷集团已成为全国各地建材产区政府的重点关注和招商对象。2006 年初以来，叶德林接待了前来考察招商的来自全国各地的多个政府参观团 10 多批次，仅是 7 月下旬就有湖北荆州、当阳、宜都，江西瑞昌、高安、南昌，湖南岳阳等地的市委或市政府主要领导及有关职能部门领导接踵而至，前来新明珠进行实地考察与沟通洽谈。每一批来宾在三水工业园和各品牌展厅参观后，都对新明珠这个世界级陶业"航母"赞不绝口，因而纷纷伸出"橄榄枝"盛情相邀。叶德林对各地来宾总是热情接待，以期加深了解和交流，也期待能达成下一步的合作计划。

经过权衡，叶德林选取了有传统陶瓷产业大省之称的江西，作为重点考察对象。

应江西宜春、高安、瑞昌等市政府的盛情邀请，2007 年 8 月 10 日，叶德林带领新明珠集团决策委员会成员一行，第一站进入宜春市高安。

宜春市和高安市各级四套班子，以极其隆重的仪式欢迎叶德林一行的到来，体现了这个"赣中明珠"对携手合作振兴经济建设的迫切渴望。在考察团进入高安全面考察时，当地市、乡两级相关领导班子成员，竟然在凌晨 4 时就赶赴现场，提前做好踏勘服务准备工作。

考察团在进入高安八景镇、新街与独城三镇交界处路口时，便赫然看见一座高大的牌楼，上书："江西省建筑陶瓷产业基地。"接待他们一行的高安市政府领导告知：这是江西"十一五"规划的重点产业基地，是经省政府授牌的全省唯一一个建筑陶瓷产业基地，占地 20 平方公里，自 2006 年 3 月 1 日启动以来，各项基础设施超常推进，已引进了一批陶瓷企业，正成为广东建陶企业战略转移的理想之地。这儿位于赣粤高速公路和沪昆高速公路交会处和浙赣铁路 5 个货运站的中心点，紧邻南昌、樟树两个水运码头，交通运输十分便捷，电力水源供应充足，土地供应充裕，产业基础扎实，建筑陶瓷工业历史已有 30 多年，釉面砖产量一度达到全国的 1/8，被称为"釉面砖王国"。最诱人的是已探明区内拥有预测储量 10 亿立方米的生产墙地砖的全部矿种和抛光砖的绝大部分矿种，可容纳 40 条生产线生产 100 年以上。现在，基地发展形势良好，每月都有不少来自全国陶瓷产区的企业前来考察。高安市出台了一系列招商引资优惠政策，热诚欢迎各路陶企英雄选择高安、发展高安。

叶德林等一行驱车穿行陶瓷基地时，看见一些早期驻扎的陶瓷厂正忙着生产，不时有长货车满载着产品穿行，很多山头爬着一辆辆推土机在平整土地，也有些厂房正在忙碌兴建，已呈现出一个基地的雏形。高安市八景镇政府领导引领大家来到一座山丘下，指着眼前一大片丘陵对叶德林说："这儿是我们镇即将要开发的工业用地，有近 4000 亩，如叶董事长感兴趣，我们优先供给你！"

开门见山，直奔主题，主人把"盛宴"向客人和盘托出，足见八景镇政府筑巢引凤的情真意切。

叶德林频频点头，只见眼下一片开阔平缓的山头，紧靠贯穿基地的一条主干道，这里作为连片开发的园区，是最好不过了，他心里油然对这片土地有了眷恋之情：若各方面条件成熟，真要选址的话，这儿该是重点考虑的。

翌日下午，在高安市政府举行的"江西建陶产业发展高层论坛"上，叶德林做了一个简短却让当地政府听来感到很实在、很欣慰的发言："就目前的规模来说，江西省建筑陶瓷产业基地的园区，应该是中国最大的。正是因为基地有这么大的规模，而且高安市委、市政府有那么大的魄力，园区有那么快的建设速度，所以我被深深地打动了。对于高安市园区今后的发展，我持乐观的态度。虽然从目前的条件和环境来看，高安跟一些发达的地区相比还暂时存在一些距离，但是经过以后 20 年的发展，高安将会赶超很多陶瓷产区。我十分看好高安未来的发展……"这位中国陶瓷行业巨头的话音一落，立即博得了全场最热烈的掌声。高安市市长皮德艳女士随之风趣地说："既然叶董事长这么看好高安，我们是非常欢迎新明珠这个最有出息的'好女婿'上门来共建家园的哦！"

叶德林在一片欢笑和掌声中，轻轻颔首："荣幸之至，我们会着重考虑！"

高安之行，让叶德林看到了一个蓬勃发展的省级陶瓷基地的真实情景，也看到了新明珠实行战略转移的可行性和意义，同时更加坚定了他要"布局全国"的决心。

再经过一番论证、考量，结合新明珠发展的良好势头，叶德林心里已形成了选择高安落户的意向。这时，正好他又接到了江西瑞昌市政府的邀请，他决定前去考察，通过对两市的对比，从中作出最后定夺，他将在此行中作出新明珠落户江西的最终选择。

2006 年 8 月 25 日，叶德林率领新明珠集团高层管理人员，进入九江卫星城——瑞昌市考察。该市地处长江中下游南岸，被称为长江入赣的第一市，当地大力营造承接沿海地区产业转移平台、热情招商亲商的氛围，同样给叶德林一行留下了良好的印象。

鉴于高安具有江西建陶产业唯一基地等诸多综合优越条件，向来心思缜密的叶德林，在结束对瑞昌市的考察后，顺途又一次来到高安，其实此时他对新明珠下一个基地的选址，已有了初步的打算，若在这次考察中能够确定高安各方面的条件成熟，他会有一个定夺的。

再一次踏访高安，叶德林与有关方面再次对矿产资源、区位优势到人才资源、政务环境等方面相关问题作了深度的探讨，当地政府与有关部门的积极配合、热情服务让叶德林一行感到相当满意。新明珠集团高层统一了意见后，便与高安方面达成了合作共识，新明珠集团决定进驻高安——参与这个江西省建陶产业基地的建设！

2006年8月28日，一个意味着吉利的日子，喜悦的气氛充满了高安市政府行政服务中心。宜春市委书记宋晨光来了，市长龚建华来了，高安市委书记郭安来了，高安市各级领导班子及其各项目服务单位的头头都来了，主人们以极大的热诚，在这儿欢迎远道而来的叶德林等新明珠集团高层一行，双方将在这儿举行签订投资合约的仪式！

在仪式开始前的座谈中，宋晨光书记对新明珠落户高安项目给予高度评价，他要求各项目服务单位要为该项目提供全方位的优质服务，同时祝福新明珠以此为起点，尽快在宜春落地生根，与高安人民共同发展，共赢未来。

龚建华市长在致辞中指出：高安要以广东新明珠陶瓷集团有限公司的品牌效应为辐射力，以高端品牌巨头企业的产业发展方向为风向标，通过引进更多的相关企业的产业发展建筑陶瓷制造业，逐步形成集建筑陶瓷生产、原料供应、中介服务、陶瓷机械、物流、包装等为一体的产业群，让高安成为全国建陶产业主产区，打造成"中部瓷城"。

叶德林对宜春、高安各级政府的大力支持深表谢意，他显然很激动，虽然这样的场合他不陌生，之前在广东三水工业园和禄步工业园选址建设时，当地政府同样以相似的方式欢迎过他，他知道，一个企业的发展壮大，离不开社会的关心和支持，他是个很有社会责任感的人，每逢此情此景，他更是深感自己的责任重大。于是，他接过麦克风作了这样的表态：

"有江西高安优越的人缘、地缘、天缘相帮，有企业名牌产品的强力相助，我们新明珠有信心在江西省建筑陶瓷基地内，再建造一个高新技术建陶工业园。我想和大家讲句家常话，签了约，我就是高安市一个市民了，我们就是一家人，一家人不说两家话，我有责任和义务来为家乡的发展尽一份心，出一份力！"

话毕，全场响起一阵雷鸣般的掌声。

紧接着，一个寄寓着万众期望的签约仪式正式举行——新明珠陶瓷集团董事长叶德林与高安市市长皮德艳分别在协议书上签字！

新明珠集团计划投资12亿元人民币，在位于高安市八景镇的江西省建筑陶瓷产业基地设厂，兴建年产 6000 万平方米的精品建筑陶瓷项目生产线！

宾主齐齐喜笑颜开，欢庆一堂！

这意味着，从今天起，叶德林已把高安划入了新明珠的"版图"！

翌日，当地报纸便以一串惊喜，报道了这一大新闻。

"签了吗?"

"签了！签了！"

"新明珠签约了！"

2006 年 8 月 29 日一大早，在位于高安的江西省建筑陶瓷产业基地，睡意还未从脸上完全褪去的人们，见了面就相互传递着这样一个信息。至此，中国"建筑陶瓷航母"新明珠集团驶进高安的事实，给了一段时间以来高度关心这个事件的人们一个满意的结果。

随后，高安市政府发文《高安市实施产业招商，重振瓷城雄风》重点提及：

"在引进广东新明珠陶瓷集团的过程中，全市整合了多方力量，采取了多种形式，多次上门推介，邀请考察，以真诚深深地影响和感动了投资商；在投资商决策层来高安全面考察时，市、乡两级相关领导干部凌晨 4 点赶赴现场踏勘服务。董事长叶德林最终被其真诚和实干精神所感动，当即决定落户高安。从考察到签约，前后仅用了 20 天左右的时间。"

准确地说，从叶德林组团第一次前来考察，到第二次再来时签约，前后只有 18 天，叶德林与新明珠团队，又一次以新明珠速度，刷新了一个重大项目从立项到签约的纪录。

这是江西高安市 83 万人民自解放以来，头一次见到的当地最大的投资项目，同时也是新明珠集团走出广东、布局全国的第一个投资项目！

第二天早晨起来，叶德林习惯性地打开手机，顿时，一个令他惊奇的现象出现了——内容大同小异的一个信息，几乎爆满了他的手机："感谢我们新明珠，到我家乡高安落户！"……全是集团的高安籍员工发来的，他很惊讶，想不到自己的企业里已有这么多高安人了，想不到大家对自己的一举一动都这么关注。这让他一时更加充满信心和希望。

签约后 1 个月零 8 天，也就是 2006 年 10 月 6 日，叶德林就让新明珠的先头部队，开赴八景镇陶瓷工业园那片荒芜的山坡，打响了新明珠江西高安建陶工业园建设的第一枪。首批派驻的公司筹建人员包括基建、物业、财务、行政、人力资源等部门的管理干部，他们在高安基地总经理简果康的带领下，怀着创业的激情踏上了征程。同一天，60 多台大型推土机、110 多台挖掘机、400 多辆大型运输车和 600 多名工作人员组成的施工大军，浩浩荡荡、排山倒海般地穿梭在那片尘土飞扬的工地上。如此的速度，如此壮观的场面，让宜春市电视台记者，也急急赶来拍摄、报道，新闻题目是：《又见新明珠速度》。

　　在这段时间，由高安市政府组织的江西省建陶产业基地考察团成员，频繁前来佛山考察、互动，加深了双方的了解和接触，从而进一步加深了双方的合作。2006 年 10 月 22~24 日，高安考察团深入参观了新明珠三水工业园和禄步工业园。"本来，考察团的客人们已经参观过了除尘、脱硫的环保设施，但他们又折回来，进行了长时间的流连、指点、议论、询问，大家还爬上这个几层楼高的'大家伙'顶部，一定要瞧个究竟。在建设中的萨米特高安禄步生产基地，有位认真的老板，甚至趴下身体，把脑袋伸进在建的烟气喷淋装置里面。"（见《陶城报》钟政：《佛山高安，相看不厌》）高安考察团成员对新明珠两个工业园的现代化建设及其清洁生产、节能减排、走可持续发展之路的做法十分好奇，也充满了敬慕，他们眼见为实，更加确信，有新明珠这些建陶标杆大企业的进驻，不仅可以形成与高安陶瓷企业错位发展的空间，更可以带动高安陶瓷行业的整体提升。他们对新明珠企业寄予厚望。

　　从了解、熟悉中加深了相互合作的信心，叶德林对投资建设高安建陶工业园的决策更有信心，接着，他作出追加一倍投资额度，扩大建设高安建陶工业园的决定。

　　与第一次签约正好相隔两个月，2006 年 10 月 29 日，建陶业界再次爆出新闻：继 8 月 28 日新明珠与高安市人民政府签约 12 亿元投建高安工业园后，今天，新明珠与高安"第二次握手"，决定在高安追加 12 亿元，其中 10 亿元将新加置地 1500 亩，拟建 22 条生产线，2 亿元将在八景镇投资兴建一家四星级酒店。新明珠集团董事长叶德林、高安市委书记郭安、市长皮德艳以及江西新明珠陶瓷有限公司总经理简果康、高安省级建陶产业基地管委会主任徐洁强等 20 多人出席了签约仪式，共同见证了这个对于高安建陶产业乃至中国建陶产业来说都具有重要意义的日子。新明珠高安工业园总投资追加至 24 亿元之后，工业园占地面积将达 3500 多亩，拥有生产线将达 40 多条，预计瓷砖年产量将超过 1 亿平方米，这就意味着再造了一个 10 年前的新明珠！

　　这确实是一曲令中国这个传统陶瓷产业大国荡气回肠、意气风发的磅礴乐章，值得我们每个人为之兴奋、为之自豪、为之骄傲！

第二十三章
布局全国，决胜千里（二）

> 企业要做政府的好公民，尽社会责任，有效益不忘回报社会，做到企业有
> 利润、政府有效益、客户有钱赚、员工有红利。
>
> ——叶德林

在接下来的 20 多天里，新明珠人与主帅叶德林一道，忙碌而又充满激情地展开了筹划江西高安工业园奠基典礼的工作，他们将以一次声势浩大的"新明珠行动"，把新明珠的创业精神和英雄气魄，与工业园的基石一起"奠基"在"赣中明珠"的大地上。

2007 年 11 月 30 日，与叶德林第二次追加投资签约正好相隔一个月，新明珠江西高安陶瓷工业园隆重奠基。

笔者有幸见证了奠基的全过程。这也是本人多年来亲历过的一次最隆重、最具影响力的项目奠基典礼。

正如江西省和广东省有关媒体同一口径报道的：

"中国陶瓷行业史上最隆重的一次项目奠基仪式！"

"新明珠集团一亮相江西，就以其'陶业航母'的勃勃雄姿，吸引了世人无数关注的目光！"

2007 年 11 月 29 日下午，在广州飞往南昌的两架 737 南航客机上，几乎全是新明珠邀请的广东省各级领导和各界代表，其中仅是叶德林在中央党校的同班同学就有 20 多人，还有南庄乡亲 40 多人，从这些"角色"中，可以看出叶德林做事的人情味有多浓。面对飞机上众多的新明珠客人，连空中小姐也为他们感到骄傲，以至后来民间流传道：新明珠包了两架飞机去江西搞奠基仪式，真够豪气！

其实还有早先已去江西打前站的众多新明珠员工，而从全国新明珠经销商中邀请的 300 多名代表，则是从各地飞到江西，相聚在江西新明珠新工业园。

当晚，新明珠集团在南昌嘉莱特和平国际酒店举行了隆重的迎宾晚宴，迎接来自全国各地的 600 多名嘉宾。叶德林在晚宴上致辞，道出了自己的心声：

"……高安市政府真抓实干、全力以赴、践行承诺的气魄和务实作风，更加坚定了我们投资高安的信心，才有了我在原有投资 12 亿元的基础上再追加 12 亿元的举措。在此，我要特别感谢高安人民政府给我们搭建了这样一个好的发展平台，同时，我坚信这也是一个多赢的平台！……"

翌日清晨，15 辆大巴组成的车队，浩浩荡荡穿过南昌市街头，进入昌樟高速，转盘处便见一座 30 多米高的广告牌赫赫炫目："新明珠集团携手高安！"连车上配有的纯净水，也印着"携手高安，共谋发展——热烈祝贺新明珠陶瓷集团江西省高安建陶工业园奠基典礼圆满成功！"字样。随车接待员小张，是高安八景镇公务员，她说为了做好新明珠进入高安接待的工作，全镇人民都行动起来了，她主动提出来当这个导游。小张好客、活跃，让大家来到高安之前，先领略了高安人的风貌——沿途介绍了当地的风土人情，邀请大家一起唱周华健的《朋友》，说我们就是朋友，有缘千里来相会。

在胡家坊出口，又见一座高大广告牌，同样是"新明珠集团携手高安！"

车队穿过一座巨大门楼，"打造中国建陶企业最大集群基地"的巨幅标语告知人们，这儿便是江西省（高安）建陶产业基地了。进入新明珠高安陶瓷工业园区，但见三四平方公里之内，鼓乐喧天，人声鼎沸，到处装点着彩旗、彩带、气球、标语，一座 500 多平方米的红地毯大型舞台，由一幅硕大的红色背景映衬着："携手共赢，共谋发展——新明珠江西高安建陶工业园奠基典礼"，昭示着今天的主题。那边山坡上停满了大小车辆，这边漫山遍野都是从周围乡村前来观礼的人群。四下散发着新鲜芳香泥土味儿的新垦工业园，被眼下硕大无朋的浓浓喜庆气氛笼罩着……

江西省政府相当重视此次活动，副省长洪礼和偕同宜春市各级政府领导亲临现场，和全场近万人同时见证了新明珠高安陶瓷工业园奠基的神圣历史时刻——10 时 38 分，新明珠集团总裁叶德林和八景镇委书记熊冬根为醒狮点睛，拉开了活动序幕。顿时，一个气势宏大的奠基典礼呈现在与会嘉宾面前。

蓝天白云下，回响着洪礼和副省长饱满洪亮的声音：

"……今日，素有全国建陶'航母'之称的新明珠，成功落户高安，这必将极大地提升高安建陶业的整体水平，打响高安品牌，旺盛基地人气，吸引更多的建陶企业转移到高安，集聚在高安。如今，高安建陶基地已取得了明显成绩，站在了一个新的起点上。希望宜春市、高安市两级党委和政府抓住机遇，乘势而上，继续加大基地开发建设力度，整体提升基地的品位，真正建成在全国有一定影响力的建陶主产区。省政府将继续关心高安建陶基地的发展，提供必要的支持，以促进其科学发展、快速繁荣……"

接着，宜春市长龚建华、高安市委书记郭安，中国建材行业联合会党委书记孙向远等纷纷致辞祝贺。随后，是叶德林代表新明珠集团 15000 余名员工致辞答谢，同时，向在场的人们讲道：

"今天，我们在这里隆重举行新明珠建陶工业园的奠基庆典，标志着新明珠陶瓷集团江西高安建陶工业园建设正式启动。这一系列的重要举措，是我们依托佛山陶瓷，走出广东，立足全国，走向世界的战略部署，是我集团'专、大、全、新、强'战略的进一步体现。

在园区的建设上，我们将引进先进的生产线和先进的生产技术，将成熟的生产经验以及优秀的管理人才带到高安，继续秉承绿色环保的生产理念，推进清洁生产，与社会、自然和谐发展，实现可持续发展和产业的优化升级。同时依靠高安的人缘、地缘、资源、物流等综合优势与高效务实的高安市政府，实现资源互补，为促进高安建陶产业和配套产业的发展，做出我们应有的贡献！"

奠基仪式热烈、欢乐、神圣、浩大……

其向世人宣告：从这一刻开始，新明珠陶瓷集团踏上了一条新的战斗征程，同时也揭开了中国陶瓷"航母"更加多姿多彩的一页！

宜春市委书记宋晨光高兴地对记者说："这个奠基典礼，是我参加过的企业庆典活动中做得最好的。活动办得很大气、很得体，现场也很喜庆。这是新明珠携手高安的一个很好的开端。"

新明珠重庆经销商李总感受至深："能够代表新明珠几千个经销商参加这次典礼，真的非常荣幸。来到现场，使人产生一种从未有过的豪迈感，做企业做成这样，实在不简单，相信不久之后的招商工作，也一定会很成功。祝愿新明珠和高安的明天会更好！"

佛山《陶城报》记者潘炳森，两天来参与报道活动，连连惊叹："这次新明珠高安工业园的奠基典礼活动，搞得真成功啊！我参加过这么多企业的庆典活动，像新明珠搞活动有这么好的氛围的真是没有。氛围真的是很好！看新明珠工作人员一个个都这么敬业，难怪新明珠发展得这么强大。"

从附近村庄前来观礼的村民，一辈子头一次亲眼看到这么大的场面，非常高兴，一位小伙子对记者说："以前村里去佛山打工的说新明珠厂很大，好骇（方言，意为厉害），看今天这个样子，真的是好骇！我们都想他们快点建好，到时我们这边的人都可以在屋门口做工了。听说新明珠对工人很不错的。"

新明珠人又一次用"新明珠速度"，在这片荒芜的土地上，建起了一座 3500 亩的现代化工业园。虽然次年经受了历史性暴雪冻雨的影响，致使在建的厂房受损，但新明珠江西团队克服重重困难，调整了施工方案和工程布局，改良了技术，加多了人手，硬是把第一期工程按预期完工了，时间一再缩短。从 2007 年 12 月 5 日开工建设，到 2008 年 5 月 18 日，经历了 170 天的苦战后，已完成了第一期一、二号生产线的主体工程。18 日上午 9 时许，2 号窑炉举行了点火仪式，比预定的 5 月 21 日提前了 3 天。

叶德林带领新明珠入驻江西后，一直获得该省领导的关心和支持，副省长洪礼和多次出席新明珠项目建设的有关场合，作出了许多重要的指示和建议，对新明珠在高安的发展寄予了厚望。在窑炉点火前夕，4 月 27 日，省长吴新雄率领政府各部、委、办领导及宜春市三级党政领导，在产业基地领导陪同下，深入新明珠高安工业园进行调研，了解当地农村富余劳动力转移就业问题和企业用工情况，以解决群众就业和园区发展的难题。吴新雄省长饶有兴味地翻阅企业招聘人员的花名册，说："新明珠来江西落户，为当地解决了就业问题，企业发展了，社会就和谐了。"

点火半个月后，江西新明珠惊人的建设速度及超前的环保规范建设，引起了江西省委书记苏荣的高度关注和重视，苏荣书记亲自率领省、市各级有关领导 40 多人，前来新明珠高安工业园视察。叶德林董事长闻讯，专程从粤赴赣接待。6 月 3 日上午 9 点 12 分，苏荣一行抵达新明珠高安工业园，此为考察第一站，原定整个江西省建陶产业基地考察时间为 30 分钟，但苏荣书记仅是在新明珠工业园逗留的时间就超过了半小时。显然，苏荣书记已被叶德林缔造的新明珠奇迹深深吸引住了。

在崭新宽敞的车间里参观，叶德林领着大家边看边讲解，苏荣书记很留心地听着，脸上露出满意的笑容，还不时插话询问。他对厂区规划科学、推行清洁生产、致力节能、降耗、减排及新明珠高效率的工作给予了高度评价，对新明珠企业以人为本、员工工作环境好、自动化程度高、能实现可持续发展，更是赞不绝口。当叶德林介绍企业规划中的绿化工程时，苏荣书记连声称好，称这是绿色企业、生态企业，是陶瓷产业发展的榜样。参观完整个车间后，苏荣书记与叶德林就电力成本、用工成本及人才集聚等问题进行交流。最后，满脸笑容的苏荣书记动情地勉励叶德林："希望你们不仅做陶瓷业的明珠，也能成为中国民营企业的明珠！"

作为承接新明珠产业转移的宜春市三级政府，更是把协助、支持、关心新明珠高安工业园建设当作当地经济建设的一件大事，从上至下，大开绿灯，倾注了巨大的热情，千方百计做好各项服务工作，让新明珠高安工业园的创建得以顺利进行。为此，叶德林多次对笔者谈及："江西人民对新明珠的关心和厚望，让我感到自己身上担负着巨大的责任，我只能尽最大努力，做到最好，我要对得住江西的乡亲和领导才行。"

　　宜春市委书记宋晨光从始至终关心、支持新明珠入驻其所属的高安建陶基地，新明珠与高安的第一次签约，他就从宜春赶来参加，并对新明珠讲了很多"家常话"，视新明珠为"一家人"。宋晨光书记调任他职后，接任的谢亦森书记于 2008 年 3 月 29 日到位，4 月 2 日一早，也就是上任后的第三天，就带领市长及三级政府领导一行，前来新明珠高安工业园工地看望，给大家鼓励，说是看看有什么困难需要解决。这也是谢亦森书记上任后考察的第一家企业。而从叶德林首次考察高安就在第一现场接洽的高安市委书记郭安，为新明珠能顺利进入高安立下了头功，在项目奠基后，郭安书记要到北京参加中央党校为期一年的学习，在北京期间，郭安书记一直惦记着新明珠工业园的建设，隔三岔五打电话给工业园总经理简果康，4 月 6 日，郭安书记假期归来，第一站就是先到新明珠工业园。

　　新明珠高安工业园建设，一直牵动着江西省政府和人民的心，承载着社会各界的深情厚谊，寄托着大家厚重的关爱与期望！

　　此后，新明珠高安工业园，几乎成了江西省工业旅游的一个示范景点，不仅每天接待大量前来学习取经的企事业单位，还吸引了社会各界好奇的目光。2008 年 4 月 28 日，江西省级媒体联合采访新明珠高安建陶工业园，此次采访活动为江西省委宣传部组织的"科学发展抓项目"主题采访活动之一，拟对省内规模大、科技含量高、有较大社会影响力的外资企业、合资企业、民营企业代表进行采访，新明珠高安工业园为赣西组采访的唯一一家高安企业。随后，《江西日报》记者刘建、邹海斌发表了《一个好项目，超越三十年——来自高安市工业园区的报道》：

　　"高安本地的建筑陶瓷产业做了 30 年，只有 33 条生产线。2007 年 8 月，广东新明珠陶瓷集团进驻高安，22 亿元的投资要在陶瓷工业园建设 40 条生产线……"也就是说，一个地区 30 年陶瓷产业发展的总和，让新明珠一个集团就打破了、超越了。记者还以自己的所见所闻以及新明珠给其带来的冲击和震撼，续写了下篇《在承接产业转移中升级》。

　　"我们的陶瓷工业园是没有烟囱的。"4 月 28 日，记者来到高安市八景镇建筑陶瓷生产基地，新明珠江西（高安）建陶工业园总经理简果康淡淡的一句话，引起了大家浓厚的兴趣。

　　以煤为燃料的建筑陶瓷企业，怎么会没有烟囱？的确，记者在这里看到了一眼望不到头的卧龙般的窑炉，看到了巨大的"煤气包"，看到了 2 万多立方米的污水处理池，但就是没有看到烟囱。简果康告诉记者，他们有一个占地

5000 多平方米的"喷雾干燥塔烟气处理装置"，采用的是企业自主研发的"喷雾干燥塔烟气处理技术"，陶瓷生产过程中产生的烟尘经过"喷雾干燥塔"进入地下管道，脱硫、除尘后剩余的水蒸气凝结成水，经过污水处理池处理，再进入循环使用系统，最终实现企业污染的零排放。企业为此支付了 800 多万元的环保投入。

"陶瓷生产企业没有烟囱，这本身就是一场不小的革命，而只有大项目才最有能力推动这一变革。"高安市政府的负责同志对此感慨良多。环保已成为所有进入陶瓷产业基地企业的自觉追求。有条件的企业在向"新明珠"学习、靠拢，而一些受条件限制无法跟进的企业，则严格遵守国家规定，实现污染物达标排放。

【记者手记】：承接沿海经济的产业转移，一直是江西经济发展的重要途径。此次高安市工业园区之行，让记者感触最深的是产业转移带来的不仅是经济机遇，也不仅是经济效益，还有新的发展理念，新的工艺技术，并最终体现为产业转移与产业升级的同步。这一点难能可贵。一个地区经济的发展，要走符合科学发展观的新路，需要"大项目"引领，当高安市建筑陶瓷产业站在了巨人的肩膀上时，产业基地科学发展必将取得骄人的成绩。

叶德林和他的新明珠团队，没有辜负粤、赣两地人民的厚望，传承了新明珠人的敬业精神和超常规的工作效率，只用了短短半年时间就完成了新明珠高安工业园的建设，创造了一个传奇：

2008 年 6 月 18 日 9 点 10 分，第一块"德美"牌瓷砖缓缓流过了 288 米超宽体窑炉，这个万众期待的新明珠江西"宠儿"，带着万千宠爱，呱呱坠地，幸运地加入了新明珠陶瓷品牌大家族行列。

闻讯赶到现场的一位陈姓经销商，如获至宝，立即带走了一片德美瓷砖，赶去参加一项工程的招标。

专程从集团总部赶来的副总裁李列林、副总经理李重光以及集团相关职能部门的成员共 16 人，与江西新明珠总经理简果康等 600 多人一起分享了这一胜利时刻。李重光在《德美一小步，企业一大步》一文中兴奋地写道：

"……在生产现场，欢快的机器声，激动的谈话声，以及洋溢在每个人脸上由衷的笑容，融会成了一幅中国现代陶业勃勃发展的'朝阳图'。"

看到整洁的车间，完善的"6S"现场管理，各种规章制度都有条不紊地实施，李列林高兴地称赞说："把新明珠优良的作风和严谨的管理都带到江西了。"

与高安工业园生产同步的江西新明珠营销战役，从 2008 年初开始打响，其紧锣密鼓的前期策划、定位、培训、融商等已瓜熟蒂落，随着首轮产品的诞生，7月19日，江西新明珠"2008德美瓷砖融商造富营销峰会"及时举行。来自全国八省一市的德美瓷砖经销商与德美销售精英400多人，相聚在江西樟树市银河假日酒店，共同参加了新明珠举办的"把握竞争局势拐点，缔结安全实力同盟"营销峰会。这昭示着：江西新明珠集团首个建陶品牌——德美瓷砖正式向全国广大经销商、新闻媒体公开亮相。

叶德林远赴江西，参加了这次"营销同盟"揭牌仪式，并诚恳地告诉大家："在园区的建设上，我们引进了先进的生产线、先进的生产技术，将成熟的生产经验以及优秀的管理人才带到了高安，继续秉承绿色环保生产理念，持续推进清洁生产，与社会和自然和谐发展。今天，我们共同缔结营销同盟，便是新明珠布局江西走出的第一步……"

德美陶瓷的理念是：德行天下，美尚人居。这与叶德林一贯做人、做事的品格一脉相承，强调的是以企业的崇高德行立世，以产品的美轮美奂风尚人间，从而达到一种精神与物质完美和谐的至高境界。因为这种理念，德美陶瓷一面世，就言必信，行必果。在峰会上，继在集团募捐现场筹集汶川地震赈灾款320.9万元后，又设置了《赢利宝典》一书的拍卖募捐活动，众人踊跃竞拍，把拍得的46000元善款赠与灾区儿童，资助其重返校园。德美陶瓷以"营销同盟"为阵营，实行厂商一体化，主张共赢，创新营销模式。

2008年9月1日，江西新明珠营销中心推出了第二个品牌——也就是新明珠陶瓷集团的第16个品牌——五福陶瓷。五福陶瓷以中档价位入市，出自新明珠16年专业技术打造，品质高端。其秉承"铺贴幸福生活"的品牌理念，注重民族文化与新时代人文文化的结合，为广大用户的幸福家园量身定造"五福"产品。当月推出后，便创下不俗的业绩，销售额比之前确定的任务超出30%，次月更是超过了37.8%，在整体环境较低迷的形势下，实现了逆市飘红，异军突起，令众多同行觉得不可思议。

"布局全国"，江西新明珠首传捷报。未到一年的异地之战，便让叶德林尝到了超出预期的甜头。

这也是对智者"棋高一着，决胜千里"的最好报偿。

第五篇
新营销之威

第二十四章
新明珠"多子多福"

营销工作要做到"一开，二守，三提升"——开展网络建设，守住传统市场并形成区域性市场，有效提升薄弱市场。

——叶德林

就像一位魔术大师变出扑克牌一样，截至 2006 年 5 月，叶德林一个接一个地为新明珠"变"出了九个大陶瓷品牌：

1993 年 6 月，冠珠陶瓷；

2000 年 10 月，萨米特陶瓷；

2001 年 11 月，格莱斯陶瓷；

2002 年 10 月，金朝阳陶瓷；

2003 年 12 月，惠万家陶瓷；

2004 年 10 月，路易摩登仿古砖；

2005 年 8 月，萨米特卫浴；

2005 年 8 月，冠珠仿古砖；

2006 年 4 月，冠珠卫浴。

这自然让大多数只做单一品牌的陶瓷企业大呼"不可思议"，也引起了诸多所谓品牌战略研究专家的一派"诤言"："新明珠的多品牌策略是福是祸？""新明珠多品牌经营能走多远？……"

面对各方的质疑和忧虑，叶德林却始终不露声色，自顾埋头去做自己的品牌，似乎任何嘈杂的声音都与他无关。他心里明白，鞋子穿在自己的脚上，合不合适，只有自己最清楚，而自己的事，别人又有何发言权？

就如叶德林对待人才的策略——"适岗就是人才"一样，"多品牌好不好，适合自己的就是好"，叶德林也如此评价他的多品牌营销策略。

叶德林没有理会外界的"影响"，仍然一味稳扎稳打，继续推进他的"多品牌策略"。

2006 年 8 月 8 日，新明珠集团推出了第十大品牌——蒙地卡罗内墙砖品牌，与之前的新明珠九大品牌作较大"差异化"面世，以"奢华主义"的品牌理念确立品牌发展方向，旨在打造中国高端内墙砖第一品牌。其品牌高扬奢华、高贵大旗，连传统的营销中心也易名为财富经营中心，产品代理峰会也叫财富代理峰会。蒙地卡罗财富经营中心为 2000 平方米的欧式建筑，突破传统意义上的"大展厅"局限，产品风格分为"卡西诺"奢华系列、"白艇湾"高贵系列、"加尼叶"品位系列，以及模拟间展区和文化展区五大格局，把奢侈豪华的贵族流派推向极致。此后，进入市场搏击的蒙地卡罗，果然一骑绝尘，成为新明珠众品牌中的"贵族"，也成就了中国陶瓷品牌中一个以"奢华"为标识的优质名贵品牌。

相隔 3 个月后，2006 年 11 月 18 日，在广东省第十二届运动会隆重开幕之际，萨米特陶瓷集团强势推出了康建陶瓷品牌，这是中国建陶业唯一一个以运动为运营概念的陶瓷品牌，定位于为体育场馆、广场及大中型工程专供产品，由此揭开了建陶行业功能化产品开发的新一页，大力推动了绿色建材的生产和应用。值得注意的是，康建运动陶瓷是萨米特陶瓷集团再生的分支，也就是没有借助已是"中国驰名商标"的萨米特品牌之力，而是独立作为一个"功能型"产品品牌横空出世的，以"小市场大份额"的运作方式，同时开发了按摩砖、盲人砖、泳池砖等，与全国各大运动场馆、洗浴中心以及以运动为个性的其他行业品牌专卖店展开了紧密合作，专业专攻，颠覆市场，"无恃其不来，恃吾有以待也；无恃其不攻，恃吾有所不可攻也"。通过切割传统市场，创建出"运动分众市场"，从而以一个新的功能型运动类陶瓷品牌，逐渐向"大份额"扩张。

康建品牌凭借自己独特的市场定位，从单品突破到多点布局，很快便一路飘红。在推出 10 日内就接纳了 104 家代理商，到半年内已拥有了 200 多家代理商，在全国开花布局，形势十分喜人。这个在业内以运动、环保、健康为特色的陶瓷新宠，成了萨米特旗下一个炙手可热的品牌。

在 2006 年连续推出冠珠卫浴、蒙地卡罗、康建 3 个品牌之后，鉴于市场营销策略的调整，2007 年，新明珠没有再推新的品牌。进入 2008 年后，在新明珠三水工业园生产满负荷运作，禄步工业园全面投产以及新明珠江西高安工业园第一期工程投产的大生产合唱下，新明珠产能规模已成行业之首，这样，进一步加大营销力度，实现产能平衡的同步大战随之打响。于是，2008 年 1~9 月，新明珠 4 大新品牌应运而生：

1. 2008 年 1 月 4 日，金利高陶瓷召开品牌筹备启动会，正式宣告金利高陶瓷由萨米特集团隆重推出。金利高陶瓷以采用全新生产工艺技术的抛光砖和瓷片为主导产品，定位在中高档市场，在产品的个性化方面形成差异性。以"成功人士的选择"为诉求，主张与每一位消费者、经销商、合作伙伴一起体验成功，分享成功的喜悦，共同打造一个成功的品牌，强调只有大家成功，才是真的成功。

2. 2008 年 3 月 28 日，被誉为新明珠 2008 年扛鼎力作的宾利陶瓷，在华夏陶瓷城举行了盛大的开业庆典暨融商峰会。宾利是陶瓷行业首个将音乐元素融入生活，以"被生活感动"为品牌文化的陶瓷品牌，它走的是高档产品，中等价格的路线，用一流的性价比去开拓市场，继而占领中高端市场。融商活动更是火暴热烈，来自全国的 200 多家经销商，抢先参与了合作签约。

3. 2008 年 7 月 19 日，新明珠江西高安工业园在江西投产后推出了第一个品牌——德美瓷砖，德美品牌定位于中高档市场，利用新明珠集团 16 年积淀的强大的产品研发、设计、技术优势和大工业化产能优势，与来自全国的 300 多家经销商一道，将新明珠集团走出广东、布局全国的硕果和全国人民一起分享。

4. 一个多月后，2008 年 9 月 1 日，新明珠江西高安工业园再推出第二个品牌，也就是新明珠陶瓷集团的第 16 个品牌——五福陶瓷，其定位为中档路线，却以最优的性价比，向消费者"送福"、"造福"、"铺贴幸福生活"，凭借新明珠家族产品的"贵族"气质，乐意降低身份，走向数量巨大的平民百姓家。

至此，新明珠集团一共拥有了 16 个陶瓷品牌，其中抛光砖 10 个，仿古砖 4 个，卫浴洁具 2 个。

据悉，这是目前国内自有品牌最多的陶瓷企业。

叶德林创造了中国陶瓷企业多品牌经营的一个新纪录！

中国建陶有关专家曾在 2007 年中国建陶年会上，请教过叶德林这位中国建筑卫生陶瓷专业委员会会长，并表示："新明珠推行的多品牌经营战略，值得我们好好研究、探讨！"叶德林却仍然保持了低调、谦逊的作风，只是笑笑回答："我们只是适应发展需要，找一条适合自己走的路子而已。"还是他一向主张的：适合的就是最好的。

就这样凭着"适合的"多品牌战略，新明珠成就了中国建陶业的"帝国"：连年保持平均 30% 的增长速度；众品牌百分百成活，百分百赚钱，百分百健康成长，百分百拥有自己的影响力，其中两个老品牌冠珠、萨米特获得了"中国驰名商标"荣誉称号，成为全国建陶企业中唯一拥有两项最高荣誉的单位，多个品牌还获得了中国名牌产品、国家免检产品、中国 500 最具价值品牌、广东省名牌产品、广东省著名商标等荣誉称号。最早诞生的冠珠、萨米特等单个品牌，已分别达到年销售额 10 亿多元，也就是说，光一个品牌的销售额，就比国内一些著名的单一品牌企业，有过之而无不及！

于是，国内营销专家作了个形象的比喻：新明珠"多子多福"！

其实，多品牌在陶瓷行业，乃至在整个营销界，至今仍备受争议。在建陶产品同质化、跟风化十分严重的营销环境下，新明珠为何还能通过多品牌战略获得远远超越单一品牌战略企业的超常规发展呢？新明珠"多子多福"的秘诀何在？

同行及专家们纷纷投来诸多的"疑惑"和好奇。

为此，笔者试作"揭秘"：

一、从适应发展环境中觅得生存空间

中国陶瓷业已有五千年的历史，而建筑陶瓷行业在我国才经历了 20 多个春秋。短短 20 多年发展起来的中国建陶企业，虽然已形成了一批较强势的品牌，但单一品牌市场占有率仍然很低。专家统计称，中国建筑陶瓷市场总容量每年在 1000 亿元左右，而几个年销售额最大的单一品牌企业仅在 20 亿元左右，市场占有率最大的品牌也只有 2%~3%。因为建陶产品消费追求个性化、时装化，细分市场复杂，难以形成行业寡头。而仅是一个偌大的中国，就有 13 亿的消费者，整体市场仍然是相当巨大的，新企业、新品牌仍有自己的生存发展空间。既然很难依靠强势单一品牌去分割更大的市场份额，那么，新明珠采用的多品牌出击战略，便成为适合客观的行业背景，找到自己出路的最有效的方法。

二、找出适合多品牌管理的有效方法

通常认为，多一个品牌，会多增加一份投入，分散了推广资源，不利于集中资源塑造品牌高度；而且容易引发区域经销商之间的恶性竞争，导致内部各品牌之间的自相残杀。新明珠目前有 4000 多个区域经销商，几乎覆盖了全国每一个角落，但各品牌之间，尽管也存在一定的内部竞争，却未出现过严重的恶性冲突，并且整体销售业绩仍在稳步上升，这就有赖于其找到了一套行之有效的且适合自己的多品牌管理方法。

首先，适度把握新品牌的推出间隔。从 1993 年推出第一个品牌冠珠起，新明珠几乎是"千里走单骑"，让冠珠独闯天下。7 年后，随着企业进行了第一阶段的并购扩张，其规模、产能渐次形成，到 2000 年，新明珠第二个品牌萨米特瓜熟蒂落，开始与冠珠一起组成新明珠品牌家族。也就是从这一年开始，宣告新明珠进入了自主的多品牌时代。我们从品牌推出年份可以看出，新明珠在 2000~2005 年 6 年间，每年推出一个新品牌，但这些品牌在产品结构上是有所不同的。集团营销副总彭新峰谈道：新明珠在最初实施多品牌战略的两三年间，由于经验不足，控制不严，也曾出现过集团内部各品牌间产品相互模仿抄袭，花色品种雷同的现象，引起内部的冲突和摩擦。为解决这些矛盾，集团放缓了新品牌推出的节奏、速度，并立即采取了调整措施，合理设置各品牌的花色品种，体现出各品牌之间的差异化。鉴于之前已推出了 5 个抛光砖、内墙瓷片品牌，2004 年起，新明珠放慢了这方面的脚步，而是楔入新兴的且生机勃勃的仿古砖市场，推出了路易摩登仿古砖品牌；2005 年更是打开了另一个与建陶密切相关的领域——卫浴洁具市场，推出了萨米特卫浴品牌；又因为仿古砖市场全面看好，新明珠同年再次推出了冠珠仿古砖品牌。直到 2006 年，经过一轮品牌结构调整后，新明珠已解决了各品牌间雷同的问题，遏止了内部的冲突，总结了经验教训，才再次加强了新品牌的推出力度，当年先是整合了老品牌冠珠的产品结构，再推出了一个卫浴品牌，这样，具有“中国驰名商标”和“中国名牌产品”荣誉的冠珠，便成为集团第一个同时拥有抛光砖、仿古砖和卫浴三大门类产品的品牌，充分发挥了其高知名度的作用；与此同时，还推出了两个瓷砖新品牌，成了历年来新品牌推出数量最多的一年。而与以往不同的是，2006 年推出的新品牌更强调品牌的个性、诉求等差异，蒙地卡罗的定位是奢华，主打高档市场，且初期先推内墙砖，后推抛光砖（新明珠的核心主导产品为抛光砖）；康建的定位是运动功能砖。2007 年，新明珠没再继续推出新品牌，而是稍作布局，为次年相继推出 4 大新品牌做好充分的准备。2008 年推出的头两个新品牌是出于平衡集团现有强大产能的需要；后两个新品牌则是为新明珠新兴投产尚未建立品牌的江西高安工业园而设置的。

其次，适度强化品牌间的个性和产品花色差异。新明珠为减少各品牌之间的冲突，尽可能拉开品牌间的差异，其手段主要有两个：一是通过产品花色来扩大差异，避免各品牌间的花色雷同。新明珠多个品牌，共用相同的研发制造系统，集团总部具有一定的产品（花色）资源分配、调节、裁决权。产品的开发方向、思路主要由各品牌营销中心自行独立提出，总部的研发制造部门配合，各品牌间不得相互抄袭模仿，“拳头”一致对外。二是通过品牌个性、诉求的不同来尽量扩大品牌差异。例如后期推出的路易摩登、蒙地卡罗、康建，都有很鲜明的个性、诉求，甚至存在产品结构差异。产品花色的差异，再加上品牌个性、诉求的巨大差异，放大了“外行”消费者的差异感受，在一定程度上减少、避免了品牌间的正面冲突。

最后，对待各品牌不分“手心手背”，相融共生。彭新峰反复强调，各品牌营销中心是兄弟关系，不是父子关系，大家平等相待，一个共同目标是把集团生产的产品"卖出去",合力做大整体市场。因此,新明珠一直没有设立核心品牌,在营销管理上也没有优先特权,而是一碗水端平。各品牌的发展速度与规模顺其自然,集团总部不会刻意扶持倾斜,更不会刻意压制,以保持各品牌营销人员与经销商的积极性。新品牌在上市初期,公司会在费用投入上给予一定的倾斜,一般到第二年就恢复到同等水平,费用水平由集团总部决定。在营销人员配置上,各品牌(14个瓷砖品牌,2个卫浴品牌,某些品牌有独立的营销中心)人员数量也大同小异,不会有很大差异。总人数在400人左右,平均每个营销中心配置30人上下(含销售人员与订单处理等内务人员,内务部门较强大,基本上一个业务人员对应配置一个内务人员)。这样处理的结果是使新品牌都能顺利成长,而且因为空白区域多、成长空间大,新品牌的成长速度一般都快于成熟的老品牌,多品牌呈现健康发展状态。

三、建立一个精简高效的"中央处理器"

新明珠采取集团总部高度集权的管理控制模式。除了营销系统以外,其余职能如研发、制造、财务、行政、人力资源等都共用一个平台。研发系统按制造基地配置:4个基地对应4个研发中心,共100多人。3个市场部分别服务新明珠、萨米特和新明珠江西建陶集团下的各个营销中心(因为没有市场企划职能,实质上是销售中心而非营销中心),原则上一个品牌配置一个企划人员、两个设计师,专卖店设计原则上由市场部负责。3个市场部总人数50人左右。集团总部的宣传事务由总部市场(企划)部负责,总部市场(企划)部同时还负有对上述3个陶瓷集团市场部的监督、指导职能。与国内众多建陶企业单一品牌运作,强调品牌高度的企业相比,新明珠的人员配置非常精简,费用分摊比例很低。

新明珠的"中央集权"管理控制模式,组织简单,人员精干,效率高,费用低,从而为产品较高的性价比打下了良好的基础,中央集权也在一定程度上使内部冲突得以控制。

四、拥有大工业化的产能与优越的产品性价比

新明珠的多品牌推进,并不是为多品牌而多品牌,而是企业发展到一定规模,拥有了相应的实力,而采取的与之相同步的平衡管理手段,其良性地增加品牌数量是建立在产能增加和产品性价比优化的基础之上的,是一种互相适应的产物。新明珠在进入第二个品牌时,已拥有了20多条现代化生产线,具有了一个非常强大、高产的制造系统和耗费较低的成本控制系统,这是得以实施多品牌战略的先决条件。

叶德林比任何一个建陶老板都舍得花本钱建厂和购置设备,其第一间厂就是当时南庄陶企的样板，而后来的三水工业园、禄步工业园和江西高安工业园，全是中国建陶行业的典范，为当地政府指定为对外接待参观考察的示范点。新明珠的60多条生产线，全部是行业最领先、高效率的现代化超大型生产线，实现了"一条线、一品种、一规格、一花色"的规模化生产，也就是在一个车间内，一条生产线长时间稳定地生产同一品种、规格和花色的产品，因而比一般的生产厂大大提高了生产效率，保证了产品质量，最大限度地降低了生产成本。此外，新明珠对生产管理也有着独到的手法，其以"领导有情，管理无情，制度绝情"著称，员工以高标准、高效率的工作方式效力企业，倡导节约增收，杜绝哪怕是一滴水、一度电的浪费，人尽其才，物尽其用，因而，造就了新明珠强大的产能和高性价比的优势，其多品牌得以健康发展也就顺理成章。

第二十五章
团队的力量（一）

企业的成功靠团队，而不是靠个人；只有依靠优秀的团队，才能创造优异的业绩。

——叶德林

2008 年 5 月 17 日，由中国建筑卫生陶瓷协会主办的"第三届中国陶瓷力量排行榜"颁奖，新明珠同时获得两项荣誉——新明珠陶瓷集团获"最具销售力陶瓷企业"奖，叶德林董事长获"陶业十年经济领袖"奖。

颁奖典礼上，颁奖者以一组惊人的数字告诉人们：

新明珠陶瓷集团在国内拥有 4000 多个销售网点，产品销往 100 多个国家和地区，连续多年位列广东省陶瓷产品出口第一，年销产品超亿平方米。

"最具销售力陶瓷企业"，新明珠当之无愧。

而主办单位把唯一的一个领袖奖项授予叶德林——"陶业十年经济领袖"奖，更是实至名归。

这位陶业领袖，不仅缔造了一个陶瓷产业王国，而且也缔造了一个陶业营销革命的现代神话！

佛山市长陈云贤率领相关人员视察新明珠时，对新明珠给予了充分的肯定：

"新明珠是一个很有开创精神的企业。新明珠十分注重打好自主创新这张牌，它的营销策略与当前国家扩大内销的政策十分吻合，在其他企业纷纷遭遇经济寒流的情况下，新明珠的经验值得大家学习和借鉴。"

早在 20 世纪 90 年代前，中国建陶市场还处于短缺经济时代，大多数建陶企业的产品销售部坐等顾客上门，或把产品销售交给批发商和工程建材客户，认为只要产品能生产出来就能卖出去。有人见生产线上瓷砖一片片源源不绝地"流"出来，便形象地比喻为"印钞机"，拿佛山当地人的话说："开砖厂赚钱，纸币都没这么快！"

叶德林兴建新明珠是在 1993 年，当时，正值建陶企业如"雨后春笋"般涌现的时期，南庄镇一下子就上了 60 多家厂，仅罗南村就有 7 家，几年间，全国各地蜂起地建起成千上万家建陶生产厂，可以想象，"守株待兔"式的销售，已难以为继，这便有了开厂之初"叶德林背砖上街卖"的故事。当时的明珠厂开始主动出击，寻找经销商；随后明珠厂又建立起了营销队伍，开始拓展外省市场，不断改善销售方式，以保持产销平衡，使企业得以良性发展。

1999年，转制后的新明珠，在叶德林实施并购战略，实行规模化生产的同时，一个建陶产品营销革命的时代也随之展开。

以叶德林通俗的说法，就是：大量地把砖做出来，大量地把砖卖出去。

这时，叶德林想到一个人，他知道，这个人能为新明珠扛起如此重任。

她是彭新峰，时任新明珠供应部经理。事后证明，叶德林的目光是犀利的，其知人善任、人尽其才的用人举措十分了得。正是彭新峰，带领新明珠团队，在创新营销领域的纵横捭阖，把这个全球最大建陶企业的产品大旗，插遍了世界每一个角落，不仅赢得了人们的称颂，还赢得了行业对手的尊重。

彭新峰生于20世纪50年代末，来自湖南。原来在当地交通系统一家公司里做财务工作。1994年"下海"，自办一家化工原料公司，产品供应给陶瓷生产厂。其间，与时任明珠厂厂长的叶德林有业务上的来往。彭新峰这样谈及自己与叶德林初识的感觉："认识叶总，是在一厂，当时该厂经营很好，很有实力。与他交谈时，觉得他企业管理很有能力、很大气，很有理想和目标，被他的能力所折服，感觉这个老板很了不起。"也许是英雄识英雄吧，1996年秋，当叶德林相邀，让彭新峰进厂负责原材料组织供应工作时，彭新峰竟然一口应承下来了。

彭新峰后来和笔者解释，她加入新明珠主要是被叶总的魄力和人格魅力征服，觉得能从中学到很多东西，对自己日后人生有帮助，也相信跟了这样的老板，比自己办公司更有出息。"我原来在国营公司做过，现在是进了集体厂，但人家广东这边的集体厂却搞得很有活力，很成功，这也是吸引我过来的原因之一。"

彭新峰原是明珠厂的供应商之一，她对供应管理有经验，加上有良好的企业经营管理天赋和丰富的实践经验，在进入明珠厂负责供应工作后，其出色的能力很快就得到了叶德林的看重和信任。

"叶总的成功不是偶然的，而是由他做人、做事的风格决定的。"彭新峰说，"他的管理非常超前，在对管理层的授权上，可以说是达到极致，既放心，又放手。我当时搞供应，他从不插手，我可以任意发挥，这也为我日后提高管理能力打好了基础。明珠厂改制后，我们之前与供应商积累好的关系，便发挥了作用。我们学习叶总的为人，对供应商不贪吃一顿饭，不唱一次卡拉OK，我为此感到自豪。而且供应商也一直十分支持我们。尽管后来原材料价格比转制前降低了不少，但是供应商还是乐意主动地降价供给我们。我们一直提出这样一个口号：'同等价格比质量，同等质量比价格'，大家共同执行。我们坚持诚信第一，对供应商的货款，即使再困难也要兑现，使他们没有后顾之忧，所以在资金紧缺时期，曾盘活了1亿元的材料资金。可以说，在供应工作中，自己是很用心的，是尽力的。"

"从1999年下半年起，新明珠管理经营上遇到的最大难题是销售，之前产品是不愁销的，开单拿货就行。当时我们还是二流企业，不在前十名之内。老板信任我，2000年起提升我担任销售总经理，其实是赶鸭子上架，我猜他一时也没多大把握。我开始心里没底，只能服从。但有个想法：要么做好，要么就死，抱着必胜的决心。一开始，有人主张我去挖别厂的一些经销商，我认为这样做不好，要坚持自己发展。我把当时销售科的五六个人，分成6个区域，下去发展经销商，完成任务后，给予奖励。也和经销商订了一些'游戏规则'，比如某个区域，有个人想加入做经销商，拿出200万元现金拿货，我们也不予批准，因为那个地区已有人做了，要遵守规则，其实原有的那个经销商，一年还做不到200万元。随后，我们生产规模扩大了，也就打造出了更多的品牌，可以满足更多的需要，我们通过不断探索，积累经验，敢于尝试、创新，逐渐形成了一套新明珠式的营销模式，走出了一条属于自己的路子……"

谈起新明珠营销的"秘诀"，彭新峰却很谦逊，她首先强调：关键要有一个优秀的团队，团队的素质决定整个企业营销的命运。

新明珠陶瓷集团旗下拥有三大集团——广东新明珠陶瓷集团、萨米特陶瓷集团、江西新明珠集团，与之对应的是三大营销中心，负责管理下属的16个品牌，而每个品牌则设立一个品牌营销中心，其中广东新明珠所属品牌9个，萨米特5个，江西新明珠2个，业务人员400多人，平均每个营销中心配置30名左右的业务人员（含销售业务人员与跟单内务人员，基本上一个业务员配置一个跟单内务人员）。

叶德林对营销队伍的建设向来十分重视。还在2005年11月15日营销干部大会上，他就做过专题讲话，主题是：重任在肩唯担当，不拘一格用人才。他谆谆告诫大家："营销工作注重业绩，也注重过程。业绩的完成由很多因素决定，如果品牌的业绩及人员的素质总体上不来，比如在客户面前谈吐不佳，认识不到位，就得不到优秀经销商的认可，业绩就难以突破。若品牌总经理没有及时关注到下属的工作并进行检查，就无法指导下属；若平时管理不到位，精力不集中，就难以做好工作，我们既不能责怪下属能力不够，也不能埋怨上级，关键还是在于我们本身。作为品牌副总经理，职责相当重要，如何激励下属，带领好自己的团队开拓出优异的业绩？要把这个责任负起来。营销中心副总在彭总的授权下开展工作，要搞好团结。区域经理一定要配合新的管理人员开展工作，好的方面要沿用，要五五对等地站在客户与公司的角度上考虑问题。新的领导有不同的要求，要正确衡量新领导决策新问题，要大胆创新，又要努力避免公司利益受损。公司国际贸易方面进步很快，我们有非常高的供货能力、配套能力，又与100多个国家有贸易往来，有良好的基础条件。如何发展国际贸易？我们团队中有来自十几个省的优秀人才，不是一定懂英语才能做得好国际贸易的管理，所有有这方面志向兴趣的，无论管理者、业务人员，我们均可考虑，我们要不拘一格招收人才，员工可自告奋勇自我推荐，同等条件选用先来的优秀员工。公司会为广大员工提供更宽阔的舞台，大家都能得到相应的回报……"

彭新峰一直秉承叶德林"适岗就是人才"的人才管理宗旨，在其统管的营销领域，用心铸造出一支敢于"亮剑"、善于"亮剑"、善于胜利的"铁军"。

一、剑未亮，利刃已百炼

进新明珠当营销人员，要考试、演讲；

当品牌管理者，要考试、演讲、竞岗。

考试竞聘上岗，这是每个新明珠营销员入职的第一关。不管你之前营销经验如何，甚至已在其他公司担任过营销领导职务，但进入新明珠你必须经过入门考试。考试内容包括业务与其他相关知识，还有口试、演讲测评等；上岗前，至少要培训半个月甚至更长。意在让你先"成型"，然后才能放进"窑炉"里煅烧。担任品牌管理者职务的员工全部要竞争上岗。竞岗考核分为笔试、演讲、测评、业绩等，考核后，还要在集团内公示一星期，跨区域、跨品牌听取各方对竞岗人员的评议声音，做到公正、严谨，是骡子是马，绝无虚假。你有大本事，就有大舞台，确保人才脱颖而出。

终身学习，多元培训；建学习型企业，做知识型员工。公司规定，管理者每天坚持读书学习半小时，营销人员每周学习2小时，全体人员每月坚持读一本书（专业知识、营销类书籍）；提倡读书成果分享，每人每年要写5~10篇读书心得，还要在各品牌会议上演讲。不流于形式，学以致用。培训内容着重于业务和职业道德，比如《新明珠集团产品知识》、《陶瓷新国际知识》、《门市导购技巧》、《产品执行标准》、《业务操作流程》、《售后服务技巧》、《合同法知识》、《产品质量与投诉处理》等数十种课程，每轮培训必须考试过关，迫使营销人员的专业知识全面精通、娴熟、炉火纯青；同时各品牌、部门还独立组织不同形式的对应培训或轮训，使之各具个性和特色。而对出差业务员的要求，则是要作兼职"教练"，每年要多次定期对各地经销商进行多形式、多轮次的系统培训，并将培训作为一项重要的考核评分依据，与工资挂钩。此外，营销中心还把员工职业道德和素质修养培训，当作一项长期的精神文明工程来抓，在各品牌、部门中广泛开展"本心本事"（品德与能力）的培训，培养员工的工作责任心，激发爱岗敬业的荣誉感，促进各品牌之间形成良性竞争与合作的局面；规定各品牌每月要进行不少于2~4次的专业技能培训，一季一考试。培训方式以请专业培训师进厂培训和请本集团或本品牌有丰富专业知识的同事进行讲授传导为主，也有外派参加培训等方式，形式不断翻新变化。还结合实际，开设特训营，进行军训并开展野外拓展活动，增强工作执行力和团队凝聚力。从而打造出一支专心专业、善学善战、德才兼备、团结协作、积极进取的学习型、教导型营销团队。几乎每个业务员都有同感：在新明珠，每天都得学习，都得掌握新知识，要不就会跟不上队。

二、新明珠铁律铸铁军

在业界，新明珠的"领导有情、管理无情、制度绝情"众所周知，其以管理和制度规范、严格闻名，传承延续多年，使每个新明珠人自觉形成了一种"新明珠特有风采"。新明珠的营销人员，除了要执行和遵守公司诸多的"国际化标准"体系规定和纷繁细微的规章制度之外，还要遵守"自我管理约束机制"的规范，这也是"铁军"之所以成为铁军的奥秘。

1. 晨会制度。2007年新明珠集团营销中心新春工作会议，彭新峰"亮"出了一道新政：营销队伍要培养合作精神，打造和谐团队，既要加强过程化管理，又要充分放手，有效监控。各品牌要建立晨会制度。

晨会要求：以分部为单位，结合本部实际，按具体情况，在一、三、五或二、四、六早上上班后召开20分钟左右的晨会。内容要有的放矢，应急则急，有话则长，无话则短，讲求效率，不讲形式，建立一个长期固定、功效显著的沟通平台，凸显团队作用，智慧共享。

可别小看这区区半个钟头的"早晨见面会"，其作用之大，让所有营销人员都备感珍惜。

这里撷取几朵"小浪花"以窥其一斑：

冠珠品牌：每早8点，冠珠营销中心办公室，全体成员先是听取品牌总经理邓勇对当天各项工作的安排布置，再是全体人员轮番地有事说事，长话短议，把昨天与今天的要务交流互动，承先启后，速战速决，立竿见影，效果倍佳。

路易摩登品牌：晨会内容短小精悍，气氛严肃活泼。迟到者除了被罚款之外，还要罚做俯卧撑，此举基本上杜绝了晨会疏懒现象。每天把最有价值、最重要的事情先摆出来，群策群力，献计献策，让大家共享智慧"快餐"；不管职位高低，轮流坐庄主持，谁都有"当大"的快乐和压力，锻炼成长，促进成才。

冠珠仿古、耐磨砖品牌：晨会特点是："周一详细，其余简略"，即每周一利用半小时，由全体人员轮流发言；周二至周日则分小组轮流主持发言。每人发言都记录在各自的工作日志上，重大事情则记录在公共备案上，以备检查落实，品牌总经理朱宝林随时抽查工作日志，检查结果与个人当月绩效挂钩。

……

2. 差旅期间电话报到。对于营销人员的出差绩效，该如何管理？新明珠营销中心有一整套严格的制度条例，其中有一条"细节管理"颇为独到，也卓见成效：

早上8点40分，坐落在营口市东区的金朝阳专卖店，门口处已等候着一个人。提前开店的林老板认出是金朝阳业务员小陈，感到很惊奇，小陈是昨日从佛山来营口协助经销商处理有关业务的，而自己的员工还未到来呢，"陈先生怎么这么早？"小陈连忙回答："我也得准时上班呀！"

原来，新明珠营销中心有规定：营销人员出差期间，务必在每天上午9点半之前，用当地经销商的座机电话向公司电话报到，在确认其已经开始开展工作的同时，也要告知其所在宾馆的名称、电话及房号，在家的内务文秘人员要对电话报到的具体时间进行登记，直至出差结束。营销中心要检查这项登记的连续性、完整性。按彭总的说法，这其实是强调劳动纪律和养成良好工作作风的体现，同时更是为营销人员负责。新明珠集团所有成员都执行上下班打卡的考勤制度，连副总裁也不例外。业务员出差大多是为经销商服务的，准时上班理所当然，而每天赶在专卖店开门前到达恭候，以诚意感动和带动客户那边的工作人员，又弘扬了新明珠人的敬业精神，展示了新明珠人的良好形象。电话报到，既可以向公司报平安，又可以在第一时间与品牌文秘沟通，了解公司当天的重要安排，以便实时与客户进行沟通传达，比如订单安排、物料进度或培训诸事宜，好处多多，于细微处见出大作为。

第二十六章
团队的力量（二）

我们不仅要向社会招聘各类人才，更要提升企业内部人才的素质，特别是把企业内的人才用共赢的文化串起来，形成齐心协力的人才资源优势。

——叶德林

一、引入"竞合机制"，创造有序之争

新明珠在营销上引入的"竞合"是指在公平竞争的基础上，竞争双方开展深度合作，从而实现共赢。其主体虽然还是竞争，但是是有次序、有策略的竞争，也是共同促进、共同发展的竞争。

随着企业的不断壮大，新明珠塑造了16个品牌，市场的触角越来越多，也越来越广，这就不可避免地存在品牌之间相互交织的情况，特别是在工程竞争方面，各个品牌相互撞车的几率很高。为此，公司要求全体营销人员一定要从公司和市场整体利益最大化的角度出发，要有"竞合"的意识，要引导好各自的经销商，要"风物长宜放眼量"，不要只顾自己一时的利益，饮鸩止渴。

为规范相关工程竞争制度，公司颁布了《新明珠集团工程价格保护条例》，目的是确保各区域市场有序的工程竞争，维持各品牌经销商必要的利润空间。规定凡是参与工程投标的，必须先进行报备，否则，公司有权不予任何支持；工程报价不得低于经销开单价×140%，对于必须低于此价格才能成交的工程，各品牌必须先上报营销中心，得到营销中心的书面批准后再进行报价，否则引起的低价投诉全部由品牌负责；对公司视为其低价冲击市场的经销商，公司将给予严厉的处罚，不仅不再给其发货，还要处以罚款；其他经销商有权对以低价冲击市场的行为举报，若情况属实，公司可以考虑给予适当奖励，当然举报人应是同时参与某工程竞标的经销商，对于非共同竞争的工程项目或其他业务，存在不得进行相互干涉的情况时，公司不接受此类投诉。

总之，公司鼓励和支持各品牌经销商在当地市场公平竞争，但严厉打击以各种手段或形式低价冲货的行为。从而确保各品牌共同促进，和谐发展。

二、完善人才管理制度，打造高素质团队

公司在人员选拔、业绩考核等方面，采取以下三大制度：管理人员能上、能下、能再上。通过考核，凡不适应本职工作的管理人员要让出岗位，公司从众多人才中择优选拔人员替换。对于降职人员，今后只要其能力得到了长足的提高，肯定能够"东山再起"，这种经历能够磨砺其意志，使其有更强的承受挫折和逆境中奋起的能力。

1. 实行竞聘制度。通过内部的良性竞争和人才流动，实现人力资源最合理的配置。对于空缺的岗位，一律实行公开、公平、公正的竞争上岗制度。从而在全体营销人员中注入"催化剂"，使每个人都可以看到前途与希望，同时也增加了每个人的危机感，促使大家尽职尽责，积极主动地做好本职工作，提高业务素质，不断鞭策自己在竞争中成长。

2. 实行末位淘汰机制。实行末位淘汰机制，这不仅是淘汰最短的"木板"，让那些不适合本岗位、不热爱本职工作的人下岗。更重要的是能够给予大家一定的压力。所谓有压力才会有动力，才能激发大家的积极性，从而通过这种有力的竞争，使整个营销中心处于一种积极上进的状态，提高团队的工作效率。

3. 培养合作精神，打造和谐团队。新明珠旗下三个集团，设立了三大营销中心。但大家都是企业里的一员，目标是一致的，即都是为了实现企业的业绩，大家都是兄弟姐妹，相互团结，彼此友爱，培植互助相帮、亲情和谐的团队精神，不说不利于团结的话，不做不利于团结的事，营销工作中会遇到这样或那样的问题，比如排产、产品开发、市场管理等问题，但都要坚持原则，按照规章制度去做，多沟通，多理解。小局服从大局，保证步调一致，从而打造出一支具有凝聚力和战斗力的团队。

三、强调结果管理，重视过程管理

1. 强化营销中心管理部督察职责。营销中心管理部强化督察职责，对各品牌的终端市场，诸如经销商的经营状况、网点布局、专卖店建设、新产品上板、活动推广、广告执行等状况，进行过程跟踪检查、指导与奖罚。

2. 建立严明的考核与奖罚制度。建立有效的考核与奖罚制度，主要分为三个方面：一是加强以业绩为目标的考核；二是进行日常加减分考核；三是侧重于能力和素质的年终 360 度绩效考核。让考核和奖励贯穿于工作的全过程，促使全体营销人员始终保持高度的工作责任心和不松懈的干劲，既注重结果，即以业绩论英雄，又要切实抓好全过程管理，杜绝短期行为。

3. 对中高层管理者进行过程考评。对于品牌副总及级别更高的管理人员，营销中心将进行月度和年度的工作过程考评，包括对营销目标、业务能力和工

作态度等方面进行全面的动态评比，先给自己打分，然后由单位评定。

四、制定科学的薪酬机制，激励业绩提升

为了保障销售目标的顺利实现，圆满完成公司下达的销售任务，营销中心按照基本任务、目标任务两级激励原则进行销售计酬，上不封顶下有保底，在一个稳定的基本工资前提下，设立多项奖励，让高付出者得到理想的收入，就是重奖勇夫。营销人员只要能够完成基本任务，每年就能够拿到 8 万~10 万元工资收入，完成目标任务还会有一个更高的收入，其中收入最高的营销人员一年就拿到了 30 多万元，比有些品牌管理干部的收入还要高。统计数据表明，营销部门人均工资水平连续多年的年增长率都保持在 20%左右。正是这种强烈的激励作用，调动了营销人员的工作积极性，使之发挥最大的潜能。门市销售方面，采取提成制，不设任务，只靠提成，让门市尽情地发挥天时地利、灵活自主的独到优势。尤其是在门市价调高的情况下，这种灵活的激励机制发挥了很好的作用，门市人员也能拿到较高的工资，门市业绩同时提高。

五、形式多样的激励"组合拳"

各营销中心根据自己的实际，灵活地采取形式多样的团队激励方法，这体现了新明珠营销管理"灵活自主，分合有度"的鲜明特色。在这儿，金朝阳营销中心马中平以《行之有效的销售团队激励"组合拳"》一文，体现出了其中一个侧面：

"金朝阳陶瓷品牌在经过近 5 年的发展后，在营销方面面临着这样的困惑：一些业务员长期负责固定一个区域，开始缺乏激情，客户网络开拓无力；部分城市经销商因循守旧，不思进取，销量提升慢；个别业务员欠缺大局观念，只顾自己的小区域，完成任务就不再争取更大的增长……"

"如何激发业务员积极、主动地去完成销售指标？""如何避免业务员为一己之利而搞'平衡'业绩？""如何在业务员的优胜劣汰中尽量做到公开、公正？"金朝阳陶瓷品牌的领导们通过全面的分析、研究，同时参考本集团其他兄弟品牌的成功经验后，在 2008 年三四月份，开始实行一套行之有效的销售团队激励"组合拳"式方法，三个方法连贯、协调，同时使用，开始发挥出最大的威力。

1. 一记"左直拳"——金朝阳品牌月度工作总结会议上的现场激励。

【情景】：又是每月一次的金朝阳品牌月度工作总结会，老苏和其他七位销售业绩突出的业务员一起，与简荣康品牌总经理及其他副总坐在会议室的椭圆形主桌上，而那些业绩比较落后的业务员们，却只能坐在主桌一旁指定的角落里。而且，会上简总已经许诺，会后将请坐上主桌的优秀业务员们吃一顿丰盛的"鲍鱼宴"。

【点评】：公司永远是鼓励那些业绩突出的优秀员工的。而且这也是个现场的"表彰会"和"批斗会"——哪个区域做得好，哪个区域做得差，大家都一目了然——"上不上得了台面？"这也是中国人评价他人个人能力的常用语。这些业务员们为了自己的面子，也为了个人收入、职位，不得不倾尽全力去提高业绩。

2. 然后是一记"右平勾拳"——利用"方阵排名法"进行每一天的销售激励。

【情景】：每个月的下半个月，常常在上午上班后，便有业务员涌进文秘阿群的办公室，急切地询问自己的业绩完成情况，常听到这样的对话："现在我的业绩完成率排在公司第几名啊？""我现在处在哪个方阵中？"有的人知道后有些失望，"啊，最后三名的方阵中？那我要在这几天里努力啦！"同时，也在关注、打听其他区域的业绩完成情况，"老苏在哪个方阵中啊？""什么？！他又可以上会议桌啦？"……

【点评】：将每天各区域的销售业绩完成情况进行统计、排名，按照任务完成率的高低排名，分成四个方阵，前三名、后三名各为一个方阵，中间人员平均分为两个方阵，排名靠前的两个方阵的业务员将享受"坐上会议桌"的待遇。因此，这张每天打印给所有业务员的业绩排名表，将会一整天都萦绕着这些人的心，甚至是夜不成眠。尤其是临近月底时，它让每个方阵中的人都想更上一层楼，进入上一级方阵，每个方阵中的人也时刻担心着明天是否被挤落下一级的方阵。

3. 一记远距离的"左侧勾拳"——长期张榜公示各区域月度、季度业绩完成情况，及时地"优胜劣汰"。

【情景】：又到月初，金朝阳陶瓷营销中心办公区的一面墙前，聚集着一拨人，他们在等待着一月一次公布的业绩"红黑榜"。文秘阿群正在更换着新的月度销售额排名前三名的个人照片，旁边的人在边看边议论，"哇！老苏又是月度冠军啊，他可真厉害！""瞧，季度冠军也是他呢！""哎，看吧，老蔡又是倒数第一！""是啊，已经连续两个月排在后三名了！"……

【点评】：在公司内部设立正式的月度、季度业绩统计榜，将每月任务完成率的前三名、后三名同时张榜公布，并且累计连续三次后三名的、季度完成率累计三次前三名的并排公布。这样，在公司所有人的面前，每个业务员都会为荣誉而战，倾尽全力争取上"红榜"，而不是"黑榜"。只有公开、透明，才能真正让销售团队的每个人明白自己及他人的能力，以及在公司中的"位置"。

也为公司顺利地实现人才的选拔与调整提供了有力的依据。也只有"赏罚分明"，及时地进行"优胜劣汰"。才能保证这"一拳"的威力与持久性。

这一趟拳打下来，不敢说"立竿见影"，但确实在金朝阳陶瓷营销中心内部开始树立了争先恐后、力争第一的良好竞争文化，为我们打造一支能征善战、百战百胜的销售团队打下了基础。

第二十七章
渠道，渠道，渠道

在世界陶瓷贸易中，各国不要设置贸易壁垒，平等自由贸易。越保护，行业越落后；越有竞争，越有进步，只有通过竞争才有更大发展。

——叶德林

新明珠的营销模式，历经与时俱进的创新和升华，是一个行业营销革命的缩影，也塑造了一个行业营销的模本。

很早，叶德林就针对集团营销方式作出过策略性的指引："开展网络建设；巩固传统市场并形成区域性市场；有效提升薄弱市场。"这就是新明珠最经典的"一开、二守、三提升"，这为新明珠各大品牌营销指明了方向。

对新品牌而言，空白网点的开发是首要任务；而老品牌则要在不断开拓、扩大网络阵线的同时，守住原有区域，提高网络质量，优化网络布局，并对不良网络进行淘汰和切除，使之更趋合理、健全，做到开发一个客户，扶植一个客户，巩固一个客户，带动一个地区。

有关专家指出：建陶行业营销方式的复杂性，是家电、服装和其他装饰材料行业难以相比的。其销售渠道包括自营、经销商、分公司、专卖店、零售、超市、工程、小区推广、设计公司、团购、出口等，其渠道结构呈现出细化与多元化相结合的特征，几乎囊括了所有的渠道形式。

建陶营销方式的复杂性、细化与多元化注定了市场竞争的激烈，同时也意味着存在更多的挑战与机遇。

"陶瓷产品营销，渠道是路，网络是金，渠道建设只有跟上品牌的发展，这样构成的网络才是'金网络'，而条条道路通罗马，我们要找的就是一条最近的路，怎样寻找最适合的合作伙伴，争取到有思路、有渠道、对市场及品牌网络操控能力强的优质经销商，这是我们营销人员需要花大气力的。"彭新峰曾这样告诫新明珠的营销将士。

目前，新明珠陶瓷集团的营销已形成了一个非常良好的格局——"自营＋总经销＋分销＋装修公司＋设计师公司＋工程＋超市＋小区"的扁平化、多元化营销渠道，不断通过创新适应市场，显示了集团化运营的强大优势。

一、创新自营模式

新明珠旗下各大品牌，都设立了自己的大本营，每个大本营都拥有独立的自营方式，其中包括：设立品牌营销中心展卖场（大展厅），参加展会、峰会和年会等，也就是通过不同的形象展示工程，进行产品推广，从而达到宣传、提升品牌价值和增加营销渠道的目的。

早在 2003 年，新明珠在中国建陶第一镇南庄的华夏陶瓷博览城中，就兴建了业内最大的冠珠 1.6 万平方米、萨米特 1.5 万平方米等多个产品营销中心及大展厅，借助这个我国目前汇集了最多品牌营销中心与展厅的营销高地，以琳琅满目的产品，模拟样板间和家居广场以及实景空间来展示产品的应用效果，打破了早期建陶企业"产品摆在库房"或"建材大排档式砖架无序摆放"的陈旧展示模式，把建陶产品推向"时装化"、艺术化，既代表企业形象，又能通过零售提高企业的效益，迈入了建陶产品营销的一个新时代。随后，在众多厂家盲目攀比跟风的情况下，新明珠各品牌坚持不断改造、创新营销模式，频出新招，比如实行体验式营销、绿色营销等。此外，萨米特陶瓷品牌还建成了欧派古罗马艺术陶瓷概念馆，以体验"巅峰生活方式"来经营自己的品牌。

萨米特旗下的康建陶瓷，则以"功能陶瓷"定位，以"有健康才有将来"的口号，将运动概念贯注到产品中，为国内第一家把抛光砖、瓷片、功能瓷砖等列为"十项全能运动砖"的品牌，专注于生产推广无毒害、无污染、无放射性、有利于环保和人体健康的"绿色"陶瓷。结合自己的品牌文化和营销理念，对产品进行个性化、差异化的展示，同时，又在终端市场进行多形式的推广和传播，收到了很好的效果。

新明珠自营的另一成功渠道，是产品出口。其外销的能力之强，成为全国行业之最，一度曾占集团总销量的 40%。

叶德林一直十分重视新明珠在国际市场的开拓，从 20 世纪 90 年代末期开始，新明珠产品出口量稳居佛山建陶企业第一，成为连年出口"状元"。但叶德林并不满足，他提出："按我们企业的规模，我们完全有实力让自己的产品与国际同行竞争，占据更广阔的国际市场。我们要做到凡是有人类居住的地方，都有新明珠的产品！"因此，彭新峰一直在创新产品出口上狠下工夫，使新明珠实现了内外营销两翼齐飞。

在 2004 年之前，新明珠产品出口采取的是代理出口、自营出口两条腿走路的方式，一边利用出口公司网络资源的优势，保证代理出口量稳中有升；一边利用公司的各种资源，如国外参展、各个网站和展厅接待等，加快自营出口步伐，多创外汇。到 2005 年，在各方面条件成熟后，新明珠对出口渠道进行了大胆的创新，把原有的出口贸易代理与自营出口业务，合二为一，组成了一个国际贸易部，分区域精细化管理，既做代理，又做自营，使之最大限度地整合出口方面的人力资源，业务量得到了更大的提高。还充分利用了国内、国际展会资源，展开国际贸易，如参加春秋两季广交会、陶交会和国际众多的会展——美国奥兰多陶瓷参展、意大利博罗尼亚陶瓷展、西班牙瓦伦西亚陶瓷展、巴西建陶展等，还被美国最大建材超市之一的 LOWE'S 选定为中国供应商，成为 100 多个国家最受欢迎的中国建陶营销合作伙伴。新明珠海外市场的份额越来越大，甚至连年翻番。在国内众多陶瓷品牌只满足于做 OEM 时，新明珠一直十分注重打造国际品牌，对主推新明珠众品牌的客户，实行排产优先，适当降低了排产门槛，用适当优惠价格等政策给予扶持，逐年提高新明珠集团在国际上的影响力。

此外，作为广东省百强企业之一，新明珠和其掌舵人受到了社会的尊重和拥护，叶德林每年都会被广东省省委、省政府以及各级组织邀请到海外参加各种考察或商务活动，每当遇上这样的机会，叶德林总是主动出击，极力推销新明珠和产品，这也是新明珠的重要自营渠道之一。例如，2006 年 6 月 5 日，在叶德林随从省委书记张德江一行参加"2006 中国（广东）——沙特阿拉伯经贸合作洽谈会"期间，新明珠品牌受到格外关注，光是与沙特 EBAA HOUSE 公司，就签订了 1000 多万美元的产品购销合同。

二、创新经销商模式

新明珠与其他陶瓷企业一样，早期曾经历了直销、代销、联销等销售方式。双方在销售市场和合作趋于稳定后，逐渐从单纯的即期买卖关系变成一种长期合作的关系。在得到了新明珠更多的甜头后，批发商和代销商开始加大市场推广，投入店面装修，因而获得了新明珠更多的支持，从而转身成为新明珠的经销商，形成了一种互惠互利的长期合作伙伴关系，这便成就了今日新明珠最强盛、最稳固、最有效的营销力量之一。大经销制的创立，使新明珠能有效地降低资金回笼的风险，可以依托稳定、可靠的销售网络，实施计划大生产。

目前，新明珠系列品牌，已在全国拥有了颇具实力的经销商 4000 多个，这在业内首屈一指，也为新明珠的大生产铺开顺畅的通道。

新明珠的经销商，不是传统意义上的经销商，而是与企业共同成长的战略性合作伙伴。新明珠选择经销商，第一，要求对方认同新明珠的经营管理理念，营销思路要相互吻合，经销商选择厂家和品牌是作为一种投资对象，还是赚钱工具？是做长线还是短线？首先要有一个明确的定位和规划；还必须有做好该品牌的信心、决心和恒心，有经营思想和拓展能力。双方"投缘"后，才是合作的第一步。也就是说，你"口袋"有本钱，并不等于你就能成为新明珠的经销商，而是要看你"脑袋"里有无本钱，是否符合她的相亲条件。第二，所有经销商，只能是一个品牌的经销商，也就是只能销售一个品牌的产品，即使是集团内部的其他品牌，也不能兼营。第三，加盟的经销商必须具有好的店面，面积够大，位置够佳，主张大展厅形式，有投入能力和渠道建设能力。第四，经销商的营运方式必须公司化，也就是规范化、团队化，拒绝"夫妻店"、"大排档"以及"等客上门"的低端做法，以确保品牌形象和业绩的提升。此外，新明珠宾利陶瓷品牌，还在经销渠道模式上进一步创新，创立了一种直营式经销模式，即在各个市场，要求找最好的店面，用最好的设计展示产品，由经销商投资建设直营式分销形象店，然后由经销商来选择有经营思路和经验的分销商，抵押式经营，做不好可以更换分销商，但不会换店面，这就不会因分销商的变更而使终端的品牌形象资源出现流失和浪费。这是将目前陶瓷行业最流行的经销与分销两种渠道模式，进行了优化与嫁接，即在经销制的基础上，吸纳分公司制的一些优点，从而建立直营式分销渠道。在服务方面，打破陶瓷业传统的服务意识，不仅新明珠的业务员要配合经销商进行工程公关、新品上板、终端促销等各项工作的开展，而且其服务内容和服务要求也要由经销商来决定，业务员工作与绩效由经销商监督管理，促使业务员在市场一线"沉下去"，把经销商遇到的问题和困难，作为其服务的内容予以解决，用有限的资源，做最好的服务，一竿到底，真正达到厂商共赢。

新明珠十分注重一、二线城市经销商的开发和守定，其各大品牌对38个大城市的攻占率达到100%。全面大展厅战略更是深得经销商认同，把终端专卖店建设成为经销渠道的重点工程，打造超级强势终端形象。全国共有4000多个专卖店，展示面积达100万平方米，其中1000平方米以上的专卖店达数百家。涌现出一批地理位置优越、展示面积大、装修档次高、布局合理化、产品展示和整体形象美观大方的优秀标杆专卖店，年销量达到5000万元的经销商已逐年增加，破千万者更是你追我赶，层出不穷。

锲而不舍的网络开拓，实现网点"无缝化覆盖"。尤其是对于新建品牌而言，空白网点的攻占突破，是首要任务，新明珠从营销市场的整体出发，有目的、有计划地深入、渗透整个市场，使其达到"无缝化覆盖"，将各品牌的红旗插遍每一个角落。

新明珠对经销商不仅是输出产品，更是输出管理理念，把经销商作为同坐一条船的伙伴，关心、协助、带动经销商一同成长。各品牌营销中心十分重视经销商队伍的建设，在提高硬件建设的同时，把提高经销商素质和能力看做是品牌"盈利"的另一面。如2007年新明珠举行了"走出去，送知识"活动，开展了为期一年的全国经销商巡回培训，累计完成了20多个省、市、自治区的集中培训，参加人员达到数千人次。另外，还根据个别品牌经销商的情况，开展一系列的单独培训。通过系统、全面的培训，让每个经销单位的"灵"与"肉"，都与新明珠这个集体相融在一起，学习、传承、提高，不断加强专业销售技能，提升营销管理水平，尤其是在公司化管理系统和方法上，实现了快速的过渡和转型，让经销商吸纳新明珠的发展"精华"，继续创新、突破、夺标，每年都跃上一个新台阶。

树立品牌标杆，以点带面推动品牌建设。新明珠的品牌干部，注重开展多种形式的"厂商联盟"活动，加强集团与经销商、经销商与经销商之间的交流、学习、借鉴，以点带面推动品牌建设。彭新峰引用了一位培训师的话说："成功必有方法，你做的事，别人那里就有成功的案例，向第一名学习，就可以少走弯路，更快获得成功。"以冠珠品牌经销商峰会为例，每次都有一项学习"成功"的互动过程，效果总是很好。比如，首先由公司领导向经销商介绍企业战略、品牌发展规划，展现美好的未来，让经销商的"步伐"与公司保持一致；每逢这样的场合，彭新峰总是早早地来到现场，尽职尽责地为经销商讲解、介绍。随后，由一批公司化管理水平高、渠道运作能力强的经销商代表上台现身说法，树立标杆，分享经验，使整个峰会活动高潮迭起，极具说服力和鼓动性。与会经销商学有榜样，赶有目标。此外，新明珠坚持多年对成绩优秀的经销商实行重奖制度，周年大庆更是对其进行大力表彰和重奖；在近年两次"中国优秀陶瓷经销商"评奖中，新明珠经销商分别有39人和65人获此殊荣。

让市场作裁判，扶优汰劣，提升销售网络整体质量。新明珠的网络建设与调整，是以市场最大化为出发点的，既积极扶持具有良好经营能力和增长潜力的优秀经销商，又对不能完成任务，在当地没有影响力，公共关系不良，专卖店形象不佳，冲击其他区域市场，看不到增长前景的经销商实行坚决淘汰。2007年，新明珠共淘汰、更换了52个不合格的经销网点。按营销政策，若经销商连续3个月未完成任务，将取消其经销资格。但新明珠并不会"以大压小"，而是以量化指标跟踪客户完成销售任务的情况，通过"温馨提示"、"黄牌警告"、"红牌罚出"一系列人性化的"过程量化"管理，让每个经销商心服口服，从而保持了网络的健康、平稳发展。

三、创新渠道建设

陶瓷行业有句名言："得渠道者得天下。"新明珠一直在优化渠道结构、创新渠道模式、加强渠道整合方面狠下工夫，效果很好。在对经销商实施"一开、二守、三提升"战略的基础上，对其他的营销渠道也大胆创新，比如其携手国际建材业零售巨头，大举展开对建材终端市场的攻占。

在建陶产品全球化的市场背景下，国际建材业零售商不断加大对中国市场的"瓜分"力度，对中国本土销售渠道构成了巨大威胁，也对建陶业现行营销模式造成很大冲击。是直面竞争，还是消极避让？新明珠却选择了携手合作、与"狼"共舞的策略。百安居为全球数一数二的建材业零售巨头，2005年在中国21个城市建有51家大型超市，营业额达51.6亿元人民币。这其实是一个同分建陶产品这杯"羹"的巨大渠道，不能抗拒或忽略。彭新峰主张新明珠大胆出击，联合百安居同赢市场。于是，新明珠派出专员，力邀百安居中国采购部前来考察商谈。2005年8月21日，百安居墙地面部中国各区采购负责人一行18人，在百安居中国总部总监王立成先生的率领下，莅临新明珠三水工业园。通过实地考察，新明珠的规模和实力，以及现代化的经营管理，给客人留下了良好的印象，双方达成共识，将新明珠指定为百安居A类供应商，并很快签订了协议。冠珠品牌在百安居的进驻率更是节节上升，从12.77%提高到83%，冠珠在当年便取得了百安居华南区瓷砖类销售第二名的好成绩。而东方家园、好美家、福丽特等国内知名建材超市，也向新明珠频频伸出"橄榄枝"，使其旗下各大品牌均能大举进入这些超级建材市场，拓展了更广阔的营销渠道。

四、创新工程渠道

近年来中国房地产市场的持续升温，加上国家限制毛坯房政策的推出，建筑工程和房地产家装工程的市场不断扩大，工程渠道成了厂商的必争之地。新明珠在这方面强调主动出击、各个击破的战略，一方面不断加大对全国经销商拓展工程业务的支持力度，以新明珠品牌影响力，大力协助经销商进军工程、小区市场；另一方面，以自营方式介入，拓建自己的工程渠道，尤其是在国家级大型工程项目的招标中，新明珠凭着品牌优势、价格优势、服务优势等"整体优势"，总能胜出。比如在人民大会堂三次修缮工程用砖、北京新机场工程用砖、北京奥运九大场馆墙地砖铺设工程用砖及卫浴洁具等项目的招标中，新明珠通过与全国众多同行的同台竞标比拼，力压群雄，夺得头标。萨米特营销总经理黎汝让说：类似这样的大型工程，只要大家公平竞争，我们胜算是最大的。

五、创新团购模式

这是新明珠创新渠道制胜的一种形式，作为规模化大生产的建陶巨头，此举为新明珠争取市场、提高企业形象、扩大影响力作出了贡献。团购是一种"活动营销"，组织者分为两大类，一是新明珠旗下的各品牌营销中心，二是全国各地的经销商。团购队伍从全国各地前来新明珠总部的品牌营销展示大厅亲身体验，选购、落订，享受观光旅游、免往返路费和食宿费的一站式采购服务；新明珠提供给团购活动以低于当地正常销售价格的折扣优惠，同时还配备家装设计师随行，让消费者可以"看得见、摸得着"和厂家面对面采购，因而颇受消费者欢迎。如湖南常德"快乐团购"团友以快乐出游组团方式，前来萨米特总部参观、体验，受到萨米特的盛情接待，团友们被琳琅满目的产品和优惠的价格吸引，40多人全部签约成交。冠珠东莞团购活动已成为一种营销风气，曾在一个月内组团3次，前来冠珠总部展厅采购，下单率达到100%，此后新明珠不断创新团购模式，从一般的家装客户到零售业主再到工程客户、家装公司以及设计师等，突破了原来单一的购买群体和地域限制，让团购活动呈现多元化趋势，收到了很好的效果。2008年，冠珠以"誉满双冠，惠泽天地"为主题，举办了首届团购节，来自本省茂名、肇庆、鹤山及广西梧州等团购团，纷纷聚集在冠珠总部展厅，享受了五星级旅游式团购的快乐，实现了100%现场下单的骄人成绩，也让更多的消费者亲近了新明珠，加深了对新明珠的了解和认识，广受团友们的欢迎，说是获得精神愉悦和物质享受双丰收，纷纷表示：要发动更多的亲友前来，分享新明珠团购节的快乐。

第二十八章
大家赢才是真的赢

以人为本，追求卓越。创造价值，立业百年。

——叶德林

"凡是跟叶老板交往过的人，都很认可他这个人，凡是跟新明珠合作过的企业，都很乐意做下去。"上海双彩建材公司总经理胡温斌，曾在多个场合，用"两个凡是"来表明自己与叶德林和新明珠合作的感受。

他是新明珠冠珠陶瓷上海总代理商，目前拥有 1 家大型旗舰店，3 家直营店和 40 多家二级代理商，年销售额超过 5000 万元。连续 6 年荣获"中国优秀陶瓷经销商"称号。经营冠珠陶瓷 10 年来，在与冠珠品牌一起做优做强的过程中，他学习和沿用了新明珠的公司化创新管理模式，不断建立和完善覆盖上海各区、镇的经销网络，大力拓宽工程、家装、零售、超市、小区等业务渠道，多管齐下，为客户提供全程无忧的产品服务，成功地在上海建材流通界占据了显赫的地位。在冠珠这个中国驰名商标的"福荫"下，顺风顺水，做旺了自己的生意，连年赢得新明珠优秀经销商大奖，成为新明珠合作群体的一个榜样。

2007 年 12 月，他在领奖台上，向同行介绍自己经营心得时说："要说我事业上最成功的，就是先拥有一个成功的合作伙伴和品牌，我是托冠珠的福，学到了新明珠老板的做人做事风格，才走出了今天的这条路子。我们厂商双方合作非常愉快，非常成功。成绩的取得来之不易，今后的道路更要走好。我们公司将继续与新明珠携手，在上海这片繁荣的土地上，让冠珠陶瓷绽放出更加炫目的光彩！"

现在，跟随新明珠一道从业、年销售额在 1000 万元以上的经销商，已是一支长长的队伍了，且新明珠集团 10 多个品牌的代理商，总数已近 4000 个。叶德林提供的这一产业链，维系了遍布全国各地的"新明珠经济共同体"，让这一庞大的队伍与自己一起共荣共赢，因此大家说出了一个共同的心声："傍着叶老板发达！"

有这样的一位经销商，原来从事过 10 多年的陶瓷生产技术与管理工作，曾担任过新明珠二厂厂长。她深知新明珠品牌、品质的过硬，为了尝试营销管理和挑战自己，体现人生更大的价值，便毅然选择了做冠珠陶瓷广州总代理。就这么一位销售界的新手，由于其深得新明珠营销管理真传和合作互利的双赢"法宝"，加上自己的敬业努力和拥有一支优秀团队，其公司在很短的时间内在同行中脱颖而出，每年产品销量以 35% 的比率增长。因此，她本人连续获得了"中国优秀陶瓷经销商"和"新明珠优秀经销商"荣誉称号。她叫唐小梅。

这位称自己"与新明珠一起成功"的商场女杰，在回答记者的提问时，说过这么一席话：

"皆因我原先是新明珠自家人，所以自然认好自家。我在担任新明珠下属企业厂长时，知道我们的质检标准不仅高于国家标准，就是比欧洲标准也都要严格。冠珠品牌获得了中国驰名商标、中国名牌产品、国家免检产品等多项荣誉，但在价格方面，却没有走高质高价路线，而是走中档价格路线。这样，高品质、高知名度、中档价格的市场定位，完全符合当今社会'物美价廉'的消费心理，当然也成为经销商看上的'香饽饽'。一方面，我最看好的仍然是新明珠这个金字招牌。我们在广州地区营销的成功，应该归功于冠珠陶瓷规范的市场管理及各方面的大力扶持。冠珠陶瓷有着完善的管理制度，尤其是在发生市场冲击时，能及时、快速地进行处理，从品牌领导到业务人员，从集团销售部到监察部，都会尽心尽力，着力解决。即使是出现平时很难查出结果的'无头案'，最终也能在公司上上下下领导的重视下得到很好的解决，这在给予我们信心的同时也促进了广州市场的和谐发展。另一方面，就是冠珠公司对于经销商的大力扶持，无论是大型工程，还是平时工作上的跟进，如在终端专卖店建设及开业策划方面，我们都得到了公司的积极支持。这些增值服务，对于提升我们在当地市场的综合竞争力有着重要作用。正是因为公司规范的市场管理及大力的市场扶持，我们才取得了今日较好的成绩。我们很荣幸，能与新明珠一起成功，我们感激新明珠，感激叶总裁。"

十几年前，一个叫植钊明的番禺人，只身来到佛山，凭着坚韧的创业精神及敏锐的市场嗅觉，"傍上"了新明珠，硬是在耐磨砖市场开辟出一片自己的天地。如今他已拥有一个大型专卖店、1.2 万平方米的仓库及冠珠耐磨砖在广东、广西、海南三省的总代理权，总公司人数达 30 多人，二级分销商有上百个，合作过的代表工程有广州大学、珠海实验中学等。在耐磨砖行业中，植钊明的经营规模是数一数二的。因此，他获得了"2006 年度中国优秀陶瓷经销商"称号。

在冠珠耐磨砖的客户档案里，植钊明与冠珠的合作时间是最长的，同时也是经营冠珠耐磨砖单一品牌最大的客户。这在代理商"吃着碗里看着锅里"的现象极为普遍的行业环境中实在难能可贵。在提及与冠珠的合作感受时，他说：

很多人经常把生意做不好的责任推到品牌身上，认为是厂家的问题。其实厂家与商家，就像一对孪生兄弟，商家需要厂家提供质量过硬且稳定的产品，并通过一系列策划活动提升品牌的知名度；厂家也需要商家完成产品的销售环节，双方缺一不可。双方之间需要真诚紧密的合作，如果关系链一旦断开，后果肯定是两败俱伤。

因为我幸运，遇上了这么好的一个厂家，大家真诚合作，才长长久久，才有今天。我们也从中学到了冠珠良好的经营风格，同时也像冠珠诚待我们一样真诚地对待下面的客户。作为区域总代理，客户有下游二级分销商，有终端消费者，且工程客户较多，我们以适利多销为原则，诚待客户，必要时还采取"先出货后付款"的销售政策，这是很多人都不敢操作的。但与我合作过的伙伴也都本着诚信为本的原则，大家相互信任，所以互相帮助，共同发展，也就从没发生过大的失误。我想，这就是因为有冠珠带动了我们，我们再带动了下一级，一级一级构成了一个稳固的互信的利益共同体，从而取得了一个多赢的局面。

除了数千家经销商外，在全国各地，还分布着500多家与新明珠合作的供应商。不少供应商竟然是从新明珠创业的第一天起，就跟随着走过来的，在新明珠成长壮大的同时，他们也随之成长壮大。这些供应商大都有一个共同的心声："与新明珠合作，我们感到荣幸和放心！"

在"同心求发展，诚信创商机——2008年新明珠企业供应工作会议暨采购签约仪式"上，优秀供应商代表李祝佳说：

"我和叶总从新明珠成立第一年开始就合作，已愉快地度过了16个年头。我在叶总身上学到了书本上学不到的知识和做人的道理，见证了新明珠从一个小厂发展成为今日中国乃至世界生产规模最大的陶瓷企业的全过程。叶总是一个很有责任心的企业家，同时带出了很有社会责任感的企业，这点深深地影响着我和我的公司。16年来，作为新明珠企业泥沙石粉的供应商，我们配合新明珠的清洁生产工作，从源头上做好产品原料的精选工作，以品位、质量取胜，做到无一车货不及格或退货。到目前为止，我们已为新明珠提供了超过150万吨的砂石。我们深知，能结缘新明珠，得到叶总这么多年的关心和支持，是我们的幸运和光荣，我们将好好珍惜这一切，在合作中一如既往，互信、互助，共同把事业做好做大。"

　　几年来，为新明珠提供窑炉承建服务的佛山市科宝艺总经理李汝湘感受颇深，他说自己和叶董事长的交往已成为一生最宝贵的财富，与新明珠的合作，已成为一种远远超越单纯金钱利益的友好关系。

　　李汝湘是在 2000 年结缘新明珠的。他先是为新明珠做了 2 年的窑炉技术顾问，这期间也承接了新明珠的一些窑炉改造工程。后来，随着双方相互了解的加深，合作信心不断提高，合作关系得到强化，新明珠就把一些新线给他们做，同时也做旧线改造。"在前期合作过程中，我看到叶董事长讲求诚信的人格魅力，感觉他很可靠，值得跟他做伙伴，所以我宁可舍弃其他工程也要跟新明珠合作。这样，我们更加建立起了互相信任和尊重的关系。"李汝湘说。当时，新明珠四厂的精细化管理令他大为赞叹。一个民营企业，能将一条窑炉有多少个风口、有多少道工序、有多少个负责人，用一张图示张贴在车间内，然后将生产过程中可能会遇到的问题明确指出，将每一个缺陷细分到每一道工序、每一个负责人上；而当缺陷出现时就立即向上一级汇报，由上一级领导及时召开有关会议解决。"精细化——制度化——行为化是新明珠的特色，如果只研究佛山陶瓷企业的发展而不去研究新明珠，那绝对是一个遗憾。"李汝湘受新明珠企业文化的影响，因而对本公司管理得更加细致。

　　在与新明珠的合作中，有一个教训令李汝湘终身受用。

　　2002 年，李汝湘承建新明珠四厂的辊道窑工程。投产后发现，由于在前期采购原材料上没有监控到位，传动的轴承出了质量问题，窑炉需停火更换部分零件。根据新明珠的供应商合作协议，因供应商造成的新明珠的损失，部分由供应商承担。所以新明珠决定对科宝艺进行一定金额的处罚。当时李汝湘觉得委屈，毕竟这不是他们故意造成的，而且科宝艺也是受害者。于是，他找到新明珠的董事长，希望能够减免处罚。但叶董事长对他说："李工，您以为我真的愿意处罚您吗？今天的处罚是一个阵痛，这对您企业的发展是有利而无害的。"听了叶董事长的话后，李汝湘说："叶老板，好，我接受您的处罚。今后我一定要以此为鉴，提高员工的质量意识，确保质量第一！"

　　"值得欣慰的是，这件事情并没有影响新明珠对我们的信任，新明珠反而继续将不少的窑炉生产线改造工程及三水、江西、禄步等工业园的窑炉设计技术工程交给我们来承造。所以我非常敬佩叶董事长，他是一个有进取、有远见、有魄力、有人情味、有信誉、襟怀坦荡的企业家。"李汝湘是彻底地服了叶德林。

　　作为新明珠的广告商之一，亚马逊广告公司老总鲍书凯有感于新明珠集团的诚信与制度建设的完善，曾发文与读者分享：

......

回首 6 年来与新明珠集团的合作，感触最深的莫过于一个"诚"字，新明珠集团以诚信经营为核心的企业文化，深深地打动我们。

新明珠集团有一套严格的财务制度，这个制度不仅保障了本集团的利益，也保障了合作方的利益。合作以来，我们从来没有对款项问题产生过担忧。特别令我们感动的，就是在这个月，由于我们的疏忽，造成有一期款项已经到期而我们忘记到新明珠集团供应部去收取，最后还是由其供应部主动催促我们去收取。据闻，连其上级领导也亲自询问了此款项的收取情况。看到他们这样的处事作风，我们非常感动。新明珠集团上层领导对管理制度尤其是回款制度的深入关注，是行内极少数企业能做到的。这种做法，表明新明珠企业已经把合作者看作了企业内部的一个组成部分。在我们的理解中，这已经超越了诚信的表层含义，并深刻地反映到了企业的经营理念之中。

诚然，这只是诚信经营中的一个例子，新明珠企业的"诚"，还体现在方方面面。

......

第六篇
践行标准与新明珠特色

第二十九章
从标准到标杆（一）

我认为建立企业标准化体系，就是最好的管理手段，也是强化我们管理工作的一项重要举措。

——叶德林

叶德林以珠江三角洲企业家特有的天赋，以敢为人先、务实创新、开放兼容的创业精神，敢于借鉴其他企业的长处，为我所用，刻意向"国际化一流企业"看齐，从建立明珠厂那刻起，就立志要办一个一流企业，在新厂的"前额"上用钢铁浇铸大字，坚定地亮出这句口号："创一流产品，办一流企业"，并把这句口号一直保留至今。那时，是 1993 年的春天。

叶德林定下目标，咬定青山不放松。

在企业进入第 6 年，产品和品牌已进入成熟期后，叶德林便开始借用国际企业经营管理模式，把新明珠引入"标准化"的通道。

那是 1999 年 8 月，当时新明珠才刚刚转型 8 个月，在叶德林的主持下，全体成员进入一个非常具有挑战性的工作——通过 ISO9002 国际质量管理体系认证。读者或许以为，这并不值得大惊小怪。但须知，ISO9000 族标准，是由 ISO/TC1760（国际标准化组织质量管理和质量保证技术委员会）制定的国际标准，而我国是从 1995 年才开始推广的，也只有极少的一部分大型国有企业或外向型企业为消除出口贸易技术壁垒，才"被动性"地接受认证，这是其一；其二，在全国建陶企业中，一直没有哪家开始实行这项认证，国家也未向建陶企业强调推行。眼下，新明珠刚从一个集体厂改为民营性质的建陶厂，就立即主动执行这一国际标准化组织颁布的质量管理体系，执意让明珠厂成为行业内第一家采用"国际标准"管理体系的企业，这就不是"头脑发热"或"作秀"能解释的了。

在很多建陶企业老板较长时间还不知"ISO 认证"是何方神圣的时候，叶德林就敢于自讨苦吃、自我控制和自我完善，显示出"一览众山小"的气魄，这的确是十分难能可贵的。

"ISO"是目前世界上最大的国际化标准组织，ISO9000标准用于证实企业具有提供满足顾客要求和适合法规要求的产品的能力，目的在于提高顾客的满意度。随着商品经济的不断扩大和日益国际化，提高产品的信誉，减少重复检验，消除贸易技术壁垒，维护生产、经销、消费者各方权益成为新明珠工作的重点，这个第三认证方不受产销双方经济利益支配，公正、科学，是各国对产品和企业进行质量评价和监督的证明。获得此证书，意味着该企业的各项管理系统已达到国际标准，表明其能持续稳定地向顾客提供满意的合格产品，赢得了一张国际认可的质量技术标准"通行证"，为产品打入国际市场开辟了通道。

ISO9000一族有17个标准，作为企业，只需选用其中三个标准之一即可——即选择ISO9001:1994、ISO9002:1994、ISO9003:1994之一。新明珠企业选择了ISO9002:1994标准，在叶德林这个认证小组长的统率下，新明珠从1999年8月到12月，用了4个月时间，以一次翻天覆地的改造和提升，顺利通过了德国ISO9000认证中心分支机构的认证，在全国建陶企业中，第一家通过了ISO9002:1994《品质体系生产、安装和服务的品质保证模式》的认证。

然而，若认为叶德林已为新明珠企业完成了做标准的使命，那就大错特错了，其实，这仅仅是企业践行标准迈出的第一步。

与第一次ISO认证相隔不到3年，也就是2002年8月，叶德林再次组织新明珠，进入另一个ISO认证，那便是ISO9001:2000国际质量体系认证。这是国际标准化组织在2000年对1994年的ISO9000族标准的修订，而ISO9001:2000是《质量管理体系要求》，是在原有标准上的进一步升华。这些"要求"要建立大量的相应标准文献，引申出相当多的条文法规。新明珠按照这些国际标准，再一次把自己投入到质量管理的"窑炉"中去，再一次经受了"2000℃"的煅烧，于2002年底，获得了第二个国际标准认证。于是，也为企业带来了最大效益——当年新明珠三个陶瓷品牌——冠珠陶瓷、萨米特陶瓷、格莱斯陶瓷同时获得了国家质检总局颁发的"产品质量国家免检"证书，成为全国建陶企业第一批也是获此殊荣最多的企业。

接下来，与上一次标准认证相隔一年半后，新明珠再次延续"开风气之先"的优秀传统，组织全体成员，参与了国内有关"标准"认证，那便是"3C"认证。

"3C"认证，即中国强制性产品认证制度（China Compulsory Certification，英文缩写CCC），它是我国政府按照世贸组织有关协议和国际通则，为保护消费者人身和动植物生命安全，保护环境，保护国家安全，依照法律法规实施的一种产品合格评定制度。由国家制定统一目录，统一标准，统一认证标志，统一收费标准等一揽子方案，彻底解决长期以来我国产品认证制度中出现的政出多门、重复评审、重复收费等问题，并建立与国际规划相一致的标准和程序，促进贸易便利化。凡列入强制性产品认证目录的，必须经国家指定的认证机构认证，取得相关证书并加以认证标志后，方能出厂、出口、销售和在经营服务场所使用。

我国的"3C"认证从 2003 年 8 月 1 日起实施，原有的产品安全认证和进出口安全质量许可制度同期废止。2004 年 1 月，国家质检总局和国家认监委联合发文，采用国际通行标准，开始对包括瓷砖在内的 3 类装饰材料进行"3C"认证。叶德林向来热衷于执行标准，所以，他一旦获悉，便立即在佛山建陶企业中带头开始认证标准。5 月 1 日，历经 4 个月的整改、提高、检验，新明珠旗下所有的陶瓷品牌——冠珠、萨米特、格莱斯、金朝阳、惠万家等陶瓷，作为国家试点单位首批通过了"3C"认证。新明珠又一次成为行业践行标准的先锋企业。到翌年 8 月 1 日，不少厂家却因未能获得国家"3C"认证证书和实施认证标志，产品被封存于仓库，不准出厂、销售。比较之下，叶德林积极取得认证的做法不仅是对新明珠企业的高度负责，更是对国家、社会和消费者的高度负责。

看看，这个叶德林是不是很特别?!

2005 年元月，阳光明媚，新明珠集团一派新年新气象。新年集团召开的第一次会议，叫做"形象年"会议。会上，叶德林作了《充分调动一切资源，搞好企业形象建设》的动员报告，指出：企业形象建设是企业持续发展的需要，公司决策层决定把企业形象建设作为今年工作重点，要求新明珠整体形象有一个新的风貌，上升到一个新的高度，要做到与达到国际化标准的企业形象相符。他用了一个通俗的例子告诫大家：

"我举个例子：一个五脏六腑修炼得很健康的人，是不会怕寒风冷雨的。在中国建陶业乃至世界建陶业的战场上，新明珠要想站得更高、走得更远，就必须勤练内功，做一个健康强壮的陶瓷巨人。"

叶德林认为，形象建设要全员参与，全面提升。首先从提升个人形象做起，从个人风貌贯穿到企业风貌。同时，企业形象建设不只是单方面的，不仅要对企业景观进行整改与重塑，更主要的是要在团队建设、员工素质、员工行为、员工道德标准等方面有一个提升，此外，还要利用各方面资源进行企业形象传播，加大力度提升我们终端形象建设标准。因为企业生存和发展的基础是市场，而就目前的状况而言，消费者对建陶品牌的认知还不是十分明晰，需要我们企业品牌的美誉度和企业社会形象为其导向，而优秀的企业形象和终端形象，则是我们进入消费市场最有效的"身份证"。

这是叶德林以"年"为时段单位，调动一切资源来建设企业形象的一个系统工程。叶德林利用一切资源——也就是充分利用自身和外部的现有条件，动员企业全体成员与合作伙伴积极参与，大到整个企业躯体，小到每个员工细胞，从微观到宏观，塑造出"一流企业"，以此体现新明珠巨舰的整体风貌，提高新明珠在国内、国际市场上的"身份价值"。这也是叶德林在为企业建立标准。

新明珠"形象年"，主要在两大方面发起攻势："6S"管理与 ISO14000 国际环境管理体系认证。

目前世界上先进工业国家大都把 5S 管理（整理、整顿、清扫、清洁、素养，其英文首字母均为"S"——简称"5S"）作为企业营造良好环境、提升员工素质、创造企业效益、树立品牌形象的一把不可或缺的利器。叶德林在选择这一利器时，根据行业特性和人性化原则，还多加了一项"安全"（Safe）管理，这便成了"6S"管理。

导入"6S"管理这一标准化工程，新明珠是将其作为一场"人民战争"来打的。以各厂、部为单位，层层指派专职领导负责，由专业认证咨询师对管理人员及"6S"活动推进骨干开始进行"6S"现场管理培训，再对每个员工进行培训，从思想到行动，都统一到"6S"管理方面来，要求每个成员一举手、一投足，都必须按照《"6S"管理方案》和《"6S"管理检查内容》等标准执行。

"6S"看起来简单，做起来却相当不容易。从小处着眼，从细微处着手，才能从整体上做优做好。新明珠人严格规范自己的行为、习惯和做事风格，一切在"认真"二字上狠下工夫，把"6S"活动开展得有声有色，新明珠企业形象很快就得到了全新的提升。

五厂纸箱仓的崔玉婵在谈及感想时说："整理、整顿、清扫、清洁、素养、安全的'物件'是场地和物品，修身养性的'物件'则是人。'6S'管理的目的并不只是希望员工将东西摆放好，将设备擦干净，更主要的目的在于通过细致、标准的一系列工作，使员工养成一种良好习惯，潜移默化地改造员工的思想和行为，使其能够心悦诚服地依照各种规章制度和标准化作业流程来行动，成为一个真正优秀的员工。"工业园品管部的梁道军说："做好'6S'管理不仅对工作有利，还能促进一个人的思想素质的提高，让人充满朝气和活力，大凡衣冠不整者，其事业和个人修养必定很差，所以做好'形象工程'很重要。'6S'管理，对人对己都很有价值！"

有这么一个故事：

　　2006年8月5日，美国波多黎各州政府代表团一行20多人来佛山参观考察陶瓷产品。在进入新明珠营销中心参观过后，美国客人的步伐就停了下来，立即与集团出口部签下了有关合作协议。这让佛山市政府有关领导大为吃惊：在此之前，代表团已参观了其他两家陶瓷公司，他们一直按兵不动，怎么在新明珠不到一个钟头，就马上签约了呢？原来，半个钟头前，代表团团长上了一趟洗手间，发现冠珠营销中心洗手间十分清洁、高雅、舒适、安全，该团长十分注重公司形象价值，其认为通过一个洗手间的管理可衡量企业的经营管理质量。因此，当他完成了一次"洗手"后，便毅然作出了"出手"的决定。

　　说起来可能让人觉得有点荒唐，但这却是事实。新明珠以其良好的企业形象，仅仅是让客人上了一趟洗手间，就做成了一宗上千万元的大生意！这多少让人感到不可思议。

　　这就是叶德林坚持要做形象、做标准的原因，在叶德林看来，其实这事再正常不过，并不值得大惊小怪。类似这样的故事还有很多，凡到过新明珠现场看过"货"，再与同类厂家比较过的客人，只要是购买产品，其与新明珠成功交易的几率，总达到98%以上，这是众多新明珠人都看得见的事实，也是他们引以为豪的资本。

第三十章
从标准到标杆（二）

企业标准化的目的就是使企业生产、经营、管理活动的全过程保持高度统一且高效率的运行，达到最佳秩序和最佳效益的目标。

——叶德林

在新明珠全员"6S"管理硕果初现之际，新明珠努力践行标准的下一个战役打响了——2005 年 7 月 27 日下午，在集团总部三楼会堂，来自各部门的130 多名代表，听到了他们的领航人叶德林发出新的号令："新明珠的同志们，现在我宣布：新明珠集团引入ISO14000 环境管理体系活动正式启动！"

叶德林告诉大家："新明珠是一个具有社会责任感和勇于对员工负责的企业，积极建立一个健全的环境管理标准体系，减少生产活动造成的环境污染，节约能源，促进企业与社会的可持续发展，是我们企业义不容辞的责任……"

会上，叶德林让各厂负责人立下了军令状——管理者代表任命书，特别任命副总裁李列林为 ISO14000 环境管理体系推进工作总负责人。动员大会结束后，叶德林还与全体代表一起参加了为时两个多钟头的专项培训，行动迅速，立竿见影。

ISO14000 认证是继 ISO9000 认证之后，国际标准化组织颁布的又一个统一标准。这是企业的自愿行为，企业依据 ISO14000 的要求，建立起完整的用文件表达的环境管理体系，通过运行及内部评审，证明这个体系是符合标准要求的、有效的，再经认证机构现场审核通过后，颁布认证证书，从而通过第三方证实，树立起善待环境的企业形象。在绿色消费之风盛行，绿色贸易壁垒林立的形势下，企业有了这张"绿色通行证"，其意义十分重大，它是提高产品竞争力的有效途径，有时甚至关系到企业的生死存亡。正因为如此，在新明珠通过"6S"管理营造出了一个良好的企业环境的基础上，叶德林及时导入了ISO14000 国际环境管理体系认证，借此更上层楼，让企业及早达到国际绿色标准。

历时 3 个多月的全民参与的历练和提升，并通过向新明珠所有经销商和供应商发出《环境保护倡议书》和《环境保护宣言》，公开自己自愿接受社会各方的监督的承诺，企业的环境管理得到了全方位的提高和改善，企业的综合竞争力得到了进一步加强，新明珠的面貌更是焕然一新。11月初，经深圳市环通认证中心专家组审核认定，新明珠所属各企业，全部获得了 ISO14000 环境管理体系证书。这是新明珠继获得 ISO9002:1994、ISO9000:2000 质量管理体系认证后，在企业现代化标准建设方面取得的又一重大成果。

又过了2个月，经过国家环保总局技术专家组的评定，新明珠成为建陶业首个通过中国环境标志产品认证的企业环境标志产品认证。专家们在现场检查审核后，对新明珠的环境建设、清洁生产给予了高度评价，颁发了证书，并称：这是 1994 年中国环境标志产品认证体系建立以来，首次有建陶行业企业获得通过该认证。

2006 年 9 月 1 日，我国建筑卫生陶瓷依照《陶瓷砖》和《卫生陶瓷》两项标准申请通过中国环境标志认证，这是国家环保总局首次发布的建筑卫生陶瓷产品环保行业标准。9 月 17 日上午，在北京人民大会堂，举行了由国家环保总局主持的"两个标准"新闻发布会暨首批获得中国环境标志产品认证的建陶企业颁证仪式。国家环保总局、北京 2008 奥组委、中国消费者协会、中国陶瓷工业协会等有关部门及新明珠、鹰牌、东鹏、蒙娜丽莎、新中源、兴辉等18 家率先获得认证的企业代表以及各大媒体记者出席了会议。会上，新明珠集团代表 18 家率先获得认证的企业发表了《环境保护宣言》，新明珠又一次在践行标准活动中"领衔主演"。

2006 年 12 月初，新明珠凭借获得国际、国内环境标志产品认证的实力，赢得了入册中国政府采购名录的殊荣，国家财政部和环保总局向各级国家机关、事业单位和团体组织联合发布了《环境标志产品政府采购清单》，清单所列产品来自于轻型汽车、复印机、建筑陶瓷等 15 类产品领域的 81 家企业，新明珠旗下各品牌产品赫然列于榜单之上。清单文件要求：各级国家机关、事业单位和团体组织凡是用财政性资金进行采购的，要优先采购环境标志产品，不得采购危害环境及人体健康的产品。采购环境标志产品对于树立政府环保形象、提高全社会的环保意识、提高人体的健康水平、节约能源、促进资源循环利用、实现经济社会可持续发展都具有十分重要的意义。

在全国 15 类产品领域中，只有 81 家企业进入我国政府采购清单，而新明珠旗下各品牌产品能被顺利选中，这可是"千里挑一"啊，所以说，叶德林和新明珠人坚持不懈践行标准的努力，是有回报的，是令人感到欣慰的，更是十分值得的。

随后，新明珠旗下各品牌产品，自从得到了政府采购清单这一"令箭"，在国家重大工程竞标采购时，总能胜人一筹，从众多竞争对手中脱颖而出，比如：三次进入人民大会堂修缮工程用砖采购名单；进入北京新机场用砖采购名单；进入北京奥运"鸟巢"工程等九大场馆用砖采购名单；等等。

出于社会责任，坚持"要把五脏六腑修炼得很健康"，坚定不移地建设一个一流企业，已经拥有国际标准化组织颁发的 ISO9001:2000 质量管理体系认证和 ISO14001:2004 环境管理体系认证的新明珠集团，再次发起了实施国际标准的又一场"人民战争"——OHSASI8001 职业健康管理体系认证。

OHSASI8001 是国际上继 ISO9001 质量管理体系标准和 ISO14001 环境管理体系标准后世界各国关注的又一管理标准。其目的是规范企业的职业健康安全管理行为，促进企业建立现代企业制度，保障劳动者的安全与健康。叶德林向来对企业员工的安全与健康十分重视，悉心关怀员工的生产生活。于是，在注重做好企业质量标准和环境标准的同时，动员全体新明珠人，开始着手做好员工本身的职业健康安全管理标准，为企业负责，更为自己和家庭负责。

OHSASI8001、ISO9001、ISO14001 三大标准体系，既有个性又有共性，21 世纪的管理趋势就是将这"三标一体"同时运用在企业的日常管理中，以达到经济效益、社会效益、环保效益的同步实现。但大多数企业在面对职业健康安全管理标准认证时，都望而却步，不愿意去投入，生怕会影响企业利益。但叶德林却要以"吃亏是福"、"吃小亏占大便宜"的大作为思想，将企业职业健康安全管理工作由被动变为主动，变事后处理为事前预防，执意从国际标准的高度，提高员工自我保护、自我安全意识，以更有效地减少安全事故、职业病和财产损失，降低企业经营成本。

所以，叶德林说：我主张企业做标准，其实就是主张采用最好的方法和条件，把企业的一切工作做到最好、最标准，从而实现企业效益的最大化，达到你好我好大家好。

2008 年夏天，新明珠集团悉心培育的 OHSASI8001 之花结下硕果，深圳市环通认证中心专家组充分肯定和高度评价了新明珠在职业健康安全管理以及环保管理方面所做的工作，新明珠正式通过了该认证。新明珠成了中国陶瓷行业率先通过该项认证的企业，并且也是国内唯一拥有国际管理标准"三标一体"特质的陶瓷企业。

已经具有国际管理标准所需要的"三标一体"，同时拥有国内有关企业管理标准体系的认同，按理，新明珠企业可以高枕无忧，躺在一边"享受"去了，不，叶德林却不这么看，他反而认为，正因为新明珠拥有了这么多相关的标准条件，同时企业正在进入快速发展的新轨道，新明珠企业标准化体系的建设更是势在必行，下一个目标，就是建立国家 AAAA 级标准化良好行为企业！

倾心于践行"标准"的叶德林，从现代企业管理中了解到：企业标准化体系涉及企业管理制度的方方面面，包括职业素质标准、岗位职责标准、岗位考评标准、人力资源管理、生产管理、技术研发管理、设备管理、质量管理、财务管理、物控管理、营销管理、经济合同管理、管理判例等方面，是企业管理运行最为完备的制度标准化体系，为企业步入良好发展轨道奠定坚实的基础。

于是，乘势而行，具有划时代性的一个标准——"标准化良好行为企业"创建活动，在叶德林的发动下，于 2008 年 3 月 10 日，在新明珠集团正式启动！

当天下午，叶德林向前来参加动员大会暨培训的 200 多名员工代表作了讲话，其内容和思想颇具分量，我们可从这一讲话中，窥见叶德林热衷践行"标准"之一斑。特转录讲话内容如下：

今天我们很荣幸地邀请到广东省标准化协会的理事长张如喜先生和秘书长闻萍女士，参加新明珠集团建立企业标准化体系动员大会，并为我们参与标准化工作的干部做专业培训。感谢两位专家百忙中亲临我们新明珠陶瓷集团指导工作，相信在两位专家的指导下，我们新明珠陶瓷集团标准化工作一定能够跃上一个新台阶，肯定能够顺利完成广东省实施技术标准战略企业认证工作的目标，持续推进标准化工作也会对我们实现百年企业的理想有很大的帮助。

集团公司要开展企业标准化工作，这是我们现阶段战略发展的迫切需要，也是我们 15 年健康快速发展的必然结果。现在，我们新明珠集团已经具备了开展这项工作的条件，也必须要尽快开展这项工作。

经过 15 年的发展，新明珠集团积累了大量行之有效的管理经验，建立了严格细致的各种管理制度，制定了完善的技术标准。15 年来我们取得的每一步成功，都是我们反复地复制和运用这些经验、制度、标准的必然结果。把这些经验、制度、标准通过建立企业标准化体系的方式规范起来，形成制度化的有效管理，对我们企业来说是非常重要的，它会构成我们企业独有的核心竞争力。

从 2007 年开始，我们跨出了"走出广东、布局全国"的发展战略的第一步，在江西高安投建了一个 3500 亩的建陶工业园；接下来，我们还要根据企业的发展需要，在其他地方投建新的工业园。今年的新春工作会议上，我也提出了未来五年的发展规划和战略，如何保证我们的规划和战略快速、稳健、顺利地实施，解决远程管理的各种难题，保持可持续的发展，最终实现我们的战略目标呢？我认为建立企业标准化体系，就是最好的管理手段，也是强化我们管理工作的一项重要举措。通过建立这套体系，我们可以快速复制成功经验、管理制度和技术标准，对于规范和保障我们的持续快速发展，延续我们独有的企业文化，都是非常必要的。

企业标准化的目的就是使企业生产、经营、管理活动的全过程保持高度的统一和高效率的运行，从而达到获得最佳秩序和最佳效益的目标。

在企业生产、技术、经营活动中，标准化是一项重要的基础工作。首先，标准化在质和量的方面直接为企业的各项生产、经营活动提供了共同遵循和重复使用的准则；其次，企业进行科学管理，必须通过制定、贯彻和实施标准，建立起系统的、可控的、符合客观经济规律和行为科学的最佳秩序；最后，充分利用标准化的简化、统一、协调、优化原则，对企业进行科学管理，可提高工作效率，保证各项工作的质量和产品质量，提高企业经济效益。

总的来说，企业标准化的作用不是简单几句话就能概括的，我这里只是抛砖引玉，具体的内容由张会长来为我们介绍。

建立企业标准化体系不是一天半天的事情，需要我们大家不懈地努力并在实施过程中不断地改进。希望各部门和各位同事要高度重视，并紧密配合这项工作的开展，大家在心中要有标准化的概念和细则，从日常工作做起，并且坚定不移地实施。

有专家说过：三流企业做产品，二流企业做品牌，一流企业做标准。我们新明珠以产品质量过硬、综合性能好、性价比高而被业界称誉，现在我们正凭借着系统地推进的标准化，致力于品牌建设，并取得了良好的效果，在市场上获得了较高的美誉度。但是，同事们，我们不能骄傲自满，不要满足于眼前取得的成绩，在激烈的市场竞争中，一个企业的发展犹如逆水行舟，不进则退。我们集团的战略目标是建立事业共同体，做一流的企业是我们共同的方向、共同的理想、共同的奋斗目标。为实现这一共同目标，有效配合集团的迅速扩张，我们必须尽快总结过去的成功经验，形成系统化的标准体系，并将其快速地复制到各个工业园和各部门中，达到强化我们的远程管理能力、保证企业顺利实现战略发展的目标。

同事们，我将和大家一起群策群力，并肩前进，建立起我们新明珠的企业标准化体系，促进新明珠集团进入良性的快速发展新轨道。

接着，集团公司副总裁李列林宣布了企业标准化体系建立的推进过程和工作要求，同时宣布成立公司标准化管理委员会，全力抓好专项工作，并提出了一系列推进标准化工作的奖惩制度，要求各线（部）必须在 2008 年内完成企业标准化建设工作。

随后，应邀到会的广东省标准化协会理事长、高级工程师张如喜向参会人员作了如何进行企业标准化体系建立的培训。

新明珠人已从多年来积极践行标准的工作中尝到了甜头，所以叶董事长的号召发出后，得到了全员响应，全体员工迅速行动，积极配合标准化管理委员会的各项工作，各标准化小组在规定时间内完成了资料收集、整理、编写标准等全部工作。

经过紧张有序的整理汇总，新明珠企业标准化体系基本建立。

从 2005 年 5 月开始，企业标准化专家组对新明珠企业标准化体系进行了考评，从理论基础开始，逐个逐层对照有关标准进行严格的审核，最后认定：广东新明珠陶瓷集团公司企业标准体系齐全、完整，覆盖了企业生产、经营、管理、技术活动的全过程，完全符合国家四个标准 GB/T15496、GB/T15497、GB/T15498 和 GB/T19273的要求，确认其为 AAAA 级标准化良好行为企业。

2008 年 10 月 21 日，佛山市技术监督局禅城区工作站召开企业采用标准化工作总结会，新明珠集团公司受到特别表彰，并为该公司颁发了其五大类别陶瓷砖取得的采标证书和 25 万元的奖金，大会安排新明珠代表推介采用先进标准，提高标准水平，制定企业标准战略方面的做法和经验。新明珠品管部经理王斌在介绍后说："这些成绩和荣誉的取得，是与我们公司一直以来坚持质量创新、品牌创新、重视标准化工作密不可分的！"

新明珠集团企业标准化建设的成就，不仅获得了国内行业的高度重视和好评，也引起了国际标准化组织的关注，这是叶德林始料不及的，也是令叶德林最为欣慰的。

2008 年 11 月 17 日是一个让叶德林和新明珠颇感骄傲和自豪的日子。在我国历史文化名城西安，新明珠光荣地出席了国际标准化组织 ISO/TC189 陶瓷砖技术委员会在这里举行的年会！

会议代表仅 60 人，代表来自美国、意大利、西班牙、中国、英国、法国、巴西、以色列、澳大利亚等十几个国家和地区。这是国际标准化组织 ISO/TC189 年会首次在亚洲国家举行，此举进一步体现了亚洲国家特别是中国企业近年来在世界陶瓷生产标准化体系建设上的成就和地位。年会讨论审议了陶瓷砖国际标准（ISO13006）和实验方法标准（ISO10545）即将修订的内容和今后发展的方向。新明珠企业的国际标准化建设作为中国陶瓷行业的风向标，被年会特别关注，年会安排了新明珠陶瓷集团代表赵容、王斌、祝天峰在大会上向各国代表介绍经验，一时更是令世界瞩目。美国、澳大利亚、以色列等国的多位代表当即表达了希望近期能到新明珠考察交流、洽谈合作的意向。

年会结束后第三天；11 月 22 日，国际标准化组织 ISO/TC189 陶瓷砖技术委员会主席 Svend Hovmand 先生风尘仆仆地赶到新明珠集团考察。通过先前的了解和年会上新明珠代表对其在实施国际标准体系后所取得的成果的介绍，Svend Hovmand 先生对新明珠情有独钟，他决定前来实地考察新明珠，拟与新明珠展开合作，因为他的另一个身份是美国最大的建筑陶瓷生产和贸易企业 Crossville 公司董事长。叶德林热情地接待到访的 Svend Hovmand 主席。Svend Hovmand 主席考察完新明珠后高兴地说："我在中国新明珠产业基地，看到了世界陶瓷砖生产的新前景，我的另一个身份告诉我，与叶先生的合作是最佳的选择。"双方就今后的合作达成了初步意向，同时也揭开了中美两大陶瓷产业巨头携手推广陶瓷砖国际标准化和实验方法标准化的新篇章。

叶德林除了积极执行国际、国内企业标准化体系之外，还有另一个值得我们称颂的行动，那就是积极参与中国建陶工业协会、中国建筑卫生陶瓷协会、广东陶瓷协会等行业标准化技术委员会方面的工作，也就是参与行业各种标准的制定。叶德林一直把新明珠的企业标准化作为企业的核心竞争力之一，做得如此出色，做成行业第一，那就是实力和标准，其实新明珠的诸多标准，都被认证中心确定为是"超标"的，也就是高出了标准的要求，那么，中国建陶行业力邀新明珠加盟制定标准，对于新明珠来说，不仅理所当然，实至名归，而且也是一种义务、一种责任。近年来，新明珠集团参与了全国建筑卫生陶瓷标准化技术委员会归口的各项国标、行标的制定和审议工作；参与了多项国标、行标的制定及修订工作；参与了佛山陶瓷联盟标准的制定工作；最近还提出了"干压陶瓷超薄墙砖"新国标立项申请，为行业的发展发挥了自己的积极作用。

立足并热衷于践行标准，叶德林带领新明珠人创造了一个一流企业，并同时把这个一流企业变成了行业的标杆，其重大意义、价值和影响力，实在无法估量。

第三十一章
新明珠特色之：领导有情

要与下属亲和、融洽共事，要关心帮助，不准欺压，不得恶语伤人，不得贬低、侮辱人。

——叶德林

面对新明珠集团超常规的发展，有记者向叶德林打探一个众人关心的话题：新明珠企业的核心竞争力在哪里？

叶德林沉思片刻，然后伸出一只手掌，比喻着说："企业的核心竞争力就像一只手的五个手指，大拇指是品牌，是灵魂；食指就是质量，产品的质量就是生命；中指代表技术，只有技术上的不断创新，才有不断发展的动力；无名指代表管理，要有一套科学的管理方法和制度，企业才有章可循，才能胜人一筹，所以管理是基础；小指就是服务、诚信，这是对社会和消费者的保证及信誉。把五个手指合拢，握成一个拳头，打出去才有力量。"

核心竞争力是企业相对于竞争对手赖以生存和发展的，具有独占或相对垄断性的竞争优势。核心竞争力可以是一项或几项的综合，但无疑这都是该企业的强项。叶德林却用一个拳头比作新明珠与对手竞争的最有力的力量，也就是说，新明珠不是凭借一招散手或单一优势来为自己争得"地盘"，从中胜出的。

叶德林说五指中的一指代表"管理"，说是要有一套科学的管理方法和制度，企业才能胜人一筹，并强调管理是基础。诚然，企业管理包罗万象，叶德林在这里特别指出，这个管理重在对人的管理。

叶德林很佩服松下幸之助对人的管理艺术，在明珠砖厂建立初期，他就推行"造人先于造砖"的管理，实行一套有别于其他集体厂的人才管理制度，以至经过15年来的积累和提高，慢慢形成了"新明珠人才管理模式"。比如选用人才的要求是"适岗就是才"；比如要求每个新明珠人要做到"有本心、本事"（德才兼备），比如"用人要疑，疑人要用"（使用与监督并行）；比如在员工队伍情感管理上推行"人性化、亲情化"，"大家庭式情感"；比如采用"领导有情，管理无情，制度绝情"的宽容与严厉相结合的管理方法等等，这便成为叶德林强调的新明珠企业的核心竞争力之一。

而其中的"领导有情，管理无情，制度绝情"的管理模式，则最能体现新明珠管理特色。

这是10多年来，叶德林以个人的品格和魅力，培养出来的一种企业性格，也就是人们常说的，什么样的企业老板，将带出什么样的企业。叶德林为人谦和、厚道、平易近人，孝亲感恩，重情轻利，乐善好施，是同行中公认的最有人情味的老板。因此，叶德林的性格深深地影响着新明珠，在企业内部，自然而然形成了一种亲和的"大家庭"式的企业文化。

在新明珠企业内，洋溢着一种浓浓的人情味，公司像一个和睦、奋进的"大家庭"，人与人之间关系融洽，彼此信赖，互相尊重，同舟共济，爱厂如家。从集团公司董事长到各级领导都实行门户开放政策，叶德林这个拥有18000人的集团总裁，却不设总裁秘书；每逢员工来访，叶总绝不在大班台前与之对话，而是与员工一起平坐到茶几前，还亲自泡茶待之。笔者第一次采访彭新峰副总时，她就笑笑说："我们不设门卫、秘书之类，我主张有找上门的，一定亲自见他，能解决的，立即解决。"

叶德林执意要把新明珠打造成一个亲情企业，特别是在企业内部营造一种"大家庭"式的氛围，让每个员工都感觉到自己是这个大家庭的一员，从而培养出为自己做事的情感和作风。尤其是要求领导要做到有情，把员工当作自己的亲人看待，对待员工要以情待之，以情动之。叶德林身体力行，每逢大型节庆活动，或本家喜庆与筵席，都把活动场地设在集团总部现场，同时广邀全国各地经销商、供应商和社会各界宾客，宴开数百席，数千人同一时间、同一场合欢聚，一起吃饭、喝酒、唱歌，还有即兴节目表演，或请来各地的文艺界朋友与员工一起联欢，同唱企业歌，同跳水乡舞，同叙四海情。

2007年12月28~30日，是新明珠集团成立15周年庆祝期，恰逢副总裁叶永楷喜结良缘吉日，叶德林便趁机把企业与家庭的喜庆放在同一个喜庆期内举行，尽力打好亲情文化品牌。12月29日，在集团庆典前一天，先是为儿子举行盛大的婚礼，叶德林以个人名义邀请全国经销商、供应商3000多人前来助兴，包往返机票、包吃包住，让员工作为家人出面迎宾，以家常便饭的形式招待来宾，酒菜是自家准备的，服务员是本公司的员工，让浓烈的亲情在企业这个大集体中得到充分体现，达到亲情、友情水乳交融，让企业、家庭与社会和谐共处，营造出一种"大家庭"式的带有鲜明个性的新明珠特色企业文化，让企业的含义从中得到进一步的丰富与升华。中国建材协会的领导前来亲身感受后，颇有感触地说："像这么善打亲情牌的企业，我们行业内可能就新明珠这一家！"

叶德林认为，领导是通过同事（叶德林强调为同事而不是下属）来工作的，只有真正关心每一位同事，尊重每一位同事，同事才会配合你做好工作。"德叔，是每位员工对叶总的爱称，而德叔对每位员工的爱则像是父亲般的爱，发自肺腑的。正因为是关心、重视，所以，连下面厂里的一般员工，只要和他打过招呼，报上姓名，日后他就能记住对方的名字，有人说他记性好，其实，这主要是他尊重每一位同事，甚至是对清洁工、司机，他也是一碗水端平。"集团副总裁冼金河说。

叶德林的司机小覃，广东茂名人，从部队退伍后在某银行当押款员，2001年进入新明珠，先是在车队开了一年车，第二年被安排为董事长专职开车。如果叶德林平日不出长途车时，总是自己开车，让小覃歇着；当他与叶德林参与各种活动时，叶德林总是带着他一起坐正位，不像别的老板把司机当下人对待。叶德林还善于让出时间，让小覃参加公司的各项活动，鼓励他努力看书学习，提高文化知识水平，平时很多时候，反而是叶德林在照顾小覃。他还主动解决了小覃一家的很多困难。笔者参加新明珠禄步工业园投产庆典时，亲身感受了一个动人的小细节——集团陈副总裁对叶董说："要起程了，我叫司机准备一下。"却见叶董偏过头，压低声音说："以后，我们尽可能不叫他们司机，我一直称他们为'拍档'（同事）。这样，他们会感到我们更尊重他。"陈副总裁连连点头，大悟。

这是一种同态心理，叶德林称之为以心换心。所谓同态心理，就是指以对方的态度来确定怎样对待对方，以对方的行为作为自己行动的基本原则，说简单一点，就是对等，你对我如何，我就对你怎样。中国社会数千年来所追求的道德境界和伦理法则，始终崇尚知恩图报。叶德林深谙此道，所以特别倡导在新明珠企业内，各级管理者都要关怀、尊重、帮助、给予下属，要主动同下属以心换心，以诚换诚，旨在通过诱发和调动下属积极的同态心理，换来良好的人际合作。正所谓"人心是肉做的"，"因感激而生回报"，"滴水之恩，当涌泉相报"，"士为知己者死"等，这些俗语形象地表达了这种社会心理特征。

所有新明珠的领导，都受到了叶董事长长期以来的关爱，大家日常打招呼都爱称叶德林为德叔，总觉得他只是个可亲可爱的长辈；而各级领导又都以德叔为榜样，从人本出发，对下属充满深深的感情，做到以情拴人，以情对待每一位员工，尊重、关心每一位员工，肯定每一位员工存在的价值。这就像一条看不见的红线，贯穿于新明珠公司企业管理的各项活动中，同时也贯穿于企业领导的思想中，自然而然，便成了新明珠领导人的一种招牌，一种风格。

叶德林曾多次给大家讲述一个寓言故事：太阳和北风打赌，看谁能先让人把大衣脱去。于是，太阳用它温暖的光辉，轻而易举地使人脱下大衣；而北风使劲地吹，反而使行人的大衣裹得更紧。太阳与北风的故事向我们展示一个道理：温暖胜于严寒。对部属要用"太阳法则"，就是要尊重和关心下属，以下属为本，多点人情味，让他们真正感受到领导者给予的温暖，从而解掉包袱，激发工作的积极性。如果一味地给别人冷面孔，不近人情，以"权"压人，下属就会与你离心离德，难以尽心尽力做好工作。

三水工业园品管部的隆学华，对自己在新明珠感受到的领导有情颇为深刻，他激动地写下了《一件难忘的小事》，在《新明珠》报上吐露自己的心声：

这是两年前的一件事，事情虽小，可至今令我难以忘怀。

那时我刚进厂不久，有一天，因为工作的需要，要去南庄中转仓一天，说好早上过去，下午回来。但是临近时发现公司没有合适的车可以接送，正好我们领导得知公司的一位高层领导要去南庄公干，就叫我搭他的便车过去。其实当时我很不情愿的，心想跟那么大的官在一起乘车很拘束不自在，可也没说出来。

结果才发现，原来我的这种担心是多余的。这位高层领导一点也不摆架子，而是很平易近人。我因为要带抽检的行头，一来二去的，就迟到了。当我赶到厂门口时，领导的小车已等在那里了。看我跑得急急忙忙的，领导风趣地说："不要急，不要急，大人，我们已恭候多时也。"那时我们工业园已有几千员工了，我不过是其中普通一员。可是，领导都能对我如此随和。一路上他亲切地与我拉家常，又详细询问我的工作流程，并鼓励我："好好做，你会有所作为的。"

从南庄回返，下午6点钟小车准时来接我。领导说有人请吃饭，要我一起吃了饭再回去。当我们来到酒楼时，已有几位客人等着了，都很有气派，就我脏兮兮的，我自己都很不好意思。吃饭时领导与客人谈业务，也没忘了我，对我说："不要客气，要吃饱、吃好。"还关切地问我："迟了回去，要不要给家里打个电话？"一边说一边就把手机递了过来（那时我还没有手机）。

这件事现已过去两年了，虽然没有曲折的情节，也没有惊奇的故事，但至今我仍清晰地记得当时的情景和领导浓浓的人情味。

领导的素质对于企业发展有着重要作用。言传身教，潜移默化的力量是巨大的。我想，新明珠企业会取得现在的发展，和我们有这么好的领导是分不开的。在新明珠人的大力倡导下，博大友爱、团结互助的优良传统将会永远传承下去，新明珠企业的明天也会更美好、更灿烂！

　　类似这样的事例，在新明珠举不胜举。

　　领导有情，正是新明珠企业的个性与特色，也是新明珠企业文化的核心体现。

第三十二章
新明珠特色之：管理无情

> 适岗就是才。
>
> 人才 = 本心 + 本事。
>
> ——叶德林

2004 年农历正月初九，叶德林趁着春节休息时间，把在集团工作的家族成员 30 多人召集到一起，开了个家族会议。目的一是与大家拉拉家常，增进了解和亲情；二是强调公司的管理与制度。

叶德林本着家族成员的身份，敞开心扉吐心声："我很高兴，我们这个家族人、财、事业兴旺。我们公司发展到今天，做到了企业声誉和利益双丰收。这些成绩的取得，与在座各位及你们家人的支持是分不开的。到目前为止，家族许多成员在公司不同层次、不同岗位上工作，在企业创业、成长、发展的过程中，我们整个家族团结进取、全情投入，做了大量的工作，我衷心感谢你们。同时，还要感谢那些虽然没有参加企业工作，但长期以来一直关心、支持企业发展的家族成员。我们的家族成员不断学习，个人素质不断提高，能力不断增强，为公司的持续发展奠定了一定的人才基础。如简果康在生产管理能力、专业技术水平方面已成为了企业中的高手，为新明珠企业撑起了半边天。"

叶德林简要谈过企业二次创业的设想后，便把话题转向了公司规范化管理上来："新明珠的规模扩大了，昔日的小企业管理已不适应了，所以我们逐步建立起一系列规范的管理制度，通过加强管理来提高企业的竞争力。作为家族成员，我们每个人首先要解决好以下问题：一是要解放思想。既要克服自负的思想，又要克服自卑的思想，不要以为自己过去干得不错，就有骄傲的资本，要继续发挥自己的优势，将特长和能力发挥出来。二是要增强人才意识。企业要做大、要发展，必须要吸收大量的专业人才，若单纯在家族成员中选择，就会变得越来越窄，无人可用。在我看来，引进高素质的人才就是借外脑助发展的人才战略。三是管理要不断创新。当企业做到一定规模后，更需要按照一种规范的模式去做，改变家族式管理，就是一种创新，我们要学会'加减乘除'

法则：'加'就是增加现代企业意识，增加企业核心竞争力。'减'就是减去自身一些不良的习惯和做法。比如：避免将家庭矛盾与情绪带入工作，减少政令，因为家族成员比起其他员工更易形成'主人翁'意识，更易形成视这个企业有自己一份或把企业看成自己的家（一家人）的意识，容易越权做事，跨岗位管理，影响相关管理者的管理权威，造成管理混乱，令人无所适从。所以要避免这些弊端，论绩效、论贡献、论能力用人和计酬。减少任人唯亲的做法。'乘'就是我们要将政府资源、人才资源、社会技术力量等有效整合起来，为企业服务。'除'就是除掉'皇亲国戚'说了算的格局，发挥团队作用，除去狭隘的自我圈子，做好协调、扶持工作。

"作为家族成员，我们必须要成为传播企业文化、执行命令、遵守纪律的模范，成为企业内外人才凝聚的核心。在这里，我给大家提出几点要求：暂且叫做'三四五六七'要求……"（略，引者）

"我要说，在座的每一个人，特别是年轻人还要加强学习。通过学习，提升自己，更新观念。公司的未来还要依靠你们的智慧和力量。希望大家珍惜机会。我可以向你们承诺，在我们这里，只要你肯努力，只要你具备能力和条件，我就一定会给你机会，助你成才。但如果你没有适岗的素质，没有踏实的工作态度，再多再好的机会也与你无缘。大家知道，企业要生存、要发展，人才是第一，我的用人原则是让贤者亲，让亲者贤。"

叶德林总是从自己做起，对身边的人严格要求，在管理上一视同仁，不分亲疏高低，在制度面前人人平等，道是无情却有情。为配合新明珠很早就建立起来的那套属于自己的非常规范的管理制度，叶德林多次通过家族会议，要求每个成员严格执行公司的"大法"，一致服从集团的规范化管理，共同构建出一个现代企业管理模式。

在新明珠所属公司，人们都可以看到这么一条醒目的标语：认真，快！坚守承诺！保证完成任务！决不找借口！

这是新明珠人在管理上坚持的工作作风。

美国著名的西点军校200多年来奉行的行为准则便是"没有任何借口"，对于战争，这是一条铁血法则，"每一位学员都要想尽办法去完成任何一项任务，而不是为没有完成任务去寻找借口"。其核心是敬业、责任、服从和诚实。新明珠人则在西点军校的行动准则上更加强调对待任务的态度与速度，因为做任何事情，重在行动！

陈先辉副总裁在介绍企业人力资源管理时说："新明珠企业实行的是目标管理，将企业的目标分解落实到各园区各职能部门，各园区各职能部门又细化分解具体的班组到岗位。在人力资源管理方面，我们注重几个三角的平衡构建，这就是：讲求权责利对等，将企业文化建设、福利体系完善提升与人才优胜劣汰机制有机结合，注重岗位工作绩效、评价考核与激励处罚相结合，授权、考核与监督相辅相成。新明珠快速发展的秘诀就是发挥每个人的特长，容其所短，致力打造优秀的团队，倡导的是优秀的团队创造优异的业绩，优秀的企业制造优质的产品。对有本心有本事的人，我们重用，对有本心但能力差一点的，我们给机会培养，对于个别本心稍差一点但有本事的人，我们在缩减他的管理范围的同时，通过教育、送他去学习培训改变他的价值观，提升职业道德素养。新明珠快速发展的过程中人才是第一位的，这离不开一个培养人才的好机制。这与企业文化有很大的关系，一直以来，新明珠摒弃了管理学中的行政垂直管理模式，建立了以服务为价值导向的领导管理原则，即领导为下属服务，支持、指导、帮助下属完成工作，董事长是企业最好最重要的服务员。在领导的支持和帮助下，各级各层管理干部能充分发挥其智慧和才能，高效地完成工作，同时，通过不断的历练，业务和管理上都能独当一面，人才就在实践中培养起来了，这么多年以来，从生产到销售，从财务到人力资源及行政，我们的中基层干部基本上是从一线提拔起来的，空降的不多。随着企业的快速发展，企业管理遇到的挑战是很大的，所以规范化、制度化、标准化、流程化的管理就更为重要。在新明珠十几年的发展中，已形成了'制度第一，总裁第二'的管理文化，并通过不断修改完善，已建立起了一套与新明珠企业文化相适应的制度管理体系。"

叶董事长有个亲戚在集团某部门任要职多年，一直勤恳敬业，做出了不少成绩，但在 2008 年两个季度的考核中，业绩连续下滑，加上还有一次较大的违章错误，按管理规定，需要降职处罚。于是，公司最后给予调离并降级使用的处理。决定作出后，其父母和亲戚多次向叶董事长求情，但叶董事长却坚持苦口婆心地做对方的思想工作，说服教育，让说情者明白制度面前人人平等的道理，最后这位员工心服口服地到新部门上班去了。

新明珠有个员工，是叶董事长在南庄镇水利所时的同事，也是好朋友，两年前，工作无着落，被叶董事长照顾进新明珠，安排在某岗位上工作。在试用了一段时间后，用人部门和人力资源部门根据岗位价值和其本人的工作经历、能力进行评估，进行了定级。但他倚着自己与董事长的特殊关系，加上年纪和经历，便向负责人力资源的领导陈先辉副总裁伸手要高职高薪。陈先辉副总裁对他讲解了集团公司以结果论英雄、以实绩说话的评价原则，说明了"多劳多得，能者多得，高付出高风险者多得，创新创效者多得"的分配原则，希望他干出实绩回报董事长的关照，同时也能得到个人的提升。

《新明珠》报上一篇《赵成武的内心世界》(作者张露蓉)，颇能说明问题：

2004年三水工业园开始筹建时，赵成武辞去石湾某陶瓷厂的工作，和老乡一起来到这儿。进厂后在瓷片一期成型车间做机修，现任瓷片三期成型车间一班班长。是什么原因让他离开原来的陶瓷厂来到新明珠，又是什么原因让他坚定地陪着三水工业园一同走过建厂以来的岁月？从一期到三期、从机修员到班长，面对新的环境、新的岗位，他又有些怎样的内心世界呢？让我们走近赵成武，听听他的讲述。

1. 选择。很早之前，我还在石湾一家陶瓷厂工作时，就知道新明珠是一家很大的公司，那时因为很多人都说新明珠的管理很严格，所以一直都不敢来，觉得还是在原来的厂自由。后来在这边筹建时，我以前的那个厂的一个老乡来这里的釉线车间做机修班长，他以前是做主责的，来这里之后，虽然职位没以前高，但工资却比以前多了，我才跟着他过来了。现在想想，最初来这里的原因就是为了拿到高工资。我到这里做机修之后，工资最高时一个月能比以前高1000元，平常一般情况下也能高六七百元。当然，在这里压力也比以前大得多。

2. 关于责任。我以前工作的厂规模比较小，而且主要是生产一些低档砖，质量抓得也没这么严。如果出现崩边角这些问题，操作工管不管都是无所谓的，全凭个人心情。产品也不用量尺寸。而在新明珠就大不一样了，这里生产的都是高档砖，对质量要求很严，每个岗位的员工都要对产品的质量负责。因此，每个人都要坚守岗位。

3. 关于制度。作为管理人员，肯定都是希望制度严格些。制度严格，人员不会那么散漫，产品质量有保障，效益才会好。企业效益好了，员工工作才有保障。其实，这也是很多员工的想法。有些员工可能刚来的时候不太适应，但是慢慢地也就会认同这种管理方式了。

4. 现时的工作计划。做员工的思想工作。通过培训让新员工熟悉工作说明书和操作规范，并找他们单独谈话，解决他们思想认识上的问题。我现在已经在我们班找过几个人谈话了。其中一个以前是自己开厂当老板的，谈了两三个小时，鼓励他勇于面对挫折，在我们这里边做边积累资本、学习管理，以后也可以东山再起，现在他明显比以前积极多了。要是压机停了，或是出现其他一些问题，他都会积极地去处理。这就是效果吧。我们现在都是从零开始的，包括我这个班长在内。但是慢慢来吧，我相信不出一个月的时间，一切就会好起来的。

新明珠六厂的李海清，则以《失严便失之于治》为题，谈了自己对"管理无情"的认识和看法，看得出，新明珠人是十分认同这个"无情"的。

佛山陶瓷界有一种广为人知的说法："新明珠的管理很严格！"

说起"严格"，有些人会变得敏感，感觉不自在，以至于将其与"以人为本"联系起来，有点对立的味道。其实，问题恐怕并不是出自人们对管理概念理解上的偏差，也并非真的是缘于企业领导对员工缺乏尊重，究其根本原因，应该是这些人对工业生产规律的认知较为肤浅。严与宽、软与硬是管理中的一对矛盾体。在任何一个企业，劳动纪律、工艺纪律、操作规程等都是维持企业生存和发展的基本手段，建立科学的严格的管理机制，是企业运作不可逾越的客观规律。失严便失之于治，大到一个集团，小到一个班组，领导及员工严格执行规章制度，既是对企业整体效益的维护，也是对自己个人利益的维护。

今天，要顺应新明珠集团的发展趋势，我们就必须积极理解"严格管理"的意义，必须以严格的自我要求来适应现代化工业生产的要求，培养优良的职业道德，正确看待和处理严与宽、软与硬之间的关系。只有这样，我们才能真正成为一名合格的新明珠集团员工。

第三十三章
新明珠特色之：制度绝情

不能随意提拔干部，要通过实绩考核，组织考察，竞争上岗、答辩等各方面综合评价后才能晋升，也不能随便开除员工和革职干部，要有事实依据，有的需要监察部门考证。

——叶德林

在佛山陶瓷界，人们大都知道：

新明珠的管理者，是最有人情味的；

新明珠的管理制度，却是最不讲人情味的。

看起来，这是一对矛盾，但其实却是一个和谐的统一体。新明珠的员工深有体会地说：在我们这儿，一切只对事而不对人。

根据新明珠企业本身的实际，叶德林与全体管理成员，为企业制定出了严明有度的"大法"，并讲求制度的合理性和可操作性，在具体实践中严格执行。集团公司自身还成立了监察部，专门负责监督、处理各种违章违纪事件，促进规章制度的执行、落实，绝不手软。从而保证了企业运作和员工纪律有章可循，有法可依，使本企业和团队得以健康地发展、壮大。这也算是新明珠企业成功的奥秘之一。

制度绝情！参与公司制度建设的副总裁陈先辉和彭新峰，对笔者如此强调。

彭新峰还毫不忌讳地告诉笔者，她在违反公司制度时，同样也得接受"绝情"的惩罚。

早期，有一项大型工程订单，已汇过来一部分货款，对方说急需要货，要求照顾一下，先出货后再把款汇齐。但新明珠的制度规定，汇多少款才发多少货。为此，对方找到彭副总要求帮忙，彭副总认识对方，认为他们一向是守信用的，应该不会有什么意外，便同意了。没想到，后来对方却不守信用，给新明珠带来了较大损失。根据公司营销制度的规定，业务员和彭副总等相关人员均要负起相应的责任。

在制度面前，人人平等。本来，这件事是由相关的业务员负责的，但因为彭副总表过态，滥用权力，所以也得接受相关的处罚，这就是新明珠制度的铁面无情。

其实，新明珠制度的绝情，正是管理者有情的另一种表达。其旨在通过恰当的惩治手段，使全体成员的思想行为得以规范统一，在一种法治环境中健康成长。

新明珠的惩罚管理与别的企业的管理手段几乎一致，都是从利益关系上调控管理的一种重要手段，同样是人力资源管理的核心内容之一。但如何正确地认识惩罚管理？怎样的惩罚管理才能得到最好的效益？新明珠企业的做法值得我们借鉴。

新明珠以孙武的"三令五申"法，避免惩罚管理的"不教而诛"和"教而不诛"两种误区。中国古代思想家荀子曾说过，"不教而诛，则刑繁而邪不胜；教而不诛，则奸民不惩"。意思是说，不教育人民而用刑，刑罚就过于繁乱而且不能战胜邪恶；只教育而不用刑罚，奸民就得不到制裁。也就是既要重视思想教育，又要严格法制惩罚措施，把礼与法结合起来，既反对"不教而诛"，又反对"教而不诛"。

新明珠在制定各种"大法"之前，总是自下而上，又自上而下地广泛听取、收集各方意见，结合本企业实际，和企业员工共同制定规则，共同遵守。同时，公司要求每个新进员工，都必须熟悉公司的各项规章制度，入职后，组织上就对其进行长期的政治思想和法纪教育，通过学习、培训、考试，使公司全体成员把遵纪守法的意识，融化在思想中，落实在行动上，从而实现少犯错，不犯错，错受罚，错而改。

一天早上，新明珠三水工业园门卫舒支青在工厂大门入口处，拦住一位没有佩戴厂牌的员工，要求对方出示厂牌。这本来是三水工业园三令五申、反复宣传和强调的一项员工日常守则，以避免外人混入，造成安全隐患。但这名员工却很不耐烦地撂下一句"厂牌在宿舍里"，就气愤地往里走了。值班班长见状，也上前来劝阻，让对方回去戴厂牌来，但他同样不以为然，要强行通过。为此，有关部门在核实了事实后，翌日就按厂里的规定，作出了相应的处罚，尽管这名员工还是一位技术人员。

每一个成员都应该接受规章制度的约束，不能由着自己的性子我行我素，无视规则的存在，否则，一旦与组织的正常运作发生摩擦，任何人都得付出代价。惩处与爱护员工是不矛盾的，因为爱护员工，绝不是无原则的妥协与讨好，而是从共同利益和长远的发展着眼，着力于使其成为独当一面的成熟人才，通过规劝与惩罚，令行禁止，使其改变不良的思想和行为，得以健康成长。

新明珠的惩罚形式一般是大张旗鼓进行的，这是现代管理思想中的惩前毖后的意识，是一种进步的做法。传统管理思维讲究扬善于公堂，规过于私室，也就是奖励时大张旗鼓，惩罚时悄无声息，以保全面子。其实，这种做法在现代组织中的危害是很大的。新明珠的奖励措施和方式，都是公开透明的，人人皆知的，是大举宣传的，而其惩罚形式同样也是讲求民主和公开的。他们认为，只有这样，才能起到惩前毖后的作用。如果对犯了错的员工秘密施以惩罚，那么惩罚就完全针对个人了。惩罚的目的不仅在于挽救教育犯错误的员工，还在于教育其他员工。如果惩罚不公开，惩罚就失去了本身的意义和价值。

2008 年 1 月底，笔者在新明珠集团营销中心办公区的公示牌上，看到了两则分别标示"营处字〔2008〕001"和"营处字〔2008〕003"的《处罚通报》，谨摘抄如下：

之一

2008 年 1 月 15 日，集团营销中心接到举报，称市场部小洪（化名），利用出差条件探亲会友，欺骗公司领导，浪费公司资源。

经调查了解，市场监理小洪于 2007 年 9 月，以格莱斯合肥客户装修新店为由出差，在合肥期间回家三天。这三天基本上是以探亲访友为主，没有做好出差本分之事，没有按照岗位职责去为客户解决问题。调查时，小洪能坦诚自己的错误，认识比较深刻，并一再保证以后不再发生类似错误。

小洪的行为已违反了营销中心的《十大禁令》及《出差管理规定》，必须追究。鉴于其认错态度诚恳和知错就改的表现，本着教育当事人、警示他人的原则，营销中心决定从轻处理（处罚有三项内容，从略——笔者注）。同时敦促营销管理干部加强出差绩效的管理和宣导，利用一切办法，促使出差人员保质保量完成出差任务，珍惜出差资源，维护公司声誉。并望全体营销人员引以为戒。

之二

在 2008 年 1 月 17 日下午的劳动纪律检查中，确认某区域经理擅自离岗，用定位系统也找不到他。虽然他在离开之前已向品牌副总汇报了下午的去向，但品牌和营销中心分别呼他数次，但他却没有接听或回复电话。

根据《集团公司工作手机的管理规定》"工作日不得关机、不接来电或不复电话，连续被呼三次，两小时内不复机或关机的，管理部门对其通报批评并作罚款处理"。营销中心即在当天下午下班前，作出了处罚决定，并在营销团队中通报批评，告知营销人员引以为戒。

犯了错，就得承认，而不是把它藏起来，只有敢于把它亮出来，公之于众，才能警醒自己，警告后人，这既是对本人的爱护，也是对所有人的爱护。因为作为一种"负强化"的手段，惩罚不仅要起到警戒违规者的目的，更要最大限度地调动全体员工自我控制和自我约束的积极性，促使员工自觉地改变不合规的思想和行为。人是一种理性的动物，当他发现某种行为可能付出的代价远远高于可能的收益时，当然就不会再去做了。

没有权威的监督，就难有监督的权威。人都是有惰性的，管理者也不例外。因此，新明珠要求监督机关在管理执行的每个环节上，必须高度负责，若在监督过程中发生疏漏，以致造成损失，就连监察部（公司制度最高执法机关）领导也要受到处罚。

2007 年，新明珠一、二、三厂广告牌工程存在偷工减料、质量低劣问题。调查后发现，主要存在：①合同不严谨，条款不够具体明确，存在漏洞；②工程商偷工减料，不按合同规定的规格使用钢铁材料；③随意变更广告牌规格，增加面积；④相关人员工作失职、渎职，未及时发现和制止广告公司偷工减料，损害了公司利益，验收结算数据不真实，导致公司蒙受重大损失。

相关责任人不同程度的失职、渎职行为，给公司造成了重大损失。为了挽回公司经济损失，并教育当事人严格履行工作职责，自觉维护公司利益，防止类似事件的再次发生，集团监察部对相关责任人作出 5 项处罚建议，其中有 3 项处罚是针对集团公司"最高执法机关"监察部的负责人以及相关工作人员的。由此可见新明珠制度绝情之一斑。

还有，新明珠企业在健全管理制度方面，提倡一种高度负责的精神，推行内部问责制，但绝不搞株连制，只是根据事件中责任的程度要求当事者负起自己的那部分责任，从而促使全体成员养成一种"决不找借口，遵守规则，人人有责"的习惯，这也是非常有个性的。

新明珠制度的绝情，并不是针对某个人本身，而是针对其不当的行为，针对事件本身，也就是对事不对人。

慈祥、善良的叶德林，以一副"大家长"的大情怀，让新明珠这个大家庭充满一种浓浓的亲情、友情，让每个成员都在一种温暖、和谐的氛围中工作，享受自己的人生，找到自己的舞台；同时，又为治理这个"大家庭"找到一套独特的办法，这不能不说是新明珠人的幸运。

对新明珠科学的管理制度，叶德林曾作过这样非常形象的阐述：

其实，就像我们烧砖的窑炉一样，首先，窑炉又热又烫，还发出红光，不用手去摸也知道会烫伤人——这是预警性原则，所以我们管理者要经常对下属进行规章制度教育，以警告或劝诫其不要触犯规章制度，否则就会"烫伤"。其次，当你伸手触碰窑炉时，肯定就会被烫伤——这是确定性原则，也就是说，只要触犯了规章制度，就一定会受到处罚。再次，不管谁碰到窑炉，都会被烫伤——这是公平性原则，也就是一视同仁，对谁都不讲私人感情。当然，人毕竟不是窑炉，不可能在感情上和所有人都保持同样的距离，但作为管理者，要做到公正，就必须做到根据规章制度而不是个人感情来行使手中的奖罚大权。最后，窑炉只烫你碰它的那一部分，而不会烫你的别处或全身——这是策略性原则，也就是说，对违章者处置时，不搞株连，要就事论事，对事不对人，处罚要适度，让人口服心服。只有这样，才能达到效果和目的。

这个阐述非常形象，非常具体，非常合理！

叶德林凭着治理新明珠的"窑炉法则"、新明珠制度的绝情以及道是无情却有情，铸成了领导今天这支钢铁团队的最有效率的法宝！

第七篇
造砖先造人

第三十四章
儿子·拾砖工·副总裁（一）

从失败中学习成功吧，没有人可以代替你去经历。

——叶德林

可以说，叶德林事业上的成功，不仅在于创造了建陶行业的一个时代，更重要的是培植、扶持出了一大批人才。

在新明珠集团和建陶行业内，拥有校长与师傅声望的叶德林，为人们公认和称道。多年来，经其带出来的行业人才不计其数，其麾下聚拢的人才也举不胜举，眼下跟随他的 10 个副总裁，没有一个是"空降"的，全是他一手培养起来的，是与企业一起成长的。尤其是对儿子叶永楷的培养，更能显出与一般父亲和老板不同，其教育和使用儿子方法的另类，值得世人敬重和仿效。

这里仅撷取几个侧面，以飨读者。

一、先学做人，后学做事

那是 1999 年寒冬。佛山樵乐路明珠陶瓷一厂，一位小伙子夹在几名中年女工中间，正在忙碌地拾捡瓷砖、分级。由于天气奇冷，每天用手搬叠粗砺沉重的砖块，使他的十个手指头都磨裂了，也没用胶布包扎。"楷仔，你还是歇一会儿吧。"老师傅谭燕芳心痛地关照这位车间里唯一的男徒弟。但他只是笑笑地点点头，照样埋头干活。

这是建陶厂里最重、最累的活儿。几天前，董事长领着这位年轻人来上班时，特别叮嘱："我给师傅们送个新学徒来，大家爱怎么使唤就怎么使唤！"过后，大家才知道这是老板的儿子，都很惊奇：老板怎么舍得让孩子来这儿挨苦？也不担心这孩子受得了吗？

与其说，这是叶德林安排儿子来厂里跟班，还不如说是让儿子来第一线体验艰辛滋味，学习做人做事。1980 年出生的叶永楷，几个月前还是华南理工大学的学生。1999 年 7 月，他贸然辍学，要回来跟父亲做事。叶德林自然不赞成，劝他先完成学业再说。但他说在校学习很闷，每天回到宿舍，大家都在玩，没学习风气，他想干脆提早出社会干点实际事情还好，又说，世界首富比尔·盖茨不也是没读完大学，就提早出来开公司的吗？叶德林见拗不过儿子，也只好尊重他的选择，但却不把他放在身边，而是征询了儿子的意见，让他到别的厂去打工。叶德林说："要学习做事，就先学习做人，你先到社会上长长见识再说。"

19岁的叶永楷，开始在一家叫祥兴的陶瓷厂打工。厂长是叶德林的朋友，按叶德林的叮嘱，绝不给叶永楷额外照顾，要他做销售业务员。上班前一天，先把一大叠厂规厂章、岗位职责交给他看过记熟，第三天就开始试岗。做业务员只有微薄底薪，靠业绩提成奖励，这对于从未进入过陶瓷业，更没做过销售的叶永楷来说，其困难和压力可想而知。"当时在祥兴卖水晶砖，我抱着一股热情，舍得花气力，虚心请教老销售，重视人脉关系，很快就找到了门路，一个月做得好时，可以拿到1万多元奖金，别人见我这个年纪拿这么多工资，都很'眼红'"，叶永楷回忆自己初出茅庐的这段日子，还有点自豪，"我知道，父亲是在背后盯着，我得争气。我一天到晚铆足心劲儿卖砖，每晚回到家，还在和客户沟通。和客户交朋友，诚实做买卖，才获得客户认可。连厂长也觉得不可思议，说要好好奖励我。以至几个月后我要离开时，厂长怎么也舍不得让我走。他说：本来是应付你爸，让你在这儿先挨点苦的，没想你做事上手这么快，竟然帮了我。"

5个多月后，叶永楷觉得自己对销售业务有了一定经验，便向父亲要求回厂里来。他显然不满足于每月1万多元的奖励，他的目标是辅佐父亲的事业，此时父亲掌舵下的新明珠集团，已拥有两家陶瓷厂，1000多人的规模。

叶德林又一次尊重了儿子的选择，但他此时肯定也有自己的想法，他笑笑对儿子说："你在祥兴厂做过销售，并不等于你就适合做新明珠的销售，你要是回来，也不可能在我身边，你得先从最底层做起，所谓不积跬步，无以至千里，你日后的路子还长，你得把自己的基础打好，才能站得高，走得远。"

说实话，开始叶永楷有点不太情愿，认为父亲未免太严格了，但想想这都是自己做的选择，也只好服从。

叶永楷先后在新明珠一、二厂拾砖、分级。每天与师傅们一起干在厂里、吃在厂里，也没敢摆老板公子哥儿架子，老老实实和工人打成一片，体察当工人的苦与乐，虚心好学，吃苦耐劳，每到一个岗位，很快便获得了老员工的尊重和夸奖。以至有次广东省建陶协会的领导来一厂工艺车间参观，看见满头汗水在忙着扒沙弄石做配方的叶永楷，还以为是北方来的打工仔，一直用普通话和他交谈。

"要用心去做事"，这是叶德林传给儿子的做事准则。

叶永楷说，父亲做什么事情都很投入，很用心，干一行，爱一行，成一行。他当水电所所长时，对水电很内行，连潮汐汛期也背得滚瓜烂熟。他后来从事建筑装饰业，也很用心，从设计、看图纸到砌砖，整个施工建设，都十分熟悉。他认为只有自己用心做好，才有资格要求别人做好。这对我很有教益。

叶永楷努力效法父亲。就拿在工艺车间当工人来说，他对待每个工艺流程都用心体验。每天早上，他跟随师傅从沙石库取回原料，用锤子砸碎，然后放进球磨机内打成粉，再搅拌成"饼"，最后放进窑炉烧，烧成后再分辨、考量成色，从而很好地熟习和掌握了整个工艺环节，获得了实战经验。

叶永楷很认真地告诉笔者："也就是有了工艺车间的实践，我对陶瓷产品内涵才有了比较全面的认识。我明白，其元素构成无非是硅、铝、钾、钠、钙、镁、铁、钛等几样（他在说起这些化学元素时，像念阿拉伯数字一样流畅）。制陶的关键是硅、铝比例，钾、钠、钙、镁是助用的，成色是含铁多会发红，钛多会发黄，钙多易起泡……为检测好原材料，我到码头的沙船上'抽板'（对泥沙抽检），还到清远、河源等外地矿山去观测沙、石、泥。我在做这些事情上，总是认真对待，我知道只有用心去做，才能做得好。"

之后，叶永楷继续深入到陶瓷厂的各个生产层面，比如瓷砖抛光、打包装、窑炉工、发电、废水处理、环保生产等，他都亲自在岗尝试。他说，"只有一个压机工种我没做过，但我做过了解，知道是怎么个做法"。

就这样，叶德林以自己独特的教育方式，让儿子以与同代富家子弟不同的步子踏进社会。叶永楷从最底层做起，一步一个脚印，处处留心，事事好学，善于动脑，乐于吃苦，不计较面子，老老实实地接受各项工作的挑战和磨炼，使自己很快地适应和驾驭了新明珠的工作生活，从而逐步成长起来。

二、自善自强，成就高度

2000年底，新明珠集团收购了德昌陶瓷厂，成立了南海萨米特陶瓷公司（三厂），销售方面急需要人手。叶德林考虑到儿子曾在别厂做过销售，同时，认为也该给他点儿压力了，便把叶永楷调到萨米特公司担任西北片区销售经理。

叶永楷对这次"锻炼"有过这样的认识："我觉得，一个人，要是把工作当责任、当使命，再加上一个乐趣，就会尽心尽力，就能做好。我知道，西北片区，比起华东、华南富裕地区，销售量有较大限制，但我把自己这份工作当作关系全局、关系到这个新公司的成败来看待，我要积极为此负责，只能赢不能输。我每发展一个经销商，开发一个地区，都很开心，很有成就感，虽然很苦，但苦中有乐。所以工作开展起来很顺当。"

一年半后，已经拥有三大生产厂和两大产品品牌的新明珠集团，乘势而上，加快发展步伐，大力拓展生产领域，又买下了一家陶瓷厂，冠名为南海格莱斯陶瓷有限公司（四厂）。在选派谁去开辟这一战场时，叶德林自然想到了叶永楷，他决定要让儿子接受更大的"战火洗礼"。

21岁的叶永楷，挑起了格莱斯公司总经理的重任。"接手四厂时，我先是负责搞基建，也就是父亲出题目，我来做文章。就是从那时开始，我习惯随身带着一个小本子，便于把每天要做的重要事情记下，然后完成一项勾掉一项，做到日清日结。直到今日，这个习惯都没变。说实话，我当时才21岁，没什么管理经验，做人做事都很稚嫩，只是受父亲的影响，学他怎样与人谈判、开会、处理问题。四厂是2001年10月23日买下的，我们在2002年农历正月初六（2月17日）点火出砖，前后不到4个月，效率和时间都提前了。格莱斯公司有400多人，我作为总经理，生产、行政、财务、供应、销售全面要管。好在有洪卫厂长的配合，也是全靠他的传、帮、带，我们各项工作都完成得比较好。比如产品销售，开头一两个月持平，第三个月就赚钱了。在负责这个新建厂不到两年的时间内，我觉得我交给父亲的这个答卷，还是合格的，自己和自己比，进步还是比较快的。"叶永楷这样评价自己。

2003年，已经坐上总经理位子的叶永楷，突然被派到集团下属萨米特公司销售部任总经理，人家戏称他是"连长升排长"，他开始也有点犯嘀咕。但叶德林严肃地对儿子说：你做得了公司总经理，但不等于你就能做好部门经理。还是坚持让他接受锻炼。

叶永楷显然是憋了一身劲，决意要做出一番成绩，以证明自己。然而，事与愿违，由他接手管理的萨米特销售，很不理想，业绩磕磕绊绊，多项指标下滑，导致有关销售人员与经销商联合签名，把"大状"告到董事长那里，还建议撤换他。

这是叶永楷"出道"以来经受的一次最大打击，后来他与笔者谈及时口气仍很沉重，称是"自己犯的一次大错"。他说："这一次，果然如父亲预言的一样，没有做好。我想是自己年轻气盛，还不会很好处理复杂的人和事，不懂得平衡各种关系，一味主张硬性规章制度，为了自己的管理，还不惜考虑一些强制手段。譬如有些经销商需要做广告、策划、宣传等，我就管得很严，未掌握一个度，加上年轻人急躁，没很好把握待人技巧，所以大家不服我，联合起来反我。本来，我的愿望是做好工作，但却适得其反。这就是企业管理，是有客观规律的东西，并不因人的意志而转移。这个教训的确是深刻的。"

孔子曰："知耻近乎勇"，不找借口，不逃避责任，敢于承认失误并且承担由此带来的后果，这实际是"勇"的境界。当然，叶永楷要为自己的成长付出代价，他被免去了萨米特销售总经理的职务。

但是，叶德林却不会因为儿子"一次未做好"就看扁他，停止敲打他，反而加大了力度，加重担子，2003年底，派他前去筹建新明珠三水工业园，充当"开荒牛"的角色。

"从失败中学习成功吧，没有人可以代替你去经历。"叶德林这样教导叶永楷。叶永楷知道自己与父亲昔日几起几落相比，这点小挫折不算什么，他乐意接受更大的挑战。随后，便跟随简总、洪总驻扎进三水工业园搞基建。

三水工业园是新明珠集团一次重大拓展举措，占地1860亩，拟投资10亿元，为全球最大的新型现代化建陶生产基地之一。三水工业园建成后，叶永楷担任副总经理，协助管理生产。2004年11月，三水工业园首先开发仿古砖生产，为集团的产品结构开了条新路子，取得了不俗的成绩。

2006年11月，叶永楷的工作得到肯定，被提拔为集团副总经理兼萨米特陶瓷公司总经理，在他的领导下，萨米特陶瓷取得了前所未有的好成绩——为集团争得了第一个"中国驰名商标"，新开发的"康建"品牌，创新了销售概念和形式，萨米特的"雅光砖"品牌创出了独特的品牌文化——"人文主义，经典生活"，该系列产品从设计、展示等方面积极引导消费者追求经典人生，产品销量同比增加了近40%。

正是快马还加鞭，响鼓更重捶。同年，新明珠集团生产领域继续拓展，开发高要禄步1500亩工业园区的重任，又落到了叶永楷身上——兼任禄步工业园总经理。

这时，叶永楷已有了开发三水工业园的实战经验，对此该是驾轻就熟，但叶永楷却不敢有半点懈怠。他认真扛起职责，不辱使命，大半年来，一直废寝忘食，泡在离家100多公里的禄步工业园，又一次接续了"新明珠速度"，出色完成了任务。在禄步工业园2007年工作总结及2008年工作展望大会上，笔者有幸听取了他做的《总结分析定方向，把握机遇创新高》工作报告，洋洋万言，既肯定了成绩，又指出了存在的问题，再推出了发展计划和奋斗目标，并明确提出新一年的工作思路与要求，有血有肉，切实到位，体现了一个年轻帅才的领导才华和决策能力。同时让人佩服的是，整份报告的撰写，竟是他独自完成的。

一块看似不起眼的泥巴，只要配方调理得当，再经过1200多度适当火候的煅烧，便会蜕变成精美的陶瓷，这就是历练与升华的力量！经过8个春秋企业经营管理的磨炼和锤打，叶永楷已显示出超乎同代人的成熟和老练，在属于自己的一方舞台上长袖善舞。自然，他觅得了更大的施展才华的天地。2007

年春节刚过，在新明珠集团新春工作会上，董事长叶德林宣布，新明珠陶瓷集团从 2007 年 3 月 1 日起，由原来的一个集团公司延伸发展为新明珠、萨米特两大陶瓷集团公司，萨米特陶瓷集团总经理由叶永楷担任。新组建的萨米特集团下辖品牌有萨米特卫浴、萨米特仿古砖、萨米特陶瓷、康建运动陶瓷等品牌，另即将开发金利高陶瓷品牌。资料显示，萨米特陶瓷集团下辖的品牌基本是原新明珠集团的主打品牌，总产值几乎占整个集团的半壁江山。

是年 27 岁的叶永楷，开始成为新明珠这艘巨舰的一员骁将，一员英勇善战、不可替代的"少帅"。

2007 年 12 月 28 日，在叶永楷婚礼庆典上，来自全国各地的 3000 多名宾客，听到新郎对大家发自肺腑的一番答谢，接着，便是他对父母致以"跪乳之恩"的感言："爸爸妈妈，你们为我的成长倾尽心血，无怨无悔，不求回报；你们教我为人处世，让我自由发挥，自由飞翔，实现心中的梦想；你们给我的恩情如山高，似海深，我感谢你们！儿子今日得以成家立业，全是你们教育培养的结果。让我在今天这个特别的日子里，深深感谢你们的养育教诲之恩。请你们多多保重，儿子日后定会更好地工作和生活，努力报答你们，请你们放心……"

孝是德之本。孝亲感恩，形成诚敬的人生态度，人生态度决定执业态度，执业态度决定职业成败。眼下的叶永楷，做人做事，心到功成。

第三十五章
儿子·拾砖工·副总裁（二）

新明珠企业以人为本，新明珠企业是一个大舞台，真正的人才定有用武之地。

——叶德林

一、三人同行，必有我师

在新明珠，董事长叶德林以其独特的人格魅力成为大家的偶像，那不是被包装起来的什么明星偶像，而是看得见、摸得着的平民偶像，也可以说是对身边英雄的一种崇拜。但作为父亲，叶德林对于叶永楷，除了是偶像、英雄，更是一位好老师、好兄弟。

叶永楷曾这样谈起过父亲："我的启蒙老师和人生老师，都是我父亲。他做人很坚强，很有积极进取精神，做什么都很用心，很有意志力和毅力，更重要的是他是一个很有社会责任感的人。他的价值观是：做企业就是负起一个社会的责任，造福一方；做人要做社会尊敬的人，做企业要做社会尊敬的企业。他有高尚的人格魅力。比如，他以前的业余爱好是走象棋和打乒乓球，他的棋艺好，棋风正，举棋不悔，我们可以从棋风看人风。他的乒乓球，在厂里比赛总是拿第一，是真枪实弹的技术，动作很标准，态度很认真。还有，他一直坚持健身锻炼，不管刮风下雨，每天早上都坚持游泳。有人说，成功的人，都有一个成功的习惯。自然，成功有很多种，千差万别，有人总结世界 500 强企业的成功，大多都具备这几种，那就是勤奋、坚持、有责任心、有方法。我也教我两个弟弟，我们叶家，有个好传统，就是坚强，人家做得到的，我们也一定要做到，当然是向好、向善的方面去做。人生要活得有价值，不能碌碌无为。父亲做人很坚强、很执著，他曾做过农民、水电所所长、泥水工以至后来的陶瓷厂厂长，他能上能下，三起三落，但从不后退，从不放弃，他心中装着目标，一步一个脚印，体现了自己人生的价值。他的为人处世，一直在影响着我，我只是要求自己在向他看齐。我知道，父亲对我有很大的期望，他要我让大家感受到：新明珠的未来有希望。这也使我更有压力，同时也更有动力。我有信心，因为我有他这么一个榜样，同时又能站在他的肩膀上，我很幸运……

其实，叶永楷的"祖师爷"，当属他爷爷，也就是爷爷的良好家风，让父亲沿承了下来，再传承到了叶永楷这一辈。爷爷在村子里是个出名的"好人"，为人正直善良，忠厚老实，和蔼可亲。叶永楷说他从爷爷的身上学到很多优良的品格。记得5岁时有次他做错了事，妈妈要责罚，爷爷见了便上来拦挡，说孩子小，不懂事，你要打还不如打我。爷爷说谁没做过错事？教他改了就好。爷爷宽容、与人为善的胸怀，一直在影响着叶永楷。

还有就是母亲。叶永楷每提起童年往事，提起母亲，总是哽咽着，不断地停顿，说不下去，甚至流出热泪，这时的叶永楷恍如一个小孩般率真，显出一般强悍男子少有的柔情。他显然被母亲半生养育的大恩所撼动，他会很动情地与你讲述母亲和他的一个个故事。母亲从小培养他独立、自强的性格，教他自己的事情自己做，3岁时就学会了折叠衣服，小学时就能做全部家务，比如煮饭、炒菜、洗衣。母亲在他小学时就教他学会踩单车，还放手让他独自踩一个钟头车去外婆家，锻炼他的胆量和毅力。记得7岁那年冬天，他在街上看见一件绒衫，很喜欢，但要28元，他嫌贵不敢买，母亲却用买自己衣服的钱替他买了，让他感受到母爱的深沉与伟大。他还反复讲述母亲为这个家的诸多付出，母亲的坚强，母亲对他和两个弟弟的谆谆教诲。良好的家风熏陶，使叶永楷特别早熟，懂事，就是在童年时，他也只喜欢与比自己年岁大很多的青年作伴，以获取超过同龄人的见识。

叶永楷特别讲究感恩，正因为心存感激，让他的记忆中全是"帮过我的人"，"我人生的老师"，记住了所有对自己成长哪怕是有一丝一毫影响的良师益友。叶永楷说：我有三个老师是终身难忘的，一是幼儿园的罗老师，在学前班时教我的，至今仍在教，是她给我幼小的心灵注进了健康清新的空气，我很感激她，结婚时特别请她来。还有就是小学吴老师和梁校长，这是一对夫妇，那时我妈在小卖部售货，中午没时间做饭，我多数在他们家吃饭。吴老师教我语文，梁校长教我历史，尤其是记历史的方法，梁校长对我帮助最大，至今我对史书类的爱好和兴趣，就来自于他早期的启蒙。他们是我德育方面的好老师。

叶永楷秉承的是"能者为师"，甚至是"二人行，必有我师"的求师好学准则，你与他交谈时，谈到哪方面，他都会真诚地推出自己的老师或师傅来。

笔者去年出版了中国铝业十强第一名企业——兴发铝业及其董事长罗苏创业传奇《中国企业力量》一书，叶永楷说他是站在书店里就读过一遍的，他强调，罗苏一直就是他的师傅，也是偶像。其实，叶德林与罗苏同为改制前南庄镇镇属企业的两位管理者，现在两人又分别为禅城总商会正、副主席，但叶永楷却不避嫌,多次当着父亲的面,称罗苏是师傅,从他那儿学到很多管理知识,还能随口背出很多罗苏的"管理经典语录"。他很虔诚,还让笔者帮忙约请罗总一起吃饭、请教。当他看了本人另一部有关阳江十八子品牌攻略的拙作后,还执意邀上我,一起驱车专程赶往阳江,参观十八子公司,拜访总经理李积回,虚心学习经营管理及创品牌经验。笔者把自己近年来记述裕华集团的几本专著送给他,他很感兴趣,几天后就要求我和他到惠州去向裕华集团取经……其实,这几家公司,虽然都是某行业的巨头,但其规模、产值、品牌效应等,较之他所辅佐的新明珠集团,还是稍有逊色的,他却能发现别人的优点、长处,乐于虚心拜别人为师。这些,与父亲叶德林的为人极其相似,也是使叶永楷不断成功,不断超越自己的关键所在。

还有让人觉得最可爱的一点,就是叶永楷在接受采访时,凡谈及与其做过同事或正在同事的管理人员,必称"我师傅"。比如早期的洪厂、简总,至今仍称他们为师傅,其态度之谦恭,口气之诚恳,没半点敷衍或造作。须知,这些师傅,眼下都在为他打工,是在他的领导下开展工作的。

已成为执掌一个行业巨头的少帅,一个经济时代的青年翘楚,一个大商之后,叶永楷还是始终坚持"三人行,必有我师"的准则,百般虔诚地学习、吸取、借鉴良师的种种经典,以师之长为己长,以师之成功助己成功,如此行走人生,能不成就大业乎?

二、博学笃志,言信行果

尽管一个人成就的大小,并不必然与其知识或学历成正比,但却取决于这个人是否勤于学习并善于应用所学知识。《三字经》里就有"人不学,不知义"的说法。思想决定行为,行为产生习惯,习惯形成性格,性格决定命运。

笔者接触过不少企业领导人,成功者的一个显著特点就是他们的好学。叶德林十分注重学习,执意要把新明珠办成一个学习型、培训型的企业。他教育叶永楷说:"人要是肯学习,就没人能打败你。"又说:"知识无价,你的钱财可以被人拿走,但你的知识谁也拿不走。"这些都深深地影响着叶永楷。而叶永楷给人印象最深刻的,便是爱学习,并且善于学习。

可能你会认为,他当年在华南理工大学辍学,是厌学,不爱读书吧,其实那是少不更事,受周围不良环境影响,又不太看重学历教育的一时轻率所为。而后踏入社会,他才深感学之不足,于是选择边干边学,学以致用。眼下的叶永楷,竟然书不离手,每天与书本作伴,与知识为伍。在他的书房、卧室、各个办公室,甚至是他的座驾,到处都摆着各种书籍。在我们从阳江十八子公司参观回来的途中,他先是利用车上的 CD 机听取有关国学的讲座,然后又顺手从背椅袋中抽出一本《韦尔奇自传》阅读。利用旅途间隙读书，珍惜分秒，已成为他日常的一种习惯。出差公务时乘机坐车，别人睡觉，他却打开随身带着的书，如饥似渴地阅读，他的公文包里总装着一两本书，而且不断更新。

叶永楷喜欢读史书、名人传记、经营管理论著等书籍，他看书很杂，做到了博览群书，兼收并蓄，去粗取精，为我所用。他小时候最爱看的是《上下五千年》、《十万个为什么》等，对古今中外、天文地理的知识都感兴趣；长大后偏爱历代皇帝的传记、治国方略史书等，比如对《资治通鉴》一类典籍，就爱不释手。他认为，治国、治厂、治家的"治"就是管理，就是一种经营之道，他尤其喜欢剖析一个个典型案例，看重解决方案，认为可以从中借鉴、吸收到很多有用的东西，受益匪浅。他对国学、《易经》，甚至玄学等方面都有涉猎和研究，还做到理论与实际相结合，巧妙运用到企业管理中去；同时把学到的知识，通过企业内部讲座、培训班等形式，传授给员工。他选择企业经营管理类的书籍，还有个心得，要看是什么出版社出版的，他列举的都是些全国知名的出版社；看外国译著，则偏重于美国方面的。他强调："将一本厚厚的经典书籍读'薄'，也就是吃透它，消化它，才是高手。"

此外，叶永楷还积极参加中央党校、中国人民大学、澳门公开大学等各大院校的 MBA、EMBA 班进修、培训，不断丰富各种专业知识。叶永楷以自己的体会对员工说，校园教育只是一个阶段，并不代表一个人在社会上的生存能力和工作能力。所以，人得终身学习，除了看书学习，还得向社会学习，才能获取多方知识。

叶永楷听从父亲的教导，坚持把自己管辖的萨米特集团打造成一个学习型企业，在内部倡导一种学习风气，每周有例会、读书会、学习日；还在企业内部成立"成功学院"，专门负责培训、辅导员工，让学习贯穿企业的整个运作之中，让学习成为每个员工的一种需要，一种自觉。

但叶永楷并不主张为学习而学习，他要求活学活用，学以致用。在"读万卷书"，把学到的知识用到自己工作上来的同时，叶永楷还推崇"行万里路"，通过不同形式的学习，扩大视野，广增知识。他从 21 岁那年起，几乎每年都要出国考察、参观，尤其是多次参加行业最负盛名的意大利陶瓷展；在国内，更是勤于行走"江湖"，抽空到各地企业参观学习，像海绵一样永不满足地吸纳知识。而活学活用，则体现在对他经营管理企业的每个微小细节中——那天，我与他坐车经过新明珠陶瓷一厂门口时，他发现镶嵌的厂牌有个字脱落了，于是立即打电话通知有关人员。我惊叹他工作的细致和效率，他却笑笑念出一句古语：勿以善小而不为，勿以恶小而为之。又笑说这都是从学习中得来的。

叶永楷崇尚中国圣贤的智慧经典，潜心研习并将其引入企业管理中，倡导"孙子管理学"、"老子管理学"，与父亲一样推行"经营以人为本"、"管理人性化、亲情化"；自律平等地与员工一起在职工饭堂排队打饭，一起打球、游泳，一起坐同一辆大巴旅游，一起唱《中国新明珠》，同苦同乐；每逢大型节庆活动就在集团总部现场设立宴席，广邀员工、经销商、供应商以及四海宾客一同分享，让亲情友情水乳交融，让家庭、企业、社会和谐共处，营造出一种大家庭式的带有鲜明个性的新明珠特色企业文化，让企业的含义在其父子手中超越和升华。同时，积极履行社会义务和责任，把慈善公益当事业看待，成立新明珠基金会，参与各种救济赈灾，扶贫助学，奉献大爱……

传承良好的家风，以父亲的榜样为力量，先学做人后学做事，拜一切能者为师，与人为善和懂得感恩，读万卷书行万里路……所有这些，构成了叶永楷健康成长的履痕与写照。

叶德林董事长在一次宴席上，曾当着一位副总和客人的面，如此评论儿子叶永楷：

鉴于中国社会的传统，以叶永楷的身份，他当属新明珠这个企业中最直接、最忠实的利益者，他首先是最忠心的。当然，他也只是我10个副手中的一员。企业发展了，各个管理者的水平有差距，这不足为奇。叶永楷的经历比我少，但文化知识比我高，你们每个副总若善于扶助他，对他多提好建议，再加上他自己的努力，那么，若干年后，他会比我高出好多倍，我是有信心的。因为一代更比一代强嘛。

显然，叶董事长在肯定叶永楷在这个企业的特殊身份的同时，也肯定了叶永楷的文化知识及其潜质。遵循事物发展的一般规律，他相信，儿子的未来将会超越自己，我想这与其说是期望，还不如说是"知子莫若父"，是父亲对后辈的肯定和信心。

作为叶永楷，他一直深知父亲对其寄予厚望，乐于也敢于放手让他自由发挥，为此，他反而感到责任重大，同时也更加激励着自己要拿出更好的行动和结果（叶德林对新明珠全体员工一向强调两大要求：一是行动；二是结果）。听完父亲的一席话后，叶永楷便以"说文解字"的"赢"字义作了回答——"赢"字由亡、口、月、贝、凡组成，"亡"字当头，是要我们具有危机感和超前意识；而"口"字居心，表明任何人都是你师傅，口又代表说话与倾听，是要我们善于交流与沟通；"月"指时间，赢需要时间和积累，需要坚持坚守；"贝"，指有形与无形财富，"贝"连接上面的"口"是"员"，要依靠员工创造财富；"凡"是平常心，努力奋斗，在平凡中显出不平凡，不以物喜，不以己悲，赢不骄，输不馁。也就是说，成功者的要素，在赢字中都能体现出来。这是中华文明的博大精深，同时也为我们健康成长、取得成功提供了精神参照。

我们有理由相信，这位已经深刻理解"赢"字精髓的年轻人，日后的事业与人生，一定会赢得更大、赢得更好。

第三十六章
培养中国首个农民工全国人大代表

> 适岗就是才。
>
> 人才＝本心＋本事。
>
> 任人唯贤，能者上，平者让，庸者下。
>
> ——叶德林

必须承认，在企业用人方面，叶德林还培养出我国首个农民工全国人大代表——胡小燕。这是注定要载入中华人民共和国史册的"大事件"，其影响力是深远的，是里程碑式的。

那是 2008 年 1 月 21 日，本是国人称为大寒的一个节气，却成了 2 亿中国农民最感温暖的一个日子，因为新中国成立 59 年来，农民工第一次拥有了自己的全国人大代表。

有相熟的记者立即把消息转告给胡小燕，那是下午，这时胡小燕正在新明珠三水工业园里参加企业年终工作会议。

而在另一个会场，广东省十一届人大一次会议第三次全体会议，正在举行全国十一届人大代表选举投票，773 名代表最终把手上的 740 票，投给了胡小燕。

与胡小燕一起等待这个身份的，是广东 3000 多万农民工，他们每年这个时候，会把一年打工攒下的 1300 亿元捎回家去，只是胡小燕次日还多给远在四川的父亲捎去一份特殊的荣誉。父亲胡继胜激动得用颤抖的声音连连叮嘱女儿："还是那句话，你好好干，听老板的话啊！"这是父亲对胡小燕说得最多的一句话。

胡小燕来自四川广安市武胜县中心镇大中坝村，是一家三姐妹中的老大，父亲一直把小燕当男孩对待，教导她做人首先要听话，要坚强，这样才能有出息。因为生活困难，初中毕业后，胡小燕便出来打工养家，曾当过幼儿园老师、食堂服务员；1999 年 8 月，她漫无目的地跟随村人到广东找工做。3 年时间，她先后颠簸在南海、顺德等 5 家陶瓷厂任电子工、窑头工、分级员等。尽管她听话、能干，但因为这些厂效益差或环境不适合自己，小燕还是准备换个工作。2002年6月，她听人说新明珠公司各方面条件不错，便趁着原厂放假的机会，到新明珠属下格莱斯陶瓷公司应聘分级员。凭着过硬的本领，胡小燕被录用了。

从此，胡小燕结束了自己流浪打工的日子，找到了适合自己成长的天地。新明珠以其良好的人力管理机制，提供给胡小燕一个实现自我、完善自我、提升自我的舞台。

之前打工3年，胡小燕换了5家厂，但在别的陶瓷厂，胡小燕只是从分级员到分级员，没哪个厂能提拔她的；而进入新明珠后，她只用了3个月时间，就从普通分级员走上质检员这一技术岗位。这当然有赖于她个人的努力，但更得益于新明珠的规范化管理。

这个只有初中文化的分级员，首先领教了新明珠规范化管理的厉害。在这儿，推行的是"人人头上有指标"、"一切以绩效为依据"的全员考核制度。胡小燕开始只是一个流动员工，工作责任要求比别人更加严格，这迫使她要迅速改变和提高自己。她虚心向老员工请教，积极参加培训、学习，很快就赶上了新明珠的节奏。

在新明珠，上级在指导下属开展工作的同时，还有责任鼓励和扶持下属得到提升。因此，不管工作多忙，新员工培训、在岗技能培训等活动，总是风雨不改。正是学习型、培训型的员工成长机制，让爱学习的胡小燕如饥似渴地尽情吸纳各种知识技能，并迅速得到提升，从而逐步具备了一个管理人员的综合素质。在胡小燕通过竞争上岗，走上总检岗位后，延续了"培养技能，分享经验"的优良传统。比如她科学地将新员工分配到各班组进行新老搭配，一对一、手把手的培训方法，见效快，质量好，被厂里推广。笔者在采访她时，她谈得最多的是学习与培训的心得。她还讲了一段小插曲，为了适应工作，她买了一台电脑，丈夫担心她学不会，她不服输，利用放假20天时间，就学得很好了，她的讲话稿、工作总结，全是自己用电脑打出来的。当上全国人大代表后，每天要回复全国各地农民工的来信，她甚至可以上QQ和6个人同时对话，以锻炼自己的适应能力和打字水平。她特别强调，自己就是从新明珠的学习中进步，从培训中成长的。

新明珠坚持把培养好人才、使用好人才作为一项重要战略，在企业内部推行"公平、公正、公开"的用人机制和"能者上，平者让，庸者下"的用人原则，让人才得以脱颖而出。得益于新明珠的用人制度与自身的勤学苦练，胡小燕的在岗技能迅速提高，而新明珠"能者上"的机制，可以随时为她开启上升的大门——当车间转上生产大规格产品时，车间主任让大家竞争一个职位——测量员，同伴们还没几人分过大规格产品，正在参加培训，胡小燕曾在别厂操作过，于是自告奋勇报名，争取到了上磨线测量员这一职位。她工作认真、细致、负责，有些产品磨边线稍粗，个别员工便将其降级算了，但胡小燕运用精确的技术，用磨头轻轻一磨，便上得了优等品，这样就大大提高了优等品的产量。胡小燕善于动脑子，善于创新的做法获得了大家的赞扬，"能者上"，让她在进入新明珠的第三个月，便从最底层的分级工当上了质检员。1年后，胡小燕通过公司提供的系统培训、学习，不断成长，在车间总检一职的竞岗中，她经过业务考试、述职演讲、业绩测评等考核环节，顺利晋升，跻身于管理人员行列。2005年，她被集团公司品管部评为优秀管理干部。

新明珠三水工业园投产后，胡小燕被调任负责员工招聘与培训工作，同时协助成品车间质量的定位管理。2007年7月，她以优异的成绩，赢得了成品车间副主任职务，她更加严格要求自己，敬业爱岗，带领车间全体成员团结协作，勇于创新，建立起了一套科学的车间管理办法，其车间一直是全厂"6S"现场先进集体。

同年，胡小燕分别获得了三水区、佛山市"十佳外来工"称号，成了新明珠1万多名外来工的杰出代表，也成了佛山市数百名农民工的"明星"。

"是叶董事长为我们在新明珠提供了一个学习成长的天地，让我们农民工在这儿提升自我价值，实现新的嬗变。"胡小燕由衷地说，"我原来所在的那家陶瓷厂，有些工种一定是讲白话（粤语）或有背景的熟人才可以进去的，但在新明珠就不会，董事长反而对我们外地的更关心，说我们从这么远地方来，不容易，总是说多得我们大家来帮他，其实是他给我们提供了一万多个就业机会，解决了一万多个家庭的生活出路啊！更重要的是，能让我这样一个偏远山区来的农民孩子，学到了知识，创造了价值，改变了人生！"

胡小燕在新明珠找到了家，在这个提倡和谐、进步、发展的大家庭里，每个人都是自己工作生活的主人，是为自己作贡献，因而也就能实现自己的价值。胡小燕在家乡"四川省劳务开发暨农民工工作会议"上说："在公司里，我非常珍惜来之不易的每个机会，总是勤勤恳恳、任劳任怨地干好每件事情，从不在小事上与同事、领导斤斤计较。2005年11月，公司新生产线投产，正好我的小女儿生病住院，从凌晨4点到当天下午4点，整整12个小时才醒过来，我都没有请假陪护，一刻也没离开生产线。正是凭借着爱岗敬业的这股拼劲、狠劲，我们车间才一直保持着先进车间的称号。干一行、爱一行，既是打工者的必备素质，也是打工者的生存之本，这是我多年来体会最深的一点。"

叶德林深爱着自己的每个员工，不仅从精神上给予员工长期的关爱呵护，在物质上更是让大家同享企业成果，照顾好员工的利益，鼓励大家"为企业创造利益多者多得，为企业作出贡献多者多得"。因此，便有了广东省委书记汪洋听到胡小燕说自己月工资3000元时的吃惊（其实，包括月奖金达4000多元）。

"我在这儿工作很开心，从不担心自己的能力无法施展，也不担心自己是外来工而受到不平等的待遇。从董事长到普通员工，没有外来工与本地工之分，都平等地享受各种培训和晋升机会，都同样受到尊重和关心。"这就是胡小燕热爱新明珠的主要原因，这也是她的丈夫、妹妹、妹夫以及一大批亲戚、同乡，乐意在新明珠工作的原因。

胡小燕因此也深懂感恩，对新明珠满怀感激。

2008年2月22日，应媒体要求，三水区委宣传部、总工会召开了首位农民工全国人大代表中外记者见面会，首先是日本东京新闻记者向胡小燕发问：

"作为中国最多的打工族群中的一员，你能当选为第一个农民工全国人大代表，感想如何？"

胡小燕充满情感地回答：

"首先我要感谢政府、工会、人大给我这个机会；其次我要感谢新明珠企业给我提供这个平台，感谢本部门领导对我的栽培以及同事们对我工作的支持和配合！"

而在此前，胡小燕在新明珠三水工业园门口接受佛山电视台记者的采访，当记者的镜头才刚刚对准她时，小燕便主动提出，请记者用镜头多拍摄她身后的工业园，多展示一下她的新明珠这个大家庭。小燕赴京参加"两会"前夕，新明珠企业和政府部门联合为她举行了欢送会和晚宴，胡小燕一如往日那样穿着整洁的工作服参加，并表示到时同样会穿着工作服参加"两会"，她说穿着工作服不仅是身份的象征，更代表一种感情。寥寥数语，小小细节，流露的全是一个农民工对她所在的新明珠企业的热爱与感激之情。

在人民大会堂，体察细微的记者留意到胡小燕这么一个特殊细节——连续15天都是穿着一身工作服，问她怎么回事？小燕很坦然地回答："我本来就是农民工，穿着自己的工作服感到更自然，也舒服。"这一细节后来被记者记录了下来。

胡小燕是新明珠培养的，当然也如每个新明珠人一样对公司有着一种眷恋与热爱，一种归属与自豪，但胡小燕却不会利用自己的特殊身份去宣传公司，她的有分寸并且很低调，就如同董事长叶德林和新明珠集团一样，这点更是让人备感尊重和佩服。而在尽职尽责地反映农民工的心声方面，胡小燕则费尽心血，深入基层，收集各方农民工的意见，写出了极具代表性的优秀议案。以前胡小燕一直不太敢在多人面前说话，是个羞涩内敛的山里姑娘。自从进入新明珠后，6 年来每月的学习、轮训、演讲比赛，每季度的述职等诸多的锻炼，使得她拥有了今日的才艺，造就出了另一个她。在胡小燕身上体现的正是新明珠人风采之一斑！

鉴于胡小燕对社会的积极贡献，她先后被授予了"四川省十佳农民工"、"全国五一劳动奖章"、"全国优秀外来工"等称号，2008 年 11 月，还当选为全国总工会执委。

叶德林自然为胡小燕的"有出息"感到高兴和自豪。然而，这位慈父般的长者，从始至终只是站在胡小燕的背后，像关爱自己的女儿一样，默默地关注和呵护着这个已经学会高飞的"小燕"。

2008 年 3 月 19 日下午，新明珠集团为胡小燕专门举行了"情系新陶业，喜迎燕归来"座谈会，分享胡小燕这次在京履行全国人大代表职责的喜悦。叶董事长还是一如既往地用平静的口气悄悄叮嘱小燕："作为第一个农民工的全国人大代表，并不是官职，而是多了一个责任，多了一种使命，厂里有 1 万多个像你这样的兄弟姐妹，你首先要代表大家，向我多提建议，让我也能为大家多做点工作，一起为祖国的兴旺发达多作贡献啊！"

胡小燕也用对待父辈一样的敬重口气，边点头边对叶德林说："董事长你不仅是行业的老行尊，还是人大的老代表，作为晚辈，我哪一样都得好好向你学习才是呢！"

这便是一个董事长与企业员工的深情厚谊，这也是一个农民工全国人大代表对她的企业和领导一如既往的情结。

诚然，胡小燕作为一位农民工走向成功的成长之路，也是新明珠作为珠江三角洲民营企业走向成功的最好见证。

至此，笔者郑重地告诉大家，其实，像胡小燕一样陪伴新明珠成长，在不同的工作岗位上，对社会和人民作出不平凡贡献的贡献者，在新明珠集团比比皆是，比如荣获 2007 年禅城区首届"十佳外来工"称号的王红生；2008 年荣获首届禅城"金凤凰奖"的李辉，2008 年新明珠荣获南庄镇"十佳外来务工人员"和"优秀外来务工人员"称号和奖励的员工就有 4 人之多……他们便是新明珠人的杰出代表。而李辉在获奖大会上的感言，也有同胡小燕一样的感慨："我有今天的成绩，要感谢新明珠给了我这么好的一个平台，更是我向董事长学习的结果，因为我们董事长是广东省优秀企业家，是广东省优秀中国特色社会主义建设者，我们比起他来，还微不足道，我们会继续努力……"

第三十七章
让员工为新明珠自豪（一）

多劳者多得，能者多得，高付出、高风险者多得，创新者多得，贡献大者多得。

——叶德林

新明珠的员工们，爱把总裁叶德林当成偶像，当成英雄，他们都打心底里敬仰自己的这位平民企业领袖，同时又以新明珠这个大集体为荣，为能成为这个企业的一员而备感自豪和骄傲。叶德林也明白个中的缘由，所以，他也曾有点骄傲地和笔者谈及："我有一万多个同事帮我做事，他们愿意陪着我同新明珠共度苦乐，这才是我人生最大的一笔财富！"

在这里，让我们揭开叶德林"人生最大财富"的一角，借这一颗颗普通"明珠"的闪光，去感受一下新明珠和她的主人的光辉。

为了表达的真实与亲切，笔者在这里全然隐去，让新明珠的员工自我诉说心曲。

一、新明珠情结

1. 新明珠造就了我——文艺（金朝阳品牌营销中心）。

15 年前，我随着"下海淘金"的浪潮来到佛山。当时很茫然，不知道从事哪个行业好。后来在和朋友的商谈中，得知陶瓷行业有发展潜力，于是便一头扎进了"明珠高级装饰砖厂"。

开始，我被安排在销售科做接待员，助销和业务员都是男同志，是本地人。不久，销售科走向正规化，每个区两名男业务员配一名女助销员，于是我便成了第一批女助销员，并担任组长。男女搭配的形式，使销售科充满了活力，这种模式一直延续到今日。

明珠厂转制后，半数男业务员因故辞职，叶董事长却胸有成竹，把女助销员全部提升为业务员。我们也争气，超额完成了当年下达的任务，本人还获得了年度"金牌销售员"称号。从此，新明珠培养出大批优秀女营销员，上至营销老总，下至区域经理，成为行业中一幅亮丽的风景！

15年来，让我感触最深的，就是董事长的人性化管理！他在用人方面的超前意识，创造了行业中的很多第一。比如，最先起用女助销员、女业务员、女销售老总以及外省籍业务员，因此营销工作很出色。同时也造就了我人生中的许多改变：先后做过接待员、宣传员、助销员、销售员，现任金朝阳品牌副总经理，不断提升自我价值。最让我刻骨铭心的是，当我在工作中犯了错，走了弯路，公司领导也不舍弃我，而是鼓励我用行动弥补过失。也正因为他们博大的胸怀，让我在工作中不断创出新绩，一次次站在年度领奖台上。

曾有客户问我："你为什么能在新明珠干这么久？有没有后悔？"我毫不犹豫地回答："我爱新明珠，我没有后悔！"虽然曾有不少企业想高薪聘请我，但我从来没动过心，即便在人生最低落的时候，也没想过要离开新明珠。因为是新明珠培养、造就了我，没有新明珠就没有我的一切！我还有个心愿，那就是儿子快大学毕业了，我希望他也能参与新明珠的建设，报效企业，以此延续我对新明珠的情感。

2.感受新明珠的生活——**易朋朋**（三水工业园品管部）。

喜欢在新明珠企业的生活，因为它让我看到了希望。

初次了解新明珠是在火车上，来佛山时买了份家乡的报纸，我看到了新明珠公司的字样，读下去后，令人振奋，原来是新明珠集团出了首位农民工全国人大代表胡小燕。当时我就想：新明珠能培养并拥有这样的人才，那一定是个好厂。我不禁为已在新明珠的表哥帮我介绍的这个公司感到兴奋。

优秀的企业文化，积极向上的企业精神，是新明珠人的凝聚力和向心力所在。从《新明珠》报，从生产区到生活区的宣传栏，从唱企业歌曲大赛，从各种体育文娱比赛，从各种慈善公益活动等方方面面，我们都可以领略公司内部文化的特质与深邃，显示出新明珠人独有的精神风采，体现出新明珠作为中国建陶航母的大家风度。

我最欣赏的还有工作及生活环境。生产车间里优化的场地设计，科技型的生产设备再加上人性化的管理。一河之隔的员工之家，别有洞天。整齐的宿舍、干净的食堂、别致的公园。"绿草菁菁，足下留情"、"邻里一家人，互助一家亲"等标语也让我备感亲切，我越来越眷恋这个美丽的明珠。

地震发生了，募捐、献爱心、献血……新明珠走在前面。

奥运快到了，宣传奥运知识，新明珠动起来了……

新明珠正如一颗璀璨的明珠，在祖国建设大业中大放异彩。我们在感受新明珠的光彩，为新明珠自豪的同时，更要为新明珠增添光彩，携手并肩迈向美好的明天！

二、我们同有一个家

1. 鱼水情深一家人——何永坚（新明珠集团筹建部）。

从筹建禄步工业园开始，我就调来负责筹建工作。时值夏天，虽然住的是临时平房，但公司关怀备至，装上了风扇，配备了床上用品，中午还准备好绿豆糖水解暑，尽最大努力满足员工。大家说："中午吃完糖水才去上班，那种感觉就像在家一样幸福。"

令我印象深刻的是，有天下午突然风雨骤至，把房顶都掀起来了。有个同事跑慢了一点，受了一点小伤，公司马上送到医院检查。领导们知道后十分紧张，当即从佛山冒着狂风暴雨开车赶到禄步，车子停满了筹建办门口，关怀填满了员工的心窝。

员工们也没有辜负公司的栽培。投产以来，员工们齐心协力努力提高产品质量，为公司提供了不少合理化建议，节能减排，降低成本，把公司的事当成自己的事。很多员工在公司工作都有10年以上了，可以说是与企业一起成长，他们都当这里是自己的家，企业到哪里他们就去哪里。

企业很在意员工所说的话、所做的事，尊重员工，耐心沟通，零距离指导。而员工能给自己合理定位，虚心学习，自我完善，使工作能力不断得到提高。这是一个有着远大抱负的企业，一个有着人性化管理的企业。如果把员工比作鱼，把新明珠比作水，我们就是鱼水情深一家人！

2. 我爱新明珠这个家——陈尚祖（禄步渗花半成品车间）。

2008年3月24日下午，工作中我不小心从窑顶上摔了下来，摔断了脚骨，工友及厂办干部立即用车将我送到禄步医院住院治疗。

每天忙着安排几条炉窑工作的童学军主任，还立即赶来看我，在病床前守了一个多小时，叮嘱我在医院好好治病，有什么需要随时说出来。

4月8日早上，医生说押金用完了，不交费就得停止治疗。她问我是哪个厂的，我说是新明珠的。没想到她马上改变了口气："哦，新明珠不错，厂好工资高，药费给报销。好吧，按时给你发药！"这时，我才感到"新明珠"这三个字的分量。当我向厂里请援时，话筒里传来童主任温和的安慰："告诉医生，按时打针发药。"中午，童主任已来到我病床前，关切地说："钱已交了，你安心养伤就行了！"

我在禄步医院还没好转，厂办又将我转入肇庆市医院，路上，厂办领导说："这次再好好检查检查伤口，不要有思想压力，总之把脚治好了再说。"一席话，说得我心里热乎乎的。

在受伤的日子里，每时每刻，公司领导都在关心着我。我禁不住多次流下感激的热泪。我一个普通的外来打工仔，有困难时公司一呼即应，真的胜似一家人。我要争取早日康复，用行动来报答新明珠这个家对我的关怀和爱护。

三、为何选择新明珠

1. 爱企业等于爱自己——**袁伟**（萨米特营销中心）。

陶瓷企业换人的频繁是众所周知的，真的是"铁打的营盘流水的兵"。初进萨米特营销中心时，知道很多同事在此工作四五年了，有的时间更长。我感到惊奇，不知是什么吸引力。而我身边认识的人，若遇到旁人对新明珠异议时，便马上起来反驳，那种极力维护企业的感觉也使人讶然。

一个企业拥有怎样的企业文化，才能使员工这样爱护它？

之前我在别的陶瓷厂工作，感受的是个人与企业的剥离；而现在的萨米特集团，一些小事也常常让我惊诧不已。譬如，午休时偶有复印机开着，便有人主动去关；打印少量东西时，都会主动把纸张裁小；人少时只开几盏灯等诸类小事，无不体现出员工为企业着想的一份爱心。

在这里，我们都是幸运的，大伙儿云集在萨米特这棵大树下，企业给予我们一个良好的发展平台，对我们的努力也给予了很好的回报——组织我们去户外拓展，到外地参观学习，到风景名胜旅游……

记得我们品牌总经理骆智诚有次在会上提到，我们要有一颗感恩的心，当你所在的企业有困难的时候，你要想一下这个企业给你带来的好处，你从租住房子挤公交车上班到现在的有房有车有存款，多想一下企业所给予你的，站在企业的立场想问题，带着感恩的情怀去对待你的企业，你才会做得更好……

是的，员工要为企业着想，企业好了我们才好。我们与企业是一个利益共同体，爱企业便等于爱自己。

2. 做明珠传人——**李精华**（江西新明珠成品一仓）。

"明珠"这个词，很小的时候就听说过，虽然还不太理解它的含义，但知道那是一个美好的、人人向往的东西！

小时候家里很穷，光靠爸妈做农活维持不了这个家。为了让我们兄妹俩能读上书，爸爸只身一人跑到广东打工，先是在一个建筑工地干活，每天苦干苦挨，只挣得一点微薄工钱。后来有个机会，爸爸竟然进了新明珠，当上一名搬运工。这是他的幸运，也是我们全家的幸运。此后，我们家有了起色：加盖了房子，生活得到了很大改善，我和哥哥也不用成天旷课帮妈妈干农活了，可以安心读书了。同时，爸爸在新明珠也学习到了本领，体现了自身的价值。

现在，初入社会的我，也选择了新明珠这个能体现人生价值的地方！作为一名明珠传人，我将以感恩之心，通过自己的劳动和付出，报效新明珠。我暗暗下了决心：要成为新明珠的一位新的精英！

四、是新明珠员工，就能做到最好

1. 立足岗位　摆正心态——**杨小英**（三水工业园二期成品车间）。

夏日炎炎，我走到二期成品提货处，正与一位女清洁工相遇。她笑着问："下班了？"我也笑着点点头："嗯，你们还要过一会儿吧？"只见她满脸汗水，又弯腰去捡拾旁边的饮料瓶，我忍不住好奇："你还这么年轻，为什么没选择别的工种？"她还是笑笑："都几年了，惯了，再说，清洁工也要人啊。"听她这么一说，我反而尴尬了，后悔不该这么去问别人，她倒是什么也没计较，继续忙开了。

这让我联想到自己班的工作。我们工种是分级，有时需要加班，便有人闹情绪。去年，班里的一个叉砖工，只要砖颜色不稳定，代号开得多，他就闹情绪，因为这个，后续捡砖的同事没少说他。分级是集体计件，叉砖是个人计件，但我们越帮他，他越没劲。后来主管耐心教育他，要他端正思想：这份工是你自己要做的，而不是老板要你做的。此后，他豁然开朗，脸上开始露出了笑容，叉砖时好似有使不完的劲。有时砖不够叉时，他会乐呵呵地说："看我的，让我来给你们捡一幢砖。"反过来帮助我们，他开心了，热爱工作了。

从清洁工和叉砖工身上，我深刻地体会到：虽然我们岗位不同，但责任、意义一样；不论职位高低，都能体现自身价值，不论价值大小，都获得公司同样的尊重。

2. 参观五厂后的感触——**万千百惠**（禄步工业园渗花生产部）。

12月5日，渗花三厂组织各部门主任去五厂参观学习。之前就听说五厂各方面都获得好评，所以我有些好奇和兴奋。

进入五厂，看到的是一个并不是十分起眼的生产区，与之前我实习的三水工业园相比，环境和设备都落后许多。然而，在生产现场，却显出员工整体素质很高，工作态度认真谨慎，有热情，有干劲，"6S"现场也做得很好。我不由得在心里对这里的同事们萌生了敬意。

记得刚从学校出来时，第一个参观的地方就是三水工业园，那儿的规模大到看一遍要用上好几个小时。而参观五厂，却只要短短50分钟。但我留意到，当窑炉口偶有一块烂砖出来时，就有员工立即小心地把它捡起，叠齐。这是我万万没想到的。因为是些烂砖，按常规随手扔进斗车即可。而车间地面上，也看不到一张废纸，一点杂乱，其他杂物就更不用说了。看来，五厂员工早把厂区当成了家，产品也是属于大家的，所以同样会好好爱护它。

身在同一个企业，我为有这样的团队感到骄傲。我们是不是应该去学习好的作风而改掉不良的作风呢？我们是不是也该把大家做出来的砖当成宝，把厂区当作自己的家呢？如果大家的思想意识都提高了，那么我们的家园会更加美丽！

第三十八章
让员工为新明珠自豪（二）

企业的发展和做强做大，一定会给大家提供广阔的舞台，我希望大家：当机会来临的时候，你已经准备好了。

——叶德林

一、新明珠培育我成长

1. 新明珠是我成长的导师——**黎爱好**（禄步工业园品管部）。

在这个"以人为本"的大家庭中，我只是平凡的一员。16 年的明珠情结，让我尊敬新明珠、喜欢新明珠、深爱新明珠。

是这个温馨的"家"中的哥哥姐姐们，教会我手艺，教会我敬业，让我明白做人的许多道理，企业成了我成长的导师。

16 年的工作经历，使我深深体会到企业对员工的培育。我从一名分级员成长为现在主责一个车间。父母生养了我，而企业则培育了我。企业文化的熏陶、系统的培训、规章制度的约束就是培育的过程。我要感恩，我会铭记在心，我会用积极的态度和务实的行动，为创建百年明珠奋斗一生。

16 年的工作点滴，让我传承了敢于开拓、积极进取、勇于创新、乐于奉献的新明珠精神，对我来说就是要敢于面对一切困难，把工作做好，为企业创造更多的利润。

16 年来新明珠的日益壮大，让我们昂头挺胸，无比自信。我为自己是新明珠人而自豪。就连我那还不懂事的孩子在为他的朋友介绍妈妈时，也因妈妈在新明珠工作而引以为豪。小孩子的得意感和优越感，让我感到肩上的担子更重。我要积极进取，决不辜负新明珠的培育之恩。

2. 站在飞人的肩膀上跑得更快——**招智斌**（萨米特市场部）。

人们常说："站在巨人的肩膀上看得更高更远"，说的是有一个好的平台和高的起点，能获得更大的成功。在新明珠，我相信许多员工都有着深刻的体会——站在飞人的肩膀上跑得更快。

作为新明珠的一员，我深深体会到这个正在高速发展的集体给予的压力与动力,激烈的市场竞争与公司快速发展的步伐也向我们提出了更高的要求。

从工作责任心、工作细致性、团队精神到专业素质、创新意识等等,都驱使我们要不断进步、提升。各种培训拓展,如萨米特成功学院培训、野外拓展训练、经验学习交流等,更使我们受益匪浅。

因此,在新明珠快速前进的同时,我们也明显感觉到自己在不断进步。蓦然回首,发现原来不知不觉间已经跨上了一个新的台阶。那份喜悦与骄傲,实在难以用言语来表达。

一个好的集体能创造一种好的氛围,一种好的氛围能创造一群优秀的人,一群优秀的人可以创造出无数的奇迹。而一个优秀的集体,便会为你造就出一个优秀的人生。

所以说,站在飞人的肩膀上会跑得更快。

而新明珠,就是引领、帮助我们走向成功的"飞人"。

3. 我与企业同成长——**吴宏**(禄步计量劳资部)。

2008 年 10 月 8 日,萨米特集团"我与企业同成长"演讲比赛拉开了帷幕。我与来自各战线的 15 名选手同台竞技。

我是幸运的,获得了第一名,我非常激动和感动。首先,这是评委对我演讲水平的肯定和鼓励。其次,这是战胜自我的一次大突破,因为之前我从未参加过这类比赛。还有,我要感谢领导。赛前,部门经理罗燕清嘱我:"拿不拿奖没有多大关系,尽力发挥就行了。"正是领导的关心、鼓励与支持,使我能更从容、自信地面对自己。

比赛中,来自康建陶瓷的蒋小伟给我留下了深刻的印象,他以诗一般的语境打开了一幅企业发展的完美画卷,用较深厚的文化底蕴和情感丰富的语言,把人们带进一种意境之中。而其他选手也都有自己的优胜之处。能站在台上,就是一种挑战;能展现自己,就是一种成功。他们个个都是赛场上的英雄!

这个活动给我们提供了一个很好的平台,这是企业对员工的培育和鼓励。这次我不仅战胜了自己,还从他人身上学到更多的东西,感受到了更多的企业文化与内涵。我珍惜这样的机会,乐意通过自己的努力、勤奋,去为新明珠创造新的奇迹。

热爱企业,超越自己,走向成功,我与企业同成长!

二、在"拓展"中拓展

1. 沟通理解,共同担当:有感于拓展训练之"领袖风采"——**赵容**(新明珠国际贸易部)。

其实这是一个游戏,但却是我十多年职业生涯以来接受的一堂润物无声的教育课。

游戏很简单——AB 两组比赛报数。赛程四轮。第一轮输的领袖罚做 15 个俯卧撑；第二轮输的罚做 30 个……依此类推。我被推举为 A 组领袖。导师的哨声吹响，我组队员抢先报数，犯规了，按规则，我要做 15 个俯卧撑。作为女性，平时我从没做过俯卧撑，再加上刚从巴西辗转飞回，几夜没睡好，体质也差，每做一个都要耗尽全身力气，但最终，我还是坚持了下来。

第二轮又输了。我将再做 30 个俯卧撑。但才做几个，脚便打滑，双手颤抖，难以支撑。这时，有啜泣声从四周传来，我的队友们哭了，他们不忍看自己的"领袖"承受如此惩罚。我咬紧牙关，极度惨烈地接受完漫长的"惩罚"，然后挨个拥抱我的队友，泪水已涌满双眼。

我不是委屈，是被感动了。想到几年前，当领导把信任票投给我时，我就知道要为下属和上级担当。但像今天的游戏，当下属目睹领导因他们的失误而受到惩罚时，他们都哭了，这是我没有想到的。于是我明白了，可能在工作中他们并不一定了解领导的压力，不知道自己的过失也会把领导推入艰难境地。眼下寓教于乐的方式，他们却醒悟了。同时，他们的眼泪也叩问着我这个领导：你称职了吗？你对下属足够了解吗？你带动好他们了吗？此刻，通过沟通、理解，我们的心一下子拉近了，真切地感到都是一家人！我又想起彭总和老板：如果一个员工的失误，会给领导带来负累，那么，作为一名中层管理者，我的过失便会给高层领导带来负累。也就是说，这么多年来，一直是彭总和我们老板在为我们的过失埋单！

一日作为领导，就一日要为下属撑起一方天空。任何人做工作，都有差错的时候。但一旦发生差错，就要挺身而出，为自己和团队负责，就像游戏中协助领袖完成体罚一样，借团队的力量渡过难关。

今天的惩罚只是体罚，毕竟这是游戏。下属错也好，自己错也罢，这个时候领导都是大家的希望所在，领导两个字就意味着承担、不可放弃，就像在艰难险阻面前，我们都不愿听见老板说放弃一样。新明珠是我们的家，是众望所归，皮之不存，毛将焉附？

缘分让我们一起走进这个大家庭，是这个家给我们提供了各种平台，我们应该多与自己的上级、下属、同事换位思考，最大限度地发挥自己的能力，共同担当，做到最好。

2. 信念有多大，力量就有多大：读《我是谢坤山》有感——**徐志军**（路易摩登营销中心）。

在我们营销中心300将士同读一本书的活动中，我被《我是谢坤山》的故事深深撼动了。单是封面列出的那些问题，如果让我遇上，可能都没勇气再活下去了。但是偏偏就是这么一位不幸的人，凭着坚强的信念，不仅勇敢地活了下来，而且还活得很快乐很幸福。那份对生活积极乐观的态度，让我敬佩至极。

"信念"是一种心境，也是一种态度。只要有一颗热爱生命的心，一份永不颓丧的志，还有不向逆境低头的坚毅，任何困难都不在话下。

反观四肢健全的我，在工作上遇到困难就开始退缩。去年在江苏开拓新市场，由于看到当地经济发展不太好，便没多大信心，和几个客户沟通一下，他们没明确表态，就觉得没实力，操作不了我们的品牌，最后选择了放弃。结果到现在，还是原来那几个客户，似乎难以突破，感觉压力越来越大，丧失了斗志。但是，公司要发展，业务要增长。看完这本书，让我豁然开朗，也坚定了一个绝不放弃的信念：一个严重残疾者尚能做得如此出色，何况我一个十分健全的人！我重新振作起来。眼下，开发新客户的困难，也迎刃而解了，我终于懂得了"信念有多大，力量就有多大"的道理。

感谢你——伟大的谢坤山！

三、大爱、感恩

1. 企业爱员工，员工爱企业——**卢伢珍**（萨米特集团出口部）。

从进入萨米特集团那天起，我就时时感受到企业在员工身上花了大量的心血，想员工所想，急员工所急。

比如食堂伙食从优，员工花很少的钱，便可以吃上美味可口的饭菜；比如专门划地建房，解决员工住宿问题；比如设置员工午休室，还装了空调；比如成立互助基金会，随时援助有需要的员工；比如公司网上设有BBS论坛，给员工业余生活提供互动的沟通和资讯平台；还有开设了萨米特成功学院，组织各种专业培训、拓展等，让每个员工得到学习、提升……

企业爱员工，员工更爱企业。我们员工们开心上班，自觉管好这个家——平时节约点滴，将打印过的纸张翻过来再打印；复印纸一般都是双面复印；下班后习惯关灯及拔掉电源插头；爱护、善待工作环境等；踊跃提出各种合理化建议……

也许员工表达爱的方式很简单，但是，这种爱就是企业力量的源泉。试想，如果每个员工都用心来爱我们的企业，都自觉为企业着想，为企业奉献，那么凝聚起来的力量该有多大啊！

2. 大爱如山——**张云**（禄步工业园渗花原料车间）。

我1997年8月进入新明珠二厂，屈指一算，整整11个年头了。

11年来，我见证了新明珠飞速的发展，更感受到源源不断的大爱。

　　记忆最深的，是2001年8月，有次夜班不小心，右手大拇指骨折。公司得知，立即派车送我到南海医院医治。第二天，车间主任黄志坚和集团副总裁冼金河专门到病房看望安慰，让我好好养病。伤好后，行政部主任开车来结账接人，最后还发放给我误工补助及伤残补助金6000多元。这也让我想起同样的一次事件，那年我在某陶瓷厂，因工砸断了左脚大拇指，可厂里却无人理睬，更没报销一分钱药费和误工补助。同样是工伤，却是两种不同的结果。新明珠对员工无微不至的关怀爱护，足以让我感激一生。

　　企业爱员工，员工就应该报恩企业。11年来，曾有单位多次以优厚条件诱我跳槽，但我从未心动。这些年，通过努力工作，我多次被评为集团公司优秀员工，得到了奖励和认可。在做好本职工作的同时，我还利用业余时间，先后写了60多篇文章在《新明珠》上发表，为创建新明珠先进的企业文化添砖加瓦。

　　新明珠值得我们自豪。新明珠对我们的爱，就像大山，高大宽厚，时刻激励着我，让我在工作中不用扬鞭自奋蹄。

　　3. 努力工作，感恩新明珠——**卢光辉**（三水工业园行政部）。

　　近日，在公司"公开、公平、公正"和"两优先"的分房原则下，我如愿分到了一套新房。拿到钥匙后，我们一家子高高兴兴地搬进新房，感激之情难以言表。

　　新明珠的"员工之家"，房间宽敞漂亮，房内双人床、大衣柜、有线电视等一应俱全。步入阳台，清新空气扑面而来，一幅幅美景目不暇接——美丽的绿化公园，一条清澈的小溪穿流其间，正是小桥、流水、人家，鱼池里鱼儿嬉戏，绿荫中鸟儿啁啾，园林中尽是珍贵的花、名贵的草和珍稀的树。走进活动室，大彩电、乒乓球台、象棋桌……配置应有尽有，可以看看电视，练练球技，施展棋艺，谈谈家事。在绿茵簇拥中的灯光球场和篮球场，让新明珠健儿们，在工余时间随时角逐，一展雄姿……

　　后勤保安24小时值班、巡逻，尽职尽责，各楼层出入口都安装了监控录像，安全无忧，搞清洁的阿姨们把各处收拾得一尘不染，让人感觉整洁、舒适、完美。

　　作为一名外来务工者，能在如此好的环境里工作和生活，我备感幸福，对公司的感恩之情油然而生，我一定要尽职尽责，努力工作，为新明珠的建设贡献自己的力量。

第八篇

从商如水

第三十九章
无畏起伏，有容乃大

我这个会长做的事，是前任奠定了方向的，好比一条火车轨道，哪怕你今日每时 100 公里的时速，明日每时 200 公里的时速，后日每时 300 公里的时速，但你都是沿着人家铺设的这条轨道前进的，我们要尊敬前面的人。

——叶德林

"小胜凭才，大胜靠德。"砖王叶德林，走出了一条中国本色的"大胜"之路。他的至理名言是：做人要有本心、本事。

15 年来，他一直这样要求新明珠的员工，也一直这样要求自己。"本事"是才，"本心"是德。做人光有才不行，更重要的是有德，所谓"德才兼备"是也。宋代贤臣司马光认为"德"与"才"之间，是统率与被统率的关系，指出："才者，德之资也；德者，才之帅也。自古以来，国之乱臣，家之败子，才有余而德不足，以至颠覆者多矣。""才德全尽谓之圣人，才德兼亡谓之愚人；德胜才谓之君子，才胜德谓之小人。"而叶德林在企业内更是大树德风，主张："有德有才放心重用，有德无才培育使用，有才无德限制留用，无德无才绝对不用。"

叶德林便是德才兼备的成功企业家之一，正如他的名字德林——道德之林一样。虽说名字是一个人在社会上的代号，但叶德林凭着自己半生的修炼，使之名副其实，这也说得上是冥冥中的一种造化。

也难怪认识他的人都尊称他为德叔，包括男女老幼，不分性别辈分，包括官员百姓，不分职务高低。德叔是大众对他的一种惯称，更是一种爱称和尊称。

是的，我想，叶德林更多的时候应该是喜欢别人叫他德叔的。崇德、从德，以德做人，是叶德林这半生的真实写照。

叶德林做人的参照物是"水"，这是广为人知的。这也许是与他所处的人文环境有关。他出生于水乡珠江三角洲，傍水而居，开门见水，喜欢弄水——每天早上坚持游泳，风雨无改。他经常用最平常的水来比喻做人，认为水是最有德的——"为人如水，而不应是山，山必有形，保守不变，固定一方；水似无形，遇圆则圆，逢方则方，随机应变。水利万物而不争功，能屈能伸定向而行，容得别人宽阔自己，水能向下方成大海。"这是叶德林崇尚的水的品德。也就是说，他是从水的这些高尚品德中学习做人的。

老子在五千年前的《道德经》中写道："上善若水。水善利万物而不争，居众人之所恶，故几于道矣。居善地，心善渊，与善仁，言善信，政善治，事善能，动善时。夫惟不争，故无尤。"先哲是这样告诫我们：有道德的上善之人应像水一样，滋养万物而不与万物相争，却安身于大家都不喜欢的低洼之所，水的这种品格，才是最接近于道的。水总是随遇而安，居于不争之地；容纳人所不容纳的东西而博大深沉；对别人奉献出真诚仁爱；言而有信，如河水的汛期一样应时而至，恪守信用；乐于依据"平"与"正"的原则清净行事；能够根据环境的差异有效发挥功能；随天时机遇，动静有时，正因为与万物无争，所以就不会出现过失与偏差。如果能够把水的不争、处下、无我、柔顺、奋进、宽容、平静、随和等特性全部涵盖其中，那么必然能无往而不胜。

随后的诸子百家也对水推崇至极，特别是孔子，盛赞水有数德。因水遍及天下，恩惠万物，好像有德；流必向下，随圆就方，必循理，好像有义；浅处流行不止，深处不可测度，好像有道；奔赴万丈深谷，毫不迟疑，好像有勇；涓涓细流，却无处不达，好像明察；遭遇排斥误解却不为之申辩，好像包容；浑浊之物流入，荡漾洁净而出，好像善于变化；装进容器中会保持水平，不偏不倚，好像公正守法；遇满则止，从不贪多务得，好像处世有度；不管千转百折，必定东流入海，好像怀抱大志。

喜欢临水、亲水、爱水、恋水的叶德林，也与千古先贤智者一样，把参悟透了的水的高德，融入了自己的人生，像水一样做人、做事，因此造就了他这样上善的人生。

一、无畏起伏，万折必东

水在奔流中充满着起伏，水下高低不平的地势、暗礁，给水造成了起伏曲折的生存状态，但水无畏险阻起伏，随高就低，知退知进，顺其自然，于起伏中奔向成功的目标。

叶德林认为，人生与水的经历一样，每个人一生中少不了风风雨雨、起起伏伏。起伏是水的主题，也是人生的主题。只有像水那样无畏起伏，顺其自然，顽强向前，才能实现人生目标。

从一个农村青年，到公社水利所技术员，从技术员到水利所所长，从水利所所长到集体厂厂长，从集体厂厂长到私营建筑包工头，从私营建筑包工头到集体厂厂长再到民营企业董事长……叶德林的前半生，可谓跌宕起伏，但是，他始终无畏起伏，把每次起伏都当成锤打自己意志毅力、磨炼自己人生的机会，自强不息，勇往直前，从而实现了自己的价值。

在叶德林咬定目标，凭自己的才华和实干，当上南庄镇水利所所长，正要大展宏图时，却一下子跌入了人生的低谷，"解甲归田"，脱离了事业单位，从此只有当个体户的分了。但此时，叶德林却很坦然，并没有惊慌失措，也没有消沉不起，而是像水一样，主动适应地势的起伏，地势有高低不平，它就随高就低，因势而流。叶德林学习水的这种本领，能上能下，能进能退，能官能民，能富能贫。不因挫折起伏而放弃或者一蹶不振。

在离开水利所的第二天，叶德林喝完早茶，就开始上街找事做。他说就是做木匠、做泥水工，他也会照样过得很好，他很早就学会了多种手艺，养家糊口不是问题。只是有大舞台，当然可以大发展，也能做多点贡献，体现人生多一点价值；但小舞台照样也可以有发展，或可以再努力去创造更大的舞台，争取更大的发展。千万别因一时一事的"阻滞"，就丧失斗志，遇到一些曲折起伏，就不敢迈步向前了。

"正因为我看得很开，所以上级领导又把我弄回到社办企业来开陶瓷厂，让我去当'开荒牛'。但是，待到我把厂办起来了，有效益了，却又不要我了，我又是'三无'人员了。这样是有点折磨人，上上落落，起起伏伏，但我也认为很正常，做集体厂厂长不成，那我就做个体吧，随后我就自己组织建筑队，自己做老板。没想到，却得到了做一辈子集体厂厂长都得不到的'第一桶金'，两年内赚了好几百万。不过，当上级领导需要我去做一家新陶瓷厂的'开荒牛'时，我却很珍惜领导和群众的信任，放下自己当建筑队老板的丰厚利益，乐意去领一千几百元的工资，和大家一起去填鱼塘、建砖厂，因为做人并不是为个人得到多少的钱财才活着的，做人更大的价值应该体现在让大家都获得更多的利益。还有，这也是水一样生存法则的体现。水能适应任何环境，处于什么环境就变成什么形状，在海中是海的样子，在河中是河的样子，在杯中是杯的样子。正如孔子说的：水升腾为气，幻化为云，滴落为雨，飘然为雪，凝结为露，终不失其性，君子之德也。不管环境要水怎么变来变去，它都能适应，但从不改变本质。水的这种变身而不变质，变状而不变性的品质启发我们，不管人生如何变化，我们都要顺其自然，高就低随，适者生存，不改其心，不变其志，保持本色，继续向前。"

二、容得别人，宽阔自己

叶德林认为：做人要有水一样的胸怀，要善于包容，容得别人，就能宽阔自己，容人之长，就能成己之长。胸怀决定规模。

　　走过 15 个春秋的新明珠集团，有来自全国 20 多个省市的 18000 多名员工，而做足 15 年的员工有 140 多人，他们都是第一年进入明珠砖厂的，虽然有不少人因为年龄、家庭等原因，或者企业转制、职务变动等因素的干扰离开了，但大部分仍然坚持跟随叶德林打江山至今，且很多已成长为集团的高层管理人员，其中 3 人还成了 10 个副总裁之一。问及他们怎样能坚持下来，他们都说自己跟了个好老板，在这儿做事很宽松，很能发挥自己的技能，你有多大本事，公司给你多大舞台，老板待员工很好，很有情义，很有胸怀，能带领我们一起成长，都说是"看好德叔这个人"。

　　笔者采访过一厂原料车间副线长谭燕芳。她是南庄镇梧村人，1958 年生，一个最本色的珠江三角洲农村妇女。高小毕业后，在生产队的蚕丝厂当了 19 年的抽丝工，1993 年 5 月 16 日进厂，一开始是捡砖工，一干就是 5 年，后调入运料车间，此后就在这个车间干了下来，直到现在当上了副线长。那天，她放下手上的活计，到厂办公室来见我。一套蓝色的工作服，衬着一张清秀、高颧骨的广东妇女特有的笑脸，从始至终都是乐呵呵的，显出对工作和生活的热爱与知足，给我印象十分深刻。她说自己好运，入得了新明珠，遇上一个好老板和一批好同事，这里就像一个大家庭，是一家子人，不分职位高低，不分本地人、外地人，工资福利好，厂里已为她交了 15 年社保、医保。到 2008 年 8 月，她就 50 岁了，可享受退休待遇了，但她还不想退，就是退了，还要返聘回厂工作。她太热爱这个大家庭了，还把儿子介绍了进来，儿子现在二厂做计量工，像她一样母子或父子、兄弟姐妹多人一起同在新明珠工作的，有很多家庭，大家都是觉得新明珠好，老板好，才这样争着进来的。老板心胸广，什么样的人都容得下，不管你能力大小，只要你尽力做好工作，这儿都需要你。她说自己一家有今天，全靠老板送的福，她经常叮嘱儿子，希望儿子好好干，要对得起老板，对得起新明珠……

　　谭燕芳是新明珠普通的一名员工，且做了 15 年仍是在一线工作着，看似平淡无奇，然而，我们从她身上，可以看到叶德林"适岗就是人才"的用人量度，他对各种人才的善用与兼容和对任何岗位员工都一样关心、爱护的胸怀，是一般老板无法具备的。谭燕芳说她每年都得到很多奖励，比如年终奖、季度奖、满勤奖、工龄奖；还说自己沾老员工的光最多，工作满 5 年、8 年、10 年、13 年、15 年时都有不同的奖金。老板容得下各种员工，并不会认为你能力低就小看你，对大家一视同仁，同样关心爱护。

　　这就是叶德林最令员工尊敬的地方。可以看出：有大胸怀，有关心宽容一切人的大胸怀，才是最重要的，如果你没有容量，没有博爱，就无法成为一名优秀的领导者。因为有容、博爱本身是一种能力，这种能力让叶德林能发现他的每一位员工的优势所在。他说他看人总往好的方面看，总能从不好中看出好来，大材大用，小材先小用，日后再大用。他懂得对员工的宽容、信任与尊重，会换来他们对工作和责任的自觉意识，为企业带来最佳的效益。如谭燕芳，在岗工作 15 年竟然没请过一天假，更没缺过勤，只是有一年因车间输送带夹伤了脚趾，被"命令"休息 3 天，第 4 天一早就步行上班了，她怕走路不便，还提前出门，到厂时竟然比别人还早到 20 多分钟。她还用自己每月的法定假日，为有需要的同事"顶班"，这成为一厂"顶班"之最。

集团副总裁彭新峰同样有感于叶总裁对自己的信任和放权，反而更严格要求自己，努力承担责任。她觉得叶总越是放权给自己，自己就越是感到责任重大，她自己对自己说只能做好，不能做坏。"我没有一个星期天休息，可能是新明珠唯一一个，10 多年都是。如果我不上班，反而不舒服。有时觉得这样对家庭有点愧疚。但好在家人都能理解。比如 2004 年底，丈夫因脑出血，我陪他做完手术后，当天就坐飞机赶去参加惠万家经销商的会议；昨天，女儿胃疼住院，我陪她一夜，今天一早就赶来上班了。女儿那年高考，我也没请半天假去照顾她……"

叶德林宽容、博爱、信任每一位员工，而每一位员有感于老板的好，反而更加严格要求自己，极尽一切能力做好本职工作，以回报老板，回报企业。

容得别人，宽阔自己。水以自己博大的胸怀，接纳各方清浊细流，不管你体积多大，不管你密度多高，水总能容得下你，给你足以安身的空间，你需要多大的空间它就给你多大空间。容得下别人，也让自己的空间宽阔起来，并不因为容下了别人而缩小了自己的空间，降低了自己。而容人之长，也就是成己之长。水从不会妒人之长，在它看来，世间万物皆有所长，草有草的嫩绿，花有花的芳香，它不会喜欢嫩绿而厌恶芳香，更不因花草比自己美丽而有嫉妒之心，而是心甘情愿地润泽它们，让它们更嫩绿、更芳香。人生的成功需要诸多人相助，需要容人所长的气魄，学人所长的勇气，用人所强的心怀，集方方面面长处于一身，从而超越自己，成就自己。

所以，叶董曾骄傲地告诉我："我们新明珠，可是人才济济的地方哦，有博士、硕士、高工，有设计家、歌唱家、舞蹈家、主持人，有校长、教授、老师，还有一批曾经自己开过公司现在加盟新明珠的老板，还有海归人员……"

海纳百川，有容乃大。正因为叶德林以水一样的品德和胸怀，所以造就了今天新明珠这个建陶业的"巨无霸"。他的成功给了我们一个有益的启示：容人之长，成己之长，不仅是一种胸怀与境界，更是使自己走向成功的关键所在。

第四十章
润物无声，信水长流

新明珠企业能发展到今天，40%是得天时——国家的政策；30%是得地利——地方政府的关怀、扶持和经销商、供应商以及社会各界朋友的支持与珠三角佛山陶瓷的产业规模优势；30%是得人和——公司全体同仁的努力。

——叶德林

一、润物无声，力量无穷

叶德林以水的品格做人做事，打造出了新明珠特有的"水"一样的企业文化，这种文化像"水"一般无形透明、润物无声，潜移默化，从而形成了无穷的力量，推动和伴随着新明珠的成长、壮大。

企业文化实际上就是企业的行事原则，是企业德行的表现。企业如人，有什么样的企业家，便有什么样的企业文化。企业是在一定条件下人的聚合，在企业这些特定的群体中，企业家是他们的领袖人物，所以，从一定意义上来说，企业家品格就是企业品格，企业家德行就是企业德行，他们的价值观和修行，决定着企业精神，他们的社会道德和社会影响，便是某种企业文化向社会的辐射。

叶德林爱学习，善于学习，坚持"做到老、学到老"，且学以致用，不断提升自己，其好学的精神投射到企业中，便形成了一个学习型、培训型的企业。

多年前，还在南庄水利所当施工员时，叶德林凭着自己的好学，积极争取到参加水利专业中专、大专课程学习的机会，让这个高中生成了水利所唯一"考取"的技术员。在担任明珠厂厂长期间，37岁的叶德林还挤出时间参加中山大学企业经济管理专业专科函授教育，1995年8月以优异成绩毕业。

1997年，叶德林在东莞参加著名财经培训师冯两努主办的第44届领导才能培训班。他颇有感触地说："冯两努的培训影响了我一生。怎样做？领导领导，就是带领，以身作则和指导、教导下面的人做事。一个领导就是一个指挥官，用好一个人，看你怎么指挥他。要把下属当作一个蒙着眼睛的人，下电梯，你出右手，还要抬高五公分，然后向前按，你下属的所作所为，基本上就是你在控制。你要指引正路，而不是弯路。所以，下属做错，是领导的错。作为领导，最重要的是将自己下属的才干发挥出来，发挥别人的才干，必须肯将自己的权力下放，一级指导一级，一级级执行，同时还要在人心上面做工夫，正所谓"以力服人者霸，以心服人者王"，将整个团队的心拢到一起，使之'士为知己者死'，这对我做好领导工作有很大的启发。"

1998 年，叶德林在大沥参加了中国台湾企业管理培训师石滋宣讲授的《领导智慧与艺术》课程，他对此也念念不忘，认为受益匪浅。

叶德林认为，学习什么时候都不迟，他学知不足，学之不辍。1999 年，经过两年多的业务培训，他硬是考取了经济师资格。他高兴地说：一个人的金钱可以被夺走，但他的知识谁也夺不走，而知识才是人生的真正财富。

随后，叶德林更是热衷于参加各类 EMBA 课程学习，在中国台湾大学、中国香港理工大学、中山大学等大专院校进修学习，参加企业管理培训和各种专题讲座，还参加中央党校及地方党校的培训学习。"我到那里就是听课，当学生。现在很多高素质的人才进来了，我的工作就是把工作分配给更高素质的人去做。所以影响我发展，影响我思维的，就是学习，就是在学习中得到一批大师的指导和帮助。"

叶德林不但自己勤奋好学，同时也把新明珠企业带进了一个学习型、培训型的组织氛围中。企业内部定期举行各类读书班、学习班、培训班、训练营；公司与中央党校函授学院举办了中央党校函授学院新明珠大专班，组织新明珠员工进修学习；还成立了新明珠学院和萨米特成功学院两大进修培训机构，分期分批轮训员工。此外，还根据需要，组织员工参加全国各大专院校相关专业课程进修学习，从全国请来专家教授，配合企业需要和人才发展需要，开展常年的培训教育……

叶德林十分重视企业的文化建设，企业办起了自己的报刊《新明珠》，成为企业联结员工的精神纽带和思想交流平台，发行量已达数万份。在行业中办出了自己的特色，曾获全国企业报刊优秀版面奖。

叶德林主持组织了新明珠企业歌曲征集活动，集团员工纷纷加入创作投稿，为时 8 个月，其中有三位副总参与歌词创作，分别获奖。笔者有幸见证其全过程，感受颇深。叶总还亲自对《中国新明珠》、《新明珠恋曲》两首歌的歌词提出了补充修改建议：一是要提倡科学发展观；二是要办有社会责任的百年企业；三是要参与和谐社会建设。企业歌曲诞生后，便成为新明珠的企业形象歌曲，或为鼓舞激励新明珠人的奋进曲，每逢大小会议和联欢庆典活动，叶德林都和员工一起高唱企业形象歌曲。还以歌声代表心声，专门制作了表达企业与员工、企业与大众、企业与未来的组歌——《我们同有一个家》、《新明珠欢迎你来》、《祝福新明珠》等。一个企业拥有自己的5首企业形象歌曲，这在全国企业中也不多见。2008年7月，新明珠集团举办了"同唱明珠歌、共谱奋进曲——新明珠企业之歌演唱赛"，活动由集团公司市场部策划部署，总裁办领导和集团公司党支部给予大力支持，各厂、线、部踊跃报名，参赛人数达700多人，共有合唱队19支、独唱选手9名。在演唱比赛中，参赛团队演唱形式多样，创意迭出，用不同的"手法"展开对企业歌曲的"演绎"，让人耳目一新，连评委也惊叹：新明珠人才济济，各个队伍各有千秋，演唱水准几近专业。萨米特出口部还自发谱写并演唱了英文版的《中国新明珠》，激励大家不仅要把新明珠企业之歌唱响中国，还要唱响世界。新明珠国际贸易部的俊男靓女们，个个精神抖擞，激情四射，男士红衬衫配上领结，女士一袭飘逸的白裙，红白相间的着装显示了集团LOGO主色调的搭配，别出心裁，演唱采用高、低声部结合的方式，并独具匠心地运用钢琴现场伴奏，以"专业音乐演唱"形式，以优美的混响效果和震撼人心的视觉冲击力，感动和征服了在场的每一位评委，感染和打动了现场的所有观众。这次企业歌曲演唱赛，是对新明珠企业文化的一次大检阅，也是新明珠企业精神的一次大展示。通过同唱一首歌，同传一样情，同表一份心，调动和激发全体将士的热情与斗志，凝聚企业力量，再奏明日凯歌。

叶德林很有音乐天赋，喜欢唱歌，最擅长唱粤曲，自小就酷爱粤剧、粤曲艺术，视那些粤剧名家为偶像。平时在卡拉OK或联欢社交活动中，总爱尽情高歌一曲。为提高自己的演唱技能和支持粤曲事业的发展，2005年9月23日，叶德林与著名粤剧表演艺术家小神鹰先生喜结师徒情缘。佛山市委、市政府领导及广佛两地粤剧、曲艺界代表和各界朋友近300人前来祝贺。此后，每年在新明珠欢庆新年团拜会上，师徒二人携手合唱。小神鹰还创作了粤曲《新明珠颂》，盛赞新明珠。2008年12月19日，在"明珠耀华夏·四海共和谐"新明珠庆祝改革开放30年大型文艺晚会上，叶德林邀来董文华、郁钧剑、唐彪等国内歌唱家同台共庆，他与广东粤剧院青年花旦岑海雁对唱的粤曲《花好月圆》，更是一下子把晚会推向高潮。

二、以诚立身，信水长流

老子说水的一大特点是"言善信"，其意为水是言而有信之物，像潮水的汛期一样，涨落有时，信守信用。因为水的诚实可信，所以水也被古人称为"信水"。

信，是中华文化的重要精髓。信与仁、义、礼、智并列为"五常"。叶德林认为，做人最讲究的是"诚信"和"忠信"，一个人可以失去钱财，失去职业，但万万不可失去信誉。正所谓"民无信不立"是也。

1998年底，新明珠一、二厂转制，叶德林和伙伴们花了3.7亿元竞拍下两个厂，一时造成资金的紧缺，对原材料的采购带来一定压力。这时，大多数转制的陶瓷厂解决这一问题的做法是用"充款砖"（把库存的瓷砖按价折款推给供应商以充数）交付给供应商，有些则拖欠供应款一年半载，有些则借口转制赖账不还等。但叶德林却不卖一块"充款砖"，更没拖欠供应商的货款。他说，做人要讲信用，合同上定好的就得按合同办，就是借高利贷，也得按时付款而不能用"充款砖"抵账。于是，他不惜从朋友处加息借来3000多万元，坚持按时付款给供应商。直让所有供应商感动得不行，大家纷纷主动提出降价供应原料，说是我们多家吃亏一点，也不让叶总一家吃亏，并且乐意推迟一个月收款。云南省有个经销商听说后，深受感动，认为这样的厂家值得帮一把，立即借给叶德林500万元以救急，说到底这就是有感于叶德林的"诚信"。而叶德林在接受这个经销商的帮助后，却不肯让人家白帮忙，随后按特别优惠的价格供货给对方，以作补偿。

在新明珠500多家供应商中，广东金盛包装公司是新明珠创业初期的供应商之一，与叶德林合作了16年，公司从几十个人的小纸箱厂发展到广州三大纸箱厂生产企业。老板卢亮说："我们有今天，全赖新明珠的支持与合作，全赖德叔的关心和帮助。德叔做人做事都把信用放在第一位，是我学习的榜样。10多年来，不管企业转制了，规模扩大了还是市场变化了，我们之间的合作从来没变。他一向坚持按合同办事，甚至宁愿自己吃亏，也不拖欠我们一分钱。这也让我从他身上学到很多宝贵的东西，使我一生受用不尽，教会我要以诚相待，以信做人。我们公司这么多年来也尽自己所能，协同新明珠一起把企业做大。因为有德叔才有新明珠，有新明珠才有我们金盛……"

叶德林诚信做人，同时也用诚信造就了新明珠，让"信水"渗透在企业活动的每一个细胞中。

从东北到佛山创业的宜丰化工公司老板陈铁峰，与新明珠公司素昧平生，2005年把化工原料样品送到新明珠，经检验合格，就签订了合约，开始按月批量下单。头一年供应硼酸、硼砂量就达1000吨，第三年是1800吨，第四年达到2500吨，每年稳步增长。他对新明珠与叶德林感激不尽："是新明珠给了我这么一个外地小企业在佛山成长的机会。新明珠是一个有德、有才、有智、有能的团队，不管哪个部门都做得很出色。他们重合同、守信用、财务稳健、款项支付及时的美誉，在行业内是有口皆碑的。一般来说，每个企业都会遇到资金三角链问题，现在的市场环境供货给陶瓷企业压力特别大，拖欠货款是常有的事，但在新明珠我们是看不到的。新明珠在规定的时间交付货款，从不拖欠。负责供应的部门严守原料质量关，将缺陷原料拒绝门外，因此它能在源头上保证产品的质量，在材料价格上，新明珠也随时掌握市场价格行情，我们知道的新明珠也一清二楚。直到目前，我公司提供的原料从未出现过质量问题，因为诚信是彼此的，是相互信赖的。"新明珠的工作作风和经营原则，也深深影响着与之合作的陈老板，因而，他也在诚信经营中成长。该公司在市场涨价前备足了大批某种化工原料，成为紧缺货，单价比原来进货时一吨要高几十元，利润相当可观，别的企业向他要货，但他却拒绝了，依然按供应合同要求只为新明珠供货。比较下来，一年减少利润近200万元。但他说：做人不能唯利是图。我少得了利润，却多赚了诚信，这也是我从叶老板和新明珠那儿学来的。

萨米特营销中心的袁伟，在《一滴水的世界》一文中，以"一滴水能够折射整个世界"为主题，借自己这滴"水"在新明珠这个大世界中的所见所闻，折射出新明珠的光辉："有一次，一个客户刚刚开了一批货物，早上打的电话，说下午再来装货。可是就在下午，刚上班领导就召集大家开会，说公司新下了一个促销通知，几个产品都有比较大的优惠额度，希望大家尽快向客户传达。我一听，上午开的产品就在促销里面，该怎么办呢？那时我初入新明珠，不知道平时遇到这种情形其他人怎么处理。于是便问业务员，业务员说，还没发货就退单重新开吧。可这里面差额达几万元啊！但同事告诉我，这就是我们新明珠的诚信原则，宁愿我们受损失也不让客户受损失。几句简单的话语，足以表明新明珠人的立场和态度，真是令人敬佩。我之前在别的陶瓷公司时也遇到过类似的情况，业务员都不让退单，延迟几天后才将促销信息告知客户———方面，退单还要罚款，要跑相关的麻烦手续，另一方面，因为有了优惠，同等数量的货物销售额便大打折扣，业务员的业绩受到损失。但新明珠的做法，就是宁愿让我们业务员损失，也不让客户损失，诚实做人，诚实做事，从而以此获得客户更多的信赖和支持。通过这一件事的做法，我们可以感受到：新明珠这一国家首批47家中国建陶行业AAA级信用企业荣誉的获得，可不是徒有虚名的。"

司机小覃曾跟笔者说过这样一件事：

恩平企业家张华平，是叶董就读中央党校第8期总裁班的同学，他生日那天来了一个电话，没想叶董便记住了这件事。但当天是安排较满的一天，上午参加佛山市政府一个经济工作会议，下午又到三水工业园接待一批考察团，晚饭后还得和工业园管理人员商讨重要事情，待忙完这些时，已是深夜 11 点多了，但叶董还惦记着庆祝同学生日一事。小覃见这么晚了，担心董事长的休息和安全，劝说取消算了。但叶董却态度认真地说：阿祥，我答应过人家了，就得去，你就是背也要把我背到张总那儿去！还说，你要是累了，就由我来开车。从三水到恩平有 90 多公里，当赶到那儿时，已是凌晨零时五十分了，这让张总和全场的员工都很感动。张总还以叶德林这"守信"作为典型事例，现场教育员工，引以共勉。

第四十一章
定向而行，利众而立

> 做企业就要负起一个社会的责任，造福一方；做人要做社会尊敬的人，做企业要做社会尊敬的企业。
>
> ——叶德林

一、定向而行，水滴石穿

叶德林做什么事情都专心专注，一心一意向着自己的目标迈进。他坚信有目标，然后咬住不放，以水滴石穿的精神，以及一往无前的意志和毅力去实现它，就一定能胜出。比如早期在南庄水利所工作时，他定下一个个目标，然后坚持脚踏实地地用心去做，从而一个个得以实现。从事陶瓷行业后，更是咬定一个大目标，就是做砖，做好砖，做中国乃至世界最好的砖，即使是后来扩展到做卫浴洁具，但也是建筑陶瓷的组成部分。别人一次次邀他去"赚快钱"、"赚别的门路的钱"，但他都不为所动，不像某些企业家那样，企业做大了一点就立即多元化，什么赚钱就跟着做什么，以至后来逃脱不了多元"化"的命运。

叶德林觉得，水是专心奔向目标的模范，它无论来自哪个角落，都能朝着一个既定的目标流淌，经由小溪积聚成大河，经由大河汇成大海，水的这种专一奔向目标的精神，正是我们应该学习的。所以，叶德林多年来心无旁骛，专业做砖，从而成就了一个中国砖王。

多年来，叶德林有个一直坚持下来的好习惯——晨泳运动。不管昨晚工作多晚，每天早上6点总能准时起床，6点半就在家门口的吉利河中畅游了。

一年四季，从不间断，就是出差在外，也要在宾馆泳池中完成这个"仪式"。晨泳，已成为叶董日常生活中代表意志与毅力的持之以恒的标记。

在吉利河畔，笔者曾几次见识过叶董的晨泳，寒冬或早春的低温天气往往会让人难以忍受，在这种气温下游泳给人几近残酷的感觉，真不知道叶董是凭着什么样的意志毅力坚持下来的！

2008年2月24日早晨，气温只有4度，极冷。前一天晚上我已上好手机闹铃，6点30分起床，感到冷得不行，便多穿了一件毛衣。从广州开车赶到叶董家时，已是 7 点 10 分。但见叶董和四个伙伴已游到吉利河对岸了，集团副总李列林和简耀康已从河里提前上岸，供应部女将潘雪红主任的车子刚到，一身泳衣打扮，带上救生圈便兴冲冲往河里赶；尾随的罗南村村委书记关润尧与另一位朋友也刚下水。他们都是在叶董的影响下，热爱上晨泳这项运动的。这时，叶董他们正顺着河岸逆水而游，然后，再劈波斩浪横渡大江。叶董远远看见我们，还在江中扬手招呼，恍若"浪里白条"，显出一副"胜似闲庭信步"的风采。而我们在呼呼的北风中已无法站立，急急撤回屋子里去，而大江中的叶董他们，此刻却游兴正浓……

因为酷爱游泳这项运动，叶德林还在本企业和禅城商会组织过多次游泳比赛。每年的正月十五早晨，叶德林都邀请集团公司的部分员工，一起畅游大江。2008 年农历正月十五拂晓，由叶德林组织的"同一个世界，同一个梦想——新明珠 99 名冬泳健将以实际行动迎奥运"活动拉开了帷幕，吸引了佛山市冬泳协会和禅城工商联的一批运动精英踊跃参加。冬泳协会的健将们说，这是他们多年来首次参与企业组织的互动性冬泳活动，新明珠将全民健身运动与奥运同行的做法值得倡导。

记得在与叶董初次相识的宴席上，大家提及健身运动时，他便向我首推游泳。他说早年患了颈椎和腰椎增生症，弯腰行路都显得困难，四方求医，试过各种物理和药物疗法，都不见好转，后来有朋友介绍游泳锻炼对此有效果，就照着做了。他长在水乡，素来喜爱游泳，只是后来工作太忙，疏懒了下来。没想坚持了半年，这两种多年顽疾竟然全部消失了，还给他一个十分健康的体魄。从此，他便与游泳结下了不解之缘，假若哪天没下水去，就像丢失了什么似的浑身不自在。他说，每当清晨游泳时，尤其是下水半个钟头后，就感到脑子特别清醒，会想到很多平日想不到的问题。"那天，在河中央，我仰躺在水面上，突然想起一个很有创意的酒店名字——不相干，也就是不伤肝的谐音，酒店嘛，喝酒不伤肝，多好，广东话读出来特别好，普通话说来也很有意思，这是个好名字，我得叫人注册下来。前天，游到对岸，我突然记起了从"一"至"万"数字排列的中国传统祈愿，比如：一帆风顺、二龙腾飞、三阳开泰、四季平安、五福临门等，我想假若把这些名称注册了，也是一份财富哦……"叶董颇有意思地谈起自己在游泳中产生的灵感。

他说坚持游泳，还有最重要的一方面，就是磨炼人的意志和毅力，陶冶性情，健康身心，这才是最有价值的。

佛山市正大机电配套公司老总在《新明珠》上发文谈道：三年前，第一次参加新明珠集团供应商交流会，我向叶德林董事长问了一个问题，是关于他坚持冬泳运动的，我清楚地记得他这样回答，他说："每天早上6点多起来，当走到河边或者会有一丝犹豫——天气这么凉，还要不要下去？但往往念头只是一闪而过，自己马上意识到：没什么了不起，只要坚持，只要心不凉，天气就不凉，就能享受到游泳的乐趣，就能获得人生的快乐。我把坚持游泳和坚持创业连在一起，有时想，以我现在的财富，一辈子都用不完了，要不要每样事事都这样坚持？但想到自己背后有几千名员工，自己可以不干，那这么多的员工，这么多的家庭怎么办？一份重重的责任压在肩上，使我涌起无穷的勇气和力量，就忘记了什么天冷水凉，一下子就跳进河里去了。"叶董把坚持运动和坚持创业的精神紧密连在一起，所以，今天，他才拥有了一个健康成功的人生！

叶德林说，一个人拥有坚强的意志、信念和毅力，就不会轻易被困难吓倒，甚至往往会获取意想不到的胜利，对待事业如此，对待疾病也是如此。叶德林还谈了自己两次凭着意志和毅力把病魔吓走的神奇故事：

1995年秋天，我从欧洲商务考察回来后，肚子一直痛，去地区医院检查，说是结肠炎，吃了药后仍不见好转，再去广州某医院检查，出来的结果说是直肠癌，我不相信，又去了两家医院照过CT，结论都一致认为是直肠癌，说要赶快住院救治。但我觉得没什么事，加上那时新明珠一厂也很忙，我光顾着工作了，并没把病情当一回事，我了解自己的身体，我认为没事就没事。所以，也没打针吃药，更没住院治疗，哈哈，一个多月再去检查时，他们说病灶消失了，完全没症状了。

还有一次，2004年底，我脖子上突然长了个粉瘤，到广州南方医院检查后，说是恶性肿瘤，要马上做手术。那时正好是年底，要开全国几千人的经销商会议，还有员工年终大会等，我想人家见你新明珠老板脖子缠着白纱布，这个形象不太好，所以决定不做手术。我自己也觉得没那么严重，我藐视它，不把它当回事，该干什么干什么。可能我这种强硬态度真的把病魔吓退了吧，过完年后十几天，脖子上的粉瘤不见了，没任何症状了。听说有些人得了点小病就怕得要死，小病吓成大病，大病吓到没命。而我这两次遇病，甚至被判为"死刑"了，但是凭着自己个人坚强的意志和信念便一一战胜了病魔。所以我说，一个人的精气神很重要，有一个好的心态并坚持一个好的信念，就什么困难都可以克服。

二、利万物而长流，利万众而久立

现代营销学之父菲利普·科特勒说过："注重社会利益，是企业家走向成功的敲门砖"，于是，他提出了一个全新的营销概念——"社会营销"。其要求是，企业在营销时，不仅要考虑消费者需要和公司目标，更要考虑消费者和社会长期利益，企业在鼓励人们大量消费时，可能会造成社会资源的损耗和枯竭，所以企业应该承担起相应的社会责任。

叶永楷曾多次谈到父亲叶德林对自己的影响：他做人很坚强，很有积极进取精神，更重要的是他是一个很有社会责任感的人。他的价值观是：做企业就是负起一个社会的责任，造福一方；做人要做社会尊敬的人，做企业要做社会尊敬的企业。

叶德林在进入建陶行业后，就自觉地让企业肩负起社会的责任，自己则在努力践行一个"企业公民"的社会责任，走好向前发展的每一步。

陶瓷行业一直被人们习惯认为是高污染、高能耗的行业。叶德林觉得自己有责任改变人们这一印象，更主要的是同时可以促进社会的进步。于是，从办第一个厂开始，他就把治污、降耗看作和经营生产一样重要。新明珠一厂是全佛山第一家推出物料仓储盖顶等环保创举的企业，第一家在南海市通过环保合格认证的企业。随后建成的新明珠三水工业园、禄步工业园及江西高安工业园三大园区，全部成为行业清洁生产、循环经济模式的产业园。

叶德林始终坚持认为，企业是回报社会而不是损害社会的，若企业行为有损于大众万一，都不是好企业。所以，他舍得花大气力、大投入、大手笔去建设最先进、最环保的企业。他有一句在行业里最流行的名言就是：只有污染的老板，没有污染的企业。在三水工业园，他拿出比别人多两倍的投入购置国内外最先进的设备和改造设施，从而创造出一个目前国内独一无二的省级清洁生产企业，为中国乃至世界建陶行业树立了一个典范，为人类的文明生产作出了重大贡献。

人们都在传颂着叶德林"2000万元种树"的故事。

在计划三水工业园第一期工程经费开支时，叶德林毅然把已经定好了的一条生产线"切"掉了，改为工业园植树绿化和环境建设费用。这在集团决策委员会中引起了很大争议，多数人认为，建厂的目的就是增加生产线，扩大生产，增加效益，而花这么多钱去造环境，搞绿化，不是企业行为。但叶德林还是说服了大家："我同样心痛手上有限的经费，我也知道多建成一条生产线，多出一份经济效益，但我们不能光看一事一时，要看长远利益，更要看企业的社会效益，企业行为首先要对得住社会，挣钱才心安理得啊！"就坚持把一条生产线的费用，用到了种树上去。

其实，为打造这个9万多平方米的园林式工业园，把其建成资源节约型、环境友好型、循环经济型的现代建陶生产基地，新明珠通过自主创新、环保整治、节能降耗、循环利用、绿化净化等手段，前后额外投入了5000多万元资金。从随后的结果来看，叶德林用行动告别了"只有污染的老板"，创立了"没有污染的企业"，承担了一个企业的社会责任，留住了一片青山绿水，提供给员工一个干净舒适的工作环境，实现了企业与社会的和谐共处。而更令人欣慰的是，由于生产设备和生产环保的优化，大大降低了企业的生产成本。目前三水工业园每年节约标煤3万多吨，处理废水6.6万多吨，进行再利用的费用还比实际大量使用工业水源便宜了许多。而且每年处理固体废物2万多吨，减少二氧化硫排放量约110多吨，减少粉尘排放约30吨，压滤泥、水煤浆渣、废品砖等废物变废为宝后产生了一连串经济效益，这该是怎样一组令人惊叹的数字啊！

"负责任的企业不仅仅要赚钱，而更应该注重对社会的贡献，追求更高的价值目标。"叶德林这样说。

水利万物，故能长流；企业利社会，方能久立。

2007年10月30日上午，佛山市禅城区政府在文华公园广场举行"绿化文化、名城名树"活动的启动仪式。佛山市市委书记林元和和禅城区区委书记梁毅民等前来出席，为新明珠等企业的捐助答谢，并为新栽种在文化园内的6棵大树揭牌、培土，对本次活动表示了祝贺，并对积极参与绿化建设和政府公益事业的企业表示感谢。须知，捐资1000万元绿化禅城的义举，可是叶德林积极倡议，带头发起的。

2008年3月18日，继上年捐助绿化禅城行动之后，叶德林又一次捐出200万元，其中80万元用于文华路和深宁路等道路的植树绿化，120万元由南庄镇政府实施季华西路的绿化；为加快树木的种植速度并确保树木的生长，叶德林还委托禅城区园林管理处负责树木的种植工作。

企业为社会负责，为社会贡献，叶德林一直遵循这一宗旨，他总是身体力行，从我做起。南庄的陶瓷企业多，被认为污染大，环境不好，但在叶德林等一批有责任心的企业家的积极努力下，这儿的环境发生了翻天覆地的变化。前些年，不少人搬离南庄到佛山市区等地去定居，以逃避污染，而叶德林却一直驻扎在南庄，他说自己兴建5次新居，一直都没离开南庄，南庄的生活环境这些年已越来越好了，这儿已成了一个优美的宜居宜商的水城，他更乐于在南庄安居乐业。每天早上，还坚持在家门前的吉利河中畅游，他说我就是要带好这个头，这儿是我们的家园，我们不光要保护好，还要建设好。

叶德林是一位企业家，经营企业是他的事业，但他还把从事公益慈善事业、做好人大代表和禅城商会工作，作为自己另外的三项事业，他不是利用自己的社会影响力去图利，而是去带好一个头，为百姓做点实事。

他带头捐资、捐物兴建南庄镇敬老院，赞助主办南庄镇一年一度的龙舟赛，赞助并主办三水区白泥镇龙舟赛，赞助并主办江西高安市各类大型公益活动，赞助并主办佛山市政府各类大型公益活动……

在三水工业园属地，叶德林第一个为当地农户设立养老金发放制度，给予60岁以上的老人终身生活保障，每人每月都可以领到一份敬老养老金；在肇庆禄步工业园属地的白土一村和二村，也同样设立养老金发放制度，每年发放金额达100多万元。

2008年5月12日汶川发生大地震，叶德林心系灾区，立即在集团内成立赈灾募捐小组，向旗下各企业发出"同舟共济、携手同行"募捐倡议书，号召全体新明珠人踊跃向灾区父老乡亲伸出援助之手。17日，在捐款动员大会上，叶德林为鼓励员工多献爱心，承诺以个人名义，按全体员工捐款总额的两倍追加捐款。当天，向中国红十字会捐款320.9万元，其中员工捐款40.3万元，叶德林个人捐款80.6万元，集团公司捐款100万元；当晚赈灾义演，叶德林还捐了价值100万元的陶瓷墙地砖。为当次佛山市陶瓷企业赈灾捐款最多的一家。

叶德林在佛山商界德高望重，2007年被选举为禅城区商会会长，他肩负起重任，积极利用一切商机，充分调动企业家的社会责任和服务大众的积极性，在很短时间内，就把禅城商会办成一个组织本地企业家向社会多作贡献，团结企业家一道创业、共同致富的新型集体，办出了特色，办成了典型，获得了佛山市政府的多次表扬。

他大胆创新了商会会务职能，从打造企业利益共同体的模式出发，带动和帮助企业家一起挣钱，率先在广东省商界同行中举办"会员企业供需采购洽谈会"，让本会相关企业达到信息共享、资源共用，通过商务洽谈、交流、了解，分享各企业之间的供需利益，也就是让大家彼此做生意，通俗地说是"肥水不流外人田"，使各企业之间生意互补，不用到外地去盲目寻找商机，大家"转一下身"就可以把生意做成。因为会员彼此之间相熟，大家是一家人，不用担心产品质量或信誉等问题，生意做起来更放心，更便捷，效果更好。第一届企业供需采购洽谈会，吸引了48家会员企业360个洽谈项目，签约金额达6.4亿元；第二届500多人参加，成功签约12亿元，同时还增加了团购保险、本市三所院校应届毕业生参与企业人才交流等项活动。会员供需采购洽谈会，也就成了禅城商会会务的一大特色，在佛山地区深受好评和欢迎，致使其他兄弟商会的很多老板纷纷要求加入。上海商会的一位副会长，是新明珠的供应商，他亲身感受到叶会长"从商从政"的人格魅力，恳切要求叶会长"收留"他这个外乡人，就是当个会员也行，在这儿安一个家，以分享叶会长给大家创造的更多利益。

叶德林积极组织商会会员，负担起奉献社会、服务人民的各种责任，对于各级政府的相关政策号令，叶德林总是先以一个企业家的身份积极响应，做好表率，用行动来带动大家，使企业家们学有榜样，做有典范。禅城企业家队伍的思想和行为也发生了深刻的变化，取得了精神文明和物质文明建设的双丰收。

叶德林还组织企业家们走出佛山，开展扶贫济困活动，推动社会和谐发展。商会与茂名电白林头镇塘迳村党支部进行一帮一结对、援助慰问活动，企业家们主动为塘迳村的公益事业出资出力，大大增强了企业家们奉献爱心、服务社会的自觉性和积极性。

作为佛山市人大代表、禅城区政协委员，叶德林更是认真履行好自己的职责，积极参与各级政府的政务活动，热情向政府有关部门坦陈人民群众的心声，以当家做主的精神，精诚地为人民群众办实事，办好事，为政府分忧解难，为当地经济发展和社会繁荣作出自己的贡献。他每年都要花费大量时间下基层、走部门，收集社情民意，掌握热点、难点问题，广泛征询各方面建议和呼声，从而系统地形成自己的意见，然后写成议案或提案，提交给人大或政协会议审议。在参加佛山市市委书记林元和主持召开的行业发展调研会上，叶德林提出了多个很有建设性的建议，得到林元和书记的好评。他在市、区人大和政协大会上提交的《提升禅城区品牌发展的对策与建议》、《禅城区建陶产业发展的思路》等多份提案议案，得到了有关方面的重视和肯定，被评为优秀提案。

"上善若水，水善利万物而不争。"水的利益不在自己而在万物。"万物"都从水那儿得到利益，因而万物都离不开水，万物都需要水。这种"万物受益"与水的"利他"之间的相互关系，正是叶德林一直崇尚的水之大"道"，而他自己和从事的企业，也是借此"道"而前行的。

叶德林明白：

水之道是：水利万物而长流；

企业之道是：企业利社会而长盛；

从商之道是：从商利万众而久立。

一向埋头做事，低调做人的叶德林开始得到社会各界广泛的拥戴和尊重。2003 年 1 月，叶德林被广东省人民政府授予"广东省优秀民营企业家"称号。

要知道，这是广东省政府在改革开放 25 年来第一次评选优秀民营企业家，在这之前，奖励的只有国有或集体企业管理者。叶德林能获此殊荣，当属不易，同时也让人掂量出其有多大分量。广东省委、省政府对此十分重视，在正月元宵节后第三天，召开的新年第一个全省性会议，便是民营经济工作会议，其间安排半天为优秀民营企业家和优秀民营企业举办颁奖典礼。作为新年开门会议，广东省委、省政府选择表彰优秀民营企业家和民营企业为主题，据称也是历史上的第一次。

笔者作为特邀代表，见证了这次盛会。让我更欣喜的是，在这次首届表彰的 40 名优秀民营企业家中，我结交多年的企业家朋友竟然有 5 个，其他 4 个都是接近 20 年的企业，而叶德林的新明珠只有 10 年，晚了一半时间；其中阳江十八子集团总经理李积回最年轻，属"文革"期的；而广东兴发铝材集团董事长罗苏年纪稍长，属旧中国的；叶德林则居中，属"解放牌"，从中也可看出这次获奖者的年龄结构，他们是从全省数十万民营企业家中，经层层筛选、投票、公示产生的，省长黄华华在授奖大会上的评价是："勤奋创业，诚信守法，与时俱进，真诚服务社会。"时任佛山市副市长黄维郭在欢送叶德林等代表上省城领奖时表示："佛山市政府要使民营经济、民营企业、民营企业从业人员在'社会上有地位，政治上有荣誉，经济上有实惠'。"

2003 年 2 月 18 日下午，首届广东省优秀民营企业家暨优秀民营企业颁奖典礼隆重举行。在欢快的乐曲和雷鸣般的掌声中，叶德林肩披红绶带、胸挂大红花，轻快地走上主席台，从中共中央政治局委员、广东省省委书记张德江手中接过烫金奖牌，顿时，喜悦涨满了那张沧桑的脸。

这是党和人民对叶德林的肯定，这其实也是叶德林创建"企业家品牌"和"社会品牌"的巨大成功。须知，一个企业品牌，在社会上的影响力及其获得的知名度和美誉度，并不仅仅是由产品决定的，产品品牌只是这个企业品牌的众多元素之一，而其整体品牌至少包括产品品牌、企业形象品牌、企业家品牌、社会品牌和民族品牌等。而叶德林在创建新明珠企业整体品牌中，显然不仅仅是关注产品品牌，其用心灌注方方面面，行动内外一致，实实在在，有品有牌。

这也是一般企业家难以企及的。

更难能可贵的是：在随后两届的广东省优秀民营企业家评选中，叶德林竟然连登红榜，在我 5 位曾获首届奖励的民营企业家朋友中，他是唯一一个，被媒体称为广东优秀企业家获奖"专业户"，也就是连续保持优秀称号，保持自己的优秀本色。优秀民营企业家评选的标准主要在创业的经济指标和对社会的贡献两大方面，叶德林获奖靠的完全是自己的真本事。想想，叶德林这个广东省优秀民营企业家"专业户"的社会意义，其实早已远远超越了自身的品牌价值。

可以说，经过 10 多年打磨的新明珠及其主人叶德林，此时已成为中国陶瓷行业最具成长力和最具社会价值的品牌。然而，正如叶德林一如既往保持低调做人、做事风格一样，他并没有依靠政府给予的"地位和荣誉"，向社会索取过一点什么，而仍然是依靠自己的智慧和汗水，也就是凭他的"本心本事"，默默地为社会做着贡献。

春节期间，在新明珠总部新装修过的总裁办公室里，叶董和我们一起品茶。

他还是保持往日的习惯，拒绝秘书的帮忙，亲手为朋友们泡茶、斟茶，脸上始终洋溢着"叶氏风格"的谦恭微笑，显得平和、自信和乐观。

在谈及企业的未来发展与自己的心愿时，他说："我最大的愿望，就是这辈子要做拥有3万员工的企业，解决3万人的就业，为3万个家庭谋利。如果条件允许，我想5年左右就实现它，我有这个信心。"

没有夸夸其谈，没有豪言壮语，简单朴实，平平淡淡，一如他的为人。心里想着的仍然是他的员工，是为社会提供更多的就业机会，为更多的家庭着想。

诚然，这里体现的，正是这位企业家的精神、企业家的梦想和企业家的价值观。

我们千万别小看了这几句话。可能在那些所谓的大企业家中，做企业以做到多少员工为愿景的，肯定没几个，他们说得最多的，是什么时候进入世界500强，是利润率多高，是市盈率多少倍，而不是关心社会价值、员工价值和客户价值，其实那不算愿景，顶多也只是个伪愿景，只靠利益驱动的企业，即使做到500强，也得不到社会真正的尊重。

"做企业到底为了什么？"可能一百个企业家有一百种说法，但叶德林的说法最直接，也最简单，那就是：解决3万人的就业，为3万个家庭谋利。

这才是真正的"大善"、"上善"！

"上善若水，水善利万物而不争。"

这是叶德林做人的品格，也是叶德林从商的德行。

商道如水，做人如水——水一样的叶德林。

2009 年 5 月脱稿。
2009 年 6 月改定。
于广州阅海屋

后 记

　　我与佛山南庄特别有缘。我在南庄完成了对兴发集团及其主帅罗苏的探讨后，随之便投入了《中国砖王叶德林》一书的采写工作。其原因在于南庄镇的两大企业——国家两大行业的巨头企业：一个是中国铝型材十强企业第一名；另一个是中国建陶"航母"，其产销量全国第一。我近年来对中国民营企业创新与发展的课题研究颇有兴致，因此，结缘南庄、结缘这两大优秀民营企业和她的主人，也就顺理成章了。

　　正是一方水土养一方人。作为珠江三角洲的水乡南庄，这个中国近代工业意识最早发育的地方——1872年简村人陈启源兴办了继昌隆缫丝厂，成为中国近代第一家民族资本的工厂，成为推动中国近代民族资本主义工业发展的第一人，这也是南庄人以及佛山人130多年来津津乐道并引以为荣的事。时至今日，作为陈启源的乡人，不仅沿承了这一良好的"乡风"，而且已将其更好地发扬光大，正是"江山代有人才出，长江后浪推前浪"，涌现出一大批杰出的企业家和企业。据资料显示，南庄镇企业目前已拥有"中国驰名商标"7个、"中国名牌产品"5个、"国家免检产品"21个，以及广东省著名商标和广东名牌产品数十个，成为全国获取以上荣誉最多的一个镇。南庄镇被评为"广东省乡镇企业十强镇"。

　　2003年，方圆76平方公里的南庄镇，云集了70多家上规模的陶瓷厂，年生产能力近6亿平方米。其中最为瞩目的龙头企业，则是拥有三大子集团的新明珠陶瓷集团，其董事长叶德林，更是当地企业家的"群龙之首"——禅城区总商会会长、中国建筑卫生陶瓷专业委员会会长、全国建材行业劳动模范、陶业十年经济领袖、全国建材行业改革开放30年代表人物、十大新粤商、广东省优秀民营企业家等。因此，在"中国建陶第一镇"——南庄，让人们"认识"一下该镇建陶第一号企业和第一号人物，我想应该会显示出不一般的意义。

　　或者，这就是本人写作《中国砖王叶德林》的初衷；或者，这本来就是水到渠成、无法回避的一种必然。所以，眼下才得以留下了这么一份朴素纯真的心灵记录，一个同样体现天时、地利、人和之"缘"的心灵记录。我是这么认为的。

说实话，作为平民的叶德林，该是我心目中没人可以替代的一位平民"巨人"；而作为企业家的叶德林，则是我众多企业家朋友中最"大器"的一位好朋友，我如同他的所有朋友一样对他充满敬重和爱意。随着我们频繁的交往，我尤其对他"做企业"的同时如何"做人"这一命题更感兴趣，也更加关注。这是一个用"心"而不是靠"力"去行走人生的人，这个"心"并非一般意义上的心，而是"平常心"、"专心"、"诚心"、"热心"、"爱心"等诸如此类的"心"，所以，如此用"心"去做人、做事的叶德林，在社会上留下的履痕，必定是不同凡响、独出心裁、自成一派的。

我也试着用心去体察叶德林，曾自作聪明地对叶德林以"水"的性格而谓之——水一样的叶德林！

其实这个评价出自五千年的《道德经》，老子曰："上善若水。水善利万物而不争，处众人之所恶，故几于道。居善地，心善渊，与善仁，言善信，正善治，事善能，动善时。夫惟不争，故无尤。"先哲是这样告诫我们：有道德的上善之人，就像水一样。水滋养万物而不与万物相争，却安身于大家都不喜欢的低洼之所，水的这种品格，才是最接近于道的。水总是随遇而安，居于不争之地；容纳人所不容纳的东西而博大深沉；对别人奉献出真诚、仁爱；言而有信，如河水的汛期一样应时而至，恪守信用；乐于依据"平"与"正"的原则清净行事；能够根据环境的差异有效发挥功能；随天时机遇，动静有时，正因为与万物无争，所以就不会出现过失与偏差。把水的不争、处下、无我、柔顺、奋进、宽容、平静、随和等特性全部涵盖其中，人若能做到像水一样，必然能无往而不胜。

而我也觉得，叶德林做人的参照物应该是"水"，这兴许与他所处的人文环境有关。他出生于珠江三角洲水乡，傍水而居，开门见水，喜欢弄水——每天早上坚持游泳，一年四季风雨无阻。他经常用最平常的"水"来比喻做人，认为水是最有"德"的——"为人如水，而不应是山，山必有形，保守不变，固定一方；水似无形，遇圆则圆，逢方则方，随机应变。水利万物而不争功，能伸能屈、定向而行，容得别人宽阔自己，水能向下方成大海。"这是叶德林崇尚的水的品德。也就是说，他是从水的这些高尚品德中学着做人的。

"做人如水，从商如水，水一样的叶德林！"

我竟然也为自己这一蹩脚的比喻偷偷乐了一阵子。

事实是，叶德林是不需要我们这些廉价评议的。叶德林就是叶德林。叶德林就如珠江三角洲随处可见可触的"水"一样，普通、平常、清净、透彻。

中国是世界上建陶产量第一的大国，但还不是世界建陶第一强国，我们与欧美产业强国如意大利、西班牙等还有很大的差距。我们需要直面现实、正视自己，但同时也需要爱惜自己，做回自己，千万别在学习别人、追赶别人时轻易将自己"丢"了。正如叶德林所说的，"先进文明的东西是属于全人类的，学习、拿来，为我所用，是最好不过的，也是有利于全人类的，关键是立足自己，不能丢失自己。"叶德林率领他的新明珠团队，在拿来国际建陶先进武器、引进国际先进经营理念的同时，却坚持自己和本民族独有的"特色"，走出了属于自己的路子，因而，他成就了他自己，成就了中国砖的王者。

假如本人这次不遗余力地探讨一个人与一个企业成长的实录，能为那些正在成长和迅速成长的个人与企业提供一点借鉴或启示，那将是我最欣慰的，也正是我最期待的。

同时，我们有信心期待，在我们这个泱泱陶瓷大国，一个陶业百舸争流、千帆竞渡的时代即将到来；我们也有理由相信，代表华夏文明之一的陶瓷文明，将在古老而又年轻的华夏大地重放异彩，重振国威。

末了，我要在此答谢：

《中国砖王叶德林》一书的采写工作，自始至终得到佛山市禅城区总商会副会长黄坚先生的关心和支持，是他的拳拳诚意和提供的诸多方便，从此把我和叶德林总裁以及新明珠的事业连在一起。他在禅城总商会工作的创新上，开了许多先河，是当地企业家们一致喜爱的有心人，他与会长叶德林更是一对绝配的好搭档，我从他身上获得许多人生的"真经"，我衷心感谢他。

佛山市高明区总商会会长杨升先生，对《中国砖王叶德林》一书的写作寄予很大的热情，提供了很多有关素材，他与叶德林总裁是中共中央党校同届同学，又同时担任当地一个区的总商会会长，有着很多相似相通的地方，都是我们这个经济建设时代的英雄，我衷心感谢他。

当然，我最应该感谢的是叶德林董事长，因为是有了他的积极支持和配合，本书的写作才得以顺利进行，同时，还有他的无私奉献，愿意把自己人生中的种种甜酸苦辣与大家一起分享，我衷心感谢他。

在深入新明珠集团生活体验和采访中，得到了全体成员的协作和帮助，他们以新明珠人训练有素的服务态度和办事风格，为本书的采写做了大量的服务性工作，他们是可敬可爱的，我十分尊重他们，在此一并致谢。

在《中国砖王叶德林》一书的写作过程中，得到原中国陶瓷工业协会秘书长黄芯红先生的关心和重视，并欣然为本书作序，本人对此表示感谢。

《中国砖王叶德林》一书在出版过程中，承蒙经济管理出版社同仁的错爱，尤其是责任编辑勇生主任为之耗费了大量心力，特此表示感谢。

谨以此书献给叶德林先生和叶氏家族所有成员！

谨以此书献给新明珠陶瓷集团所有成员！

谨以此书献给所有关心和爱护中国建陶事业的有心人！

黄康俊

2009 年 12 月 29 日